WANGLUO HUANJING XIA TUSHUGUAN DE
YONGHU YANJIU YU XINXI FUWU

网络环境下图书馆的用户研究与信息服务

谌爱容◎编著

安徽师范大学出版社
·芜湖·

图书在版编目(CIP)数据

网络环境下图书馆的用户研究与信息服务 / 谌爱容编著. — 芜湖:安徽师范大学出版社,2017.7(2018.1重印)

ISBN 978-7-5676-2763-5

Ⅰ.①网… Ⅱ.①谌… Ⅲ.①图书馆工作-情报服务-网络环境-研究 Ⅳ.①G251

中国版本图书馆CIP数据核字(2017)第044299号

网络环境下图书馆的用户研究与信息服务

谌爱容　编著

责任编辑:胡志立　薄　雪

装帧设计:任　彤

出版发行:安徽师范大学出版社

芜湖市九华南路189号安徽师范大学花津校区

网　　址:http://www.ahnupress.com/

发 行 部:0553-3883578　5910327　5910310(传真)

印　　刷:虎彩印艺股份有限公司

版　　次:2017年7月第1版

印　　次:2018年1月第2次印刷

规　　格:700 mm × 1000 mm　1/16

印　　张:15

字　　数:248千字

书　　号:ISBN 978-7-5676-2763-5

定　　价:40.00元

前　言

计算机技术、网络技术和通信技术的迅速发展，使网络在给图书馆用户服务工作带来便利和快捷的同时，也给图书馆用户服务工作提出了严峻的挑战。网络时代图书馆的信息资源结构、用户服务内容、用户服务模式、用户服务层次等都与传统图书馆截然不同。如何顺应网络时代的发展要求，积极拓宽服务领域、深化服务层次、革新服务内容，并据此积极推进图书馆内部业务的重新整合，这是网络时代各个图书馆必须要面对的共同话题。

本书共分为五大部分。第一部分（第一章）论述了网络环境下图书馆用户的变化、用户服务的原则以及用户利用信息的心理机制和行为机制等。第二部分（第二章）论述了现代图书馆用户服务的各种环境，主要对用户服务的社会环境、网络环境及服务环境三大方面进行阐述。第三部分（第三章到第九章），分别论述了网络时代图书馆为用户提供的各种服务工作，主要包括：用户教育、网络信息检索服务、信息资源整合服务、用户专业对口的教学支持服务、网络参考咨询服务、馆际互借与文献传递服务、个性化服务等。这部分着重阐述了图书馆各种服务工作的作用、内容、模式、不足与改进措施等。第四部分（第十章），阐述图书馆用户服务工作的效益、效果评价。第五部分（第十一章）阐述为更好的发展图书馆、适应用户服务的要求，图书馆必须在原有基础上进行资源、业务、机构的重新组织，以适应新的服务模式。

由于作者是高校图书馆工作人员，因此本书所阐述的内容主要针对高校图书馆系统。

本书在创作过程中，参考、引用了大量学者的研究成果。在此，向这些辛苦耕耘的前辈们表示衷心的感谢和由衷的敬意。

由于作者水平有限，书稿难免存在不足与谬误之处，敬请业界专家、学者批评指正。

编者

2016年7月18日

目　录

第一章 用户研究与信息服务概论

据中国互联网络信息中心（CNNIC）发布的第37次《中国互联网络发展状况统计报告》显示，截至2015年12月，中国网民规模达6.88亿[①]。在网络环境的冲击下，图书馆正在逐步调整自己的馆藏资源和运作模式，力求尽快适应信息环境的变迁和信息载体的进步。这种调整突出表现在：在信息载体上，图书馆把纸质资源、电子资源、缩微制品、音像资料、网络资源等均纳入馆藏范围之内，而且电子资源、网络资源呈逐年上升趋势；在服务模式上，除提供传统的书刊浏览、借阅外，还提供网络信息服务，而且网络信息服务的内容和层次都在不断完善提高；在服务对象上，除为到馆的用户提供各种服务外，还通过网络为广大用户提供各种信息服务。

第一节 用户与用户服务

用户是图书馆服务的对象，是图书馆一切活动的主体，是图书馆诸多要素相互联系、相互作用的出发点与归宿。用户与服务关系密切，准确而全面地掌握用户的知识结构、实际技能、信息特征以及需求与利用能力等方面的详细情况，是开展高效化信息服务工作的关键。图书馆服务工作的宗旨是准确、及时、方便、灵活、周到地为用户提供所需要的各种信息服务，全心全意满足用户的信息需求，即围绕用户开展信息服务工作。

① 中国互联网络发展状况统计报告[EB/OL].[2016-02-22].http://www.chinaxwcb.com/2016-02/18/content_334174.htm.

一、服务对象的拓展

读者和用户是图书馆对服务对象的称呼。以前称图书馆的服务对象为“读者”，即凡利用图书馆所提供的条件进行阅读的人都是图书馆读者。因为前来利用图书馆的人，主要是阅读图书、期刊等传统纸质文献资料，“读者”一词比较准确地概况了图书馆的服务对象。随着图书馆的现代化发展，图书馆的服务对象不仅来馆阅读各种纸质文献资料，而且还利用图书馆的视听资料、缩微制品、多媒体资料和各种数据库等，或者利用网络查看图书馆的网络信息资源。信息载体从印刷型转变为印刷型、缩微型、电子型等多种载体兼容与并存的局面。现在，“阅读”一词已经不能准确地概括出服务对象的全部活动，除了“看”以外，服务对象还“听”和“写”（主要指基于互联网上的交互活动），或者边看边听边写。用“阅读”限定的读者概念不能准确地涵盖所有图书馆的服务对象，而“用户”一词含义较宽泛，因此一些图书馆采用“用户”这一称呼表达自己的服务对象，即凡是利用图书馆各种资源、设施的个人或团体都可以称为“用户”。从“读者”向“用户”的转变，表明了图书馆服务对象外延和内涵的不断扩大，服务对象已经突破了传统的人数、时间与空间限制。

二、用户的类型

用户服务中的一个基本问题是如何划分用户的类型。根据国际质量标准的定义，企业用户包括外部用户和内部用户。对照此标准，图书馆用户也可分为外部用户和内部用户。一切接受信息服务的用户称之为外部用户。内部用户则是指图书馆业务流程中上一层业务环节所针对的下一层业务环节的用户，上一层环节人员是下一层环节人员的服务者。我们通常所说的用户是指图书馆的外部用户，即接受图书馆信息服务的用户。

不同的用户划分标准可以得出不同的用户分类结果。图书馆用户按产品或服务的流通与利用关系，可以分为中间用户与最终用户；按商务关系是否发生，可以分为现实用户与潜在用户；按是否到馆，可以分为馆内用户与远程用户；按不同组织形式，可以分为个体用户与群体用户；按用户信息需求的目的，可以分为研究型用户、学习型用户、应用型用户和消遣型用户；按职业，可以分为科学研究用户、工程技术用户、教师用户和管理用户等。

三、用户的特点

信息资源的开发与利用，不仅使图书馆在资源结构、服务形式、服务内容以及服务手段上发生了很大的变化，而且带来了用户特点的变化。用户的特点主要表现在以下方面。

(一)用户数量增长快

信息时代的到来，使人们的信息意识不断增强，信息资源的价值日益突显。用户逐渐把获取的大量信息和知识当成享之不尽的资源和效益，信息和知识的需求成为用户个人学习、生活和工作中不可或缺的部分。用户大量地需求与使用信息资源，促使信息用户队伍迅速壮大。

(二)用户类型复杂多样

因特网的普及，使人们足不出户就可以充分利用图书馆的各种资源，也使图书馆的用户群更加复杂多变。从用户的职业来看，有教师、学生、科研人员和管理人员等；从用户的年龄来看，由老到少，各个年龄段的人都有；从用户结构来看，原有的用户类型不断发生变化，随着整个社会信息化程度的提高，潜在的用户不断出现并形成新的用户群。

(三)用户范围分散、广泛

传统图书馆的服务对象比较固定，一般局限于本地区、本系统或本单位中相对稳定的用户群。在网络环境下，由于网络本身所具有的广域性特征，用户可以不到图书馆，只要遵守一定的协议，拥有一台电脑终端，就可以在家里或者办公室的计算机上利用信息资源，时间和空间的限制被打破，用户出现分散化和广泛化的特征。

(四)用户水平参差不齐

在纸质文献时代，信息基本上是通过文字来表达的，文盲、半文盲一般无法利用纸质文献信息，加之文献信息机构一般设在文化程度比较高的人群所在的地区或单位，因此用户一般是文化水平较高的人。网络环境下的信息载体多元化，多媒体信息直观形象、生动有趣，所传递的信息也通俗易懂，文字阅读能力较低者也能轻松利用。由于信息意识和知识结构的不同，用户之间的信息素养和技能相差较大，导致用户层次参差不齐。

（五）用户分化日趋明显

信息时代，由于受教育程度、个人知识、意识观念以及自然、社会等因素的制约，用户的信息含量日趋分化，出现了信息富有者更富、贫乏者更贫的现象，即所谓的“马太效应”，“马太效应”成为信息时代新的不和谐因素。日趋显著的用户分化现象使得弥合“信息鸿沟”、精准“信息扶贫”成为信息时代的发展需求。

（六）潜在用户转变为现实用户的可能性增大

纸质文献时代，图书馆的用户一般是本馆的现实用户，尤其是高校图书馆，其主要面向本校教职员工和学生开放。网络环境下文献信息的存储、组织与传播超越了单个文献实体部门的局限，用户对文献信息的需求及交流与利用模式大为改观，人们的信息需求与日俱增，从而大大激活并增加了潜在用户。

四、用户服务的原则

服务是图书馆的基本宗旨，也是贯穿图书馆发展的主线，更是图书馆的核心价值观。程焕文指出：“为读者服务是我们唯一的目标，也是我们开展工作的根本出发点和终极意义。”图书馆现代化发展的终极目标就是为用户提供更好的服务。同社会其他服务行业相比，图书馆服务有着特定的原则及内涵。

（一）用户至上原则

“用户至上”“用户第一”“用户就是上帝”等服务理念是图书馆精神的精髓，是图书馆用户服务的宗旨，是图书馆用户服务工作的活力之源，是图书馆学研究的永恒主题。著名图书馆学专家阮冈纳赞的《图书馆学五定律》中，前四定律即：“书是为了用的”“每个读者有其书”“每本书有其读者”“节约读者时间”，集中倡导以用户为中心的思想理念，首次提出了书以至用、服务至上的图书馆工作基本法则。20世纪80年代以来，我国图书馆界提出了“读者第一”“服务至上”“读者是图书馆工作的核心和基础”“一切为读者是图书馆的灵魂、目标和方向”“急读者之所急、想读者之所想”等明确而响亮的口号，体现了以用户为中心的理念，肯定了用户是图书馆一切活动的主体，是图书馆工作的出发点和落脚点。近年来，图书馆内外信息环境不断优化，“用户第一，服务至上”的思想表现得尤为突出，网络所带来的用户个性化定制进一步强化了用户在图书馆工作中的核心地位。总之，无论环境如何变化，社会如何进步，图书馆如何发展，“用户至上”的原则不会改变，全心全意为用户提供满意服务的宗旨不能动摇。

用户至上原则主要包括以下几个方面：首先，树立“用户第一”的理念，就是以用户为中心，千方百计满足用户需求，要想用户所想，急用户所急，让用户在最短的时间内获得最满意的服务；其次，树立“服务至上”的精神。要理解用户、关心用户、尊重用户、爱护用户。服务态度要和蔼、诚恳、热情，对于用户的提问或要求，不仅要有“百问不厌”的服务精神，而且还要有“百问不倒”的业务素质和技能。概括图书馆的各项工作，“一切为了读者”“为了一切读者”“为了读者的一切”，三句话言简意赅地概括了这样一个深刻含义，即图书馆是为读者而存在的，读者的需要就是图书馆努力追求的目标。

(二)便利性原则

图书馆服务中的方便原则亦称“简便原则”。方便是服务的本质，方便是服务的核心。图书馆服务中的便利性原则，主要体现在以下方面。

(1) 馆舍位置要方便。网络环境下，“图书馆离我有多远”的问题已不那么重要，但是“去图书馆是否便利”仍是许多用户关心的问题，宁静、典雅的图书馆环境仍是许多人的向往。在情报需求中，用户表现出舍远求近、弃繁求易的心理状态，情报源与用户之间的空间距离是影响用户是否利用某一情报源的重要因素。1972 年美国情报学家索波进行的一项调查研究表明，在用户所引用的参考文献中，来自个人收藏的占 59%，来自个人所在图书馆的占 26%，只有 10%来自较远的图书馆，由此索波得出一个结论：一个情报源距离用户越近，被利用的可能性越大[①]。

① 韦宁.现代情报用户需求的心理分析[J].四川图书馆学报,1996(4):21-22.

日本图书馆界则认为，图书馆的服务范围一般不应超过1—1.5公里，并提出了“把图书馆办在身边，办到生活中去”的口号。

（2）时间安排要方便。现在，有的图书馆参考咨询部只在星期一到星期五白天开放，在服务时间上一般为上午和下午各两至三个小时，这样的开馆时间根本满足不了用户的需求。因此，图书馆电子阅览室、参考咨询部等部门在时间安排上应方便用户，尽量提供全天候服务。

（3）资源组织要方便。一方面，在馆藏资源的物理载体组织上要方便用户利用，图书馆要在馆藏资源的空间布局上最大限度地拉近用户与资源之间的空间距离；另一方面，馆藏资源的内容组织要方便用户利用。图书馆要建立一套完善的馆藏资源检索体系，力争达到“一检即得”的效果，遵循最小努力法则。

（4）服务设施要方便。图书馆应设置馆藏布局图，使用户对图书馆布局有一个大致了解，为用户进一步利用图书馆提供方便。图书馆也要在建筑格局和家具摆设上考虑读者利用的方便，如日本的公共图书馆建筑，在服务设施的方便性上考虑得非常周到，大都采用了大开间、灵活隔断的开放式建筑模式，各阅览分区都是用低矮的家具进行隔断，走进图书馆的大门，各主题分区一目了然，充分显示了书中有人、人置书海的意境①。服务设施的方便还应体现在为弱势群体的服务上，如有些图书馆，改造馆舍设施，设置残疾人无障碍通道，为部分丧失行为能力的人提供特殊咨询服务。

（5）从细微处体贴用户，让用户感到方便无处不在。如日本图书馆的门口一般都设有还书箱，用户还书时若碰到闭馆，可将书放在还书箱中，第二天由工作人员办理还书。这种全心全意为用户服务，从小事做起，从细微处着手，让用户感受到图书馆的关怀无处不在的做法值得我们学习。

(三)平等原则

平等原则是用户服务的基本原则。印度著名的图书馆学家阮冈纳赞在《图书馆学五定律》的第二条中提出了“每个读者有其书”的原则，指出要做到“必须消除各种障碍，首先是阶级障碍。此外，还要消除性

① 蒋永福，付军．图书馆服务五原则[J]．中国图书馆学报，2003(3)：21-24．

别障碍、城市和乡村障碍、生理上的障碍等，这样才能做到‘书为人人’‘人人有书’。”“要一视同仁地向每个人提供图书，将严格而认真地坚持看书、学习和享受机会平等的原则。不把一切人——富人和穷人、男人和女人、陆地上的人与海员、年轻人和老年人、聋人和哑人、有文化的人和文盲集中起来，不把地球上每个角落的人引进知识的天堂，不保证他们得到知识女神萨拉斯瓦蒂的拯救，第二定律就不会停止前进。”[①]这里贯穿的民主、平等的服务原则显而易见。图书馆应对所有用户不设任何人为障碍，营造一个公平、平等的服务环境，真正实现平等服务。

所谓平等服务，是指图书馆对待任何用户都应当是平等的，或者说，用户在图书馆应当获得平等的服务。图书馆应为用户提供各种保障用户合理利用图书馆的机会。首先，图书馆的一切设施应以方便用户使用为原则；其次，图书馆在提供服务的过程中不带有一丝一毫的歧视；最后，图书馆应该为一切用户提供利用图书馆的平等机会，尤其是弱势群体和有障碍群体。图书馆要保障用户能平等利用图书馆的信息资源，就应该坚持公益性和无偿性服务原则，实行免费服务，否则所谓的平等就如镜中月、水中花，图书馆服务也就背离了人类社会的基本价值观和图书馆的发展方向。平等服务与用户至上的根本宗旨相吻合，它应当成为当代图书馆服务的重要原则并成为新图书馆学的重要理念。

(四)自由原则

自由原则是图书馆用户服务的关键原则。图书馆作为社会文化教育机构，是社会文明发达的标志，人类在这里接受教育，获取知识、信息和思想。图书馆自由开放的程度，实现民主、平等权利的程度，影响着用户的民主权利意识和积极参与社会管理的行为，最终决定着个人与社会的发展及自由、繁荣这一人类根本价值的实现。1997年，美国图书馆学家提出的“图书馆新五律”之第四定律即为“确保知识的自由存取”，其含义为“图书馆是自由（社会的、政治的及思想的自由）的集中体现。一个标榜是真正自由的社会，如果没有所有人都可以平等自由地使用图书馆，则是一种可笑的矛盾修饰法。”[②]

① 阮冈纳赞.图书馆学五定律[M].夏云，王先林，郑挺，等译.北京：书目文献出版社，1988：120.

② 邓彦，张磊.平等——构筑读者与图书馆的桥梁[J].图书馆理论与实践，2001(2)：26-28.

有的图书馆对用户有诸多限制，自由只是一句空话。当然，任何地方、任何时候都不会有绝对的自由，利用图书馆信息资源的自由也不例外。也就是说，自由使用必须以合法利用和合理利用为前提①。用户在利用图书馆信息资源的过程中，应当自觉遵守国家相关的法律制度，维护国家利益，不发生违法违规行为；用户在使用图书馆资源时应尊重和保护知识产权，不恶意下载网络资源，不传播不健康信息等。在此前提下，图书馆应让用户自由地利用各种内容、载体、类型的信息资源；图书馆应尽量保障用户自由利用资源的权利，不应对用户进行各种形式的审查和盘问；图书馆不应以用户的身份、职业为依据，自行划分馆藏资源的使用级别，拒绝为用户提供某类资源的服务，限制用户的自由利用。

(五)创新原则

阮冈纳赞在《图书馆学五定律》的第五条定律中指出："图书馆是一个生长着的有机体。""生长着的有机体"最大的特点就是不断地吐故纳新。创新是一个民族进步的灵魂，是一个国家兴旺发达的不竭动力。对图书馆而言，创新是图书馆寻求生存与发展的必由之路。只有通过创新，改变传统的服务手段，添加新的服务项目，创新服务内容，为图书馆引进新鲜血液，图书馆才能紧跟时代前进的步伐，才能在信息社会激烈的竞争环境中拥有自己的一席之地。与其他服务行业稍有不同的是，图书馆是一个非营利性机构，主要依靠国家拨款维持，因而目前图书馆的创新服务稍显不足。

面对竞争日益激烈的社会环境，图书馆应该在理念、内容、方式方法诸多方面推陈出新。在服务理念上，每一个图书馆人都应具有创新意识和创新思维，大胆提出与实施图书馆服务的新思路、新方法；每一个图书馆都要有创新服务的战略与对策，及时增添新服务，如深圳南山图书馆的剪报服务就是一种典型的创新服务。在服务内容上，图书馆服务的内容急需拓宽，现阶段主要是增加信息服务和便民服务。在增加信息服务方面，主要是加强网上信息导航服务；在便民服务方面，加大为企业、社区服务的力度，其内容包括职业介绍、购物指南、技能培训指南、竞争情报等。在方式方法上，图书馆要改变以往单一的馆藏文献外

① 范亚芳，李海英．现代图书馆服务环境再造研究[M]．徐州：中国矿业大学出版社，2006：34.

借与内阅服务模式，利用现代网络平台，提供各种数据库、知识库服务以及多种在线或离线信息服务，如信息推送、知识发现、智能代理等。这些服务具有较强的智能性、实时性、交互性，能够为用户提供全新的个性化服务。

（六）满意原则

满意原则指用户是否满意及满意程度如何，是用户服务的最终原则，这也是检验图书馆服务质量的最终标准。满意原则主要包括理念满意、行为满意、视觉满意等。图书馆的理念满意是图书馆的办馆宗旨、管理策略等带给用户的心理满足感，它的核心就在于正确的读者观，“一切为了读者满意”是它的精神实质。图书馆的行为满意，是图书馆的行为状况带给用户的心理满足状态，是图书馆理念满意思想的外部表现形式，包括行为方式满意、行为规范满意和行为效果满意。工作人员的服务态度是图书馆行为是否让用户满意的最直接表现。图书馆的视觉满意，是图书馆所具有各种可视性的显性形象带给用户的心理满足状态，它包括对图书馆一切设施设备的性能及其色彩的满意，对工作人员职业形象、业务形象的满意，它传递着图书馆的理念，是图书馆理念的视觉化形式。

在上述图书馆服务原则中，用户至上原则是其他原则的基础，是服务工作的基本前提；便利性原则体现的是现代图书馆服务的内在品质；平等原则是现代图书馆服务的人性化方向；自由原则是现代图书馆服务的关键；创新原则是现代图书馆服务的可持续发展动力；满意原则是现代图书馆服务的终极目标。几个原则相辅相成、互为表里、浑然一体。

第二节 网络时代的用户需求

所谓用户需求就是信息机构根据用户的要求按一定方式为用户提供信息服务的过程，它可以是某一种或多种甚至是全方位的服务。网络的飞速发展大大改变了以往人们对信息资源的传播、开发、利用与管理模式，服务的特点也从为传统读者服务向为现代用户服务转变。由此带来的变革不断激发着用户信息新需求的产生与变化，最终形成网络时代信息服务供求关系的新格局。用户需求是决定信息服务方向和水平的核心要素。

一、用户信息需求的特点

马斯洛提出人的需求层次理论，将人的需求由低到高依次分为生理需求、安全需求、情感与归属需求、尊重需求和自我实现的需求五个层次。其中前两种需求为比较低级的物质需求，后三种需求为高级的精神需求。他认为人的需求有不同层次，某一层次的需求得到满足后另一层次的需求才会出现。根据马斯洛的需求层次理论，我们可以得知：用户对信息服务或信息产品的需求是多方面的；信息需求既是一种社会需求，又是一种精神需求；用户的信息需求是一个动态的过程。美国学者L.M.Moyo通过调查总结了用户在网络环境下的需求特点[①]：所有资源都是全文的，并且可下载或可打印；服务速度快；易于检索；参考咨询自助的易于使用的网络资源服务；图书馆员熟悉所有的学科和所有的数据库；所有的资源都是电子化的；有多种途径可供选择；网站是有效的；能联机进行图书馆的一切业务；网站搜索引擎能找到用户想要的。

(一)信息需求数量多

现代人对信息的需求超过了以往任何一个时代。社会的发展、文明的进步和人们生活水平的提高扩大了各方面的需求，人们在获得充足物质享受的同时，精神需求也在不断提高。社会的可持续发展需要大量信息资源的支持，人类加工和传递信息能力的提升进一步刺激了信息需求的强度。信息是用之不竭、享之不尽的，在知识经济时代，占有并利用大量的信息资源，能够生产出先进的技术设备进而推动社会的发展。现代信息技术能够改善用户所处的社会环境，间接地导致用户数量的增加，信息总量的需求也不可避免地增加。

(二)信息需求质量高

在信息社会里，用户迫切需要了解内容丰富、品种齐全、来源广泛的信息，这就要求图书馆要针对他们的教学、科研和生产等提供综合性、全程性、系统性的信息服务。网络用户的信息需求已不满足于简单的信息提供，而是深入到信息中对知识内容进行挖掘、开发和利用，这

①Moyo L M, Cahoy E S. Meeting the needs of remote library users[J].Library Management, 2003, 24(6/7):281-290.

就需要服务部门提供集成化、专深化的知识服务。特别是一些科研用户，要求服务部门将本专业或与之相关的知识信息，加以搜集、筛选、整理及重组，提炼出对用户的研究、生产和学习有用的信息资源，使用户不必费时费力去熟悉各种数据库的检索界面和查询技巧就可准确地查询到自己所需的信息。

(三)信息需求方式多

搜索引擎的方便、快捷为网络信息的查询、检索打开了方便之门，过去用户往往要花几天甚至几个月时间用于资料的收集，现在利用搜索引擎在短短几分钟之内就可检索到所需信息。网络环境下，数据库、网络信息等已成为重要的信息源，多媒体技术和电子出版物技术的发展，为信息渠道的多元化选择提供了更广阔的空间。同时，网络环境激发了用户独立上网的意识，网络上新型电子信息服务的交互性特点，也极大地刺激了用户通过信息查询系统与同行进行交流，直接倾听同行的观点，实现了实时交互信息。多样化的检索途径、多元化的信息资源等为用户自我服务提供了现实可能。在网络环境下，用户的信息需求将由依赖图书馆信息服务人员提供服务的方式逐步转向用户自我服务的自助化，用户从被动接受服务转变为主动利用信息。

(四)信息需求开放化

传统用户一般要到图书情报部门才能获得所需要的信息服务，而网络环境的形成，使世界变成了一个“地球村”，使用网络获得信息资源是大多数用户的首选。信息用户并不在乎从哪里获得信息，而在乎获得信息的途径是否方便、速度是否快捷、质量是否优良等。用户既可以从图书馆获取信息资源，也可以通过网络获取本单位、本行业、本地区甚至全国乃至全世界的信息资源，网络的全球化使信息服务逐渐扩展到地球的各个角落，用户访问、检索、获取图书馆网站信息资源所受的时空限制变小。网络环境的形成使图书情报部门既获得了提升自己形象的机会，同时又面临着其他信息服务行业的竞争，可以说是挑战与机遇并存。

(五)信息需求出现新障碍

首先，网络资源的动态性、易变性以及无序性等特点，使得一些不熟悉网络信息检索的用户面对繁多的信息无从下手，造成信息需求表达的障碍。其次，网络一方面极大地推动了社会信息化的进程，使得信息更新的周期大大缩短，社会信息总量急剧增加；另一方面也产生了大量的无效信息和垃圾信息，造成网络信息质量良莠不齐，给用户获取有效信息造成障碍，一些用户缺乏对信息的辨识能力，易获取不健康信息。另外，充分满足用户信息需求仍有许多障碍，网络壁垒、中文资源匮乏、信息质量不高、网络传输速度慢、费用高、语言障碍等都阻碍着用户信息需求的满足。

二、用户信息需求的心理过程

用户信息需求心理过程是指用户在利用信息资源的过程中所表现出来的各种心理现象、特征和变化规律。用户心理反映用户的需求，因此研究用户心理、分析用户行为，可以了解用户的特点和需求，有助于指导用户服务工作的实践，完善服务理论体系，使用户服务更具主动性和针对性。用户利用信息的心理过程是一个动态、发展和变化的过程，主要包括认识、情感和意志过程。首先，用户利用信息是一种从感性上升到理性、从片面上升到系统的认识活动；其次，用户在利用信息的活动中，带有明显的情绪因素，表明了用户的情感态度；最后，用户最终克服困难、拟定计划并付诸行动以达到预期目标。这三个过程相互联系又相互促进，表现出固有的规律性。

三、用户信息需求的行为规律和行为机制

用户为解决问题而产生信息需求，最终都表现为一定的行为活动，发展成信息行为。用户的信息需求行为，是以用户的信息需求为基础，在各种因素的作用下对信息系统加以利用，从而把信息需求付诸实施的行为过程，即用户有意识地查找文献、捕捉信息、利用知识的信息活动。

(一)用户信息需求的行为规律

在对用户信息行为的研究中，人们发现了以下基本规律：

（1）穆尔斯定律。穆尔斯在研究用户利用信息检索系统时发现：“一个信息检索系统，如果对用户来说，取得信息比不取得信息更伤脑筋和麻烦的话，这个系统就不会得到使用。”[①] 穆尔斯的这一基本定律不仅适

① 秦季章.穆尔斯定律与情报检索系统的易用性研究[J].情报学刊，1990(6)：441-444.

用于用户信息检索的行为，而且从更广的范围内表述了用户信息需求的根本原则，即如果用户获取信息比不获取信息更麻烦、更费心的话，他将放弃这一信息需求。

（2）齐夫最小努力原则。齐夫在他的专著《人类行为与最小努力原则——人类生态学引论》中指出："每一个人在日常生活中都必定要在他所处的环境里进行一定程度的运动。"他把这样的运动视为在某种道路上行走，而且都将受一个简单的、基本的原则制约，即"最小努力原则"[①]。用户的信息需求产生于他的实践活动，当他根据实践活动的需要决定其信息需求量时，必然希望在解决问题的前提下获取和吸收信息的工作量最小，即用户都倾向于易于查寻、易于接近的信息，而容易忽视其他有用信息。可见，用户的信息行为符合齐夫最小努力原则。

（3）马太效应与罗宾汉效应。在用户信息需求中同时存在所谓马太效应与罗宾汉效应。一方面，对于为数不多的信息需求量较大的用户，随着时间的推移，信息需求量将越来越高于平均水平，这部分用户在行为上表现为力图占有更多更新的信息资料，在信息资料来源不充分的情况下势必影响其他用户的需求。这就是信息需求中的马太效应。另一方面，大多数用户的信息需求水平是比较平衡的，表现为信息需求中的罗宾汉效应。在科学技术高度发达的今天，这一趋势尤为明显。研究用户信息需求的马太效应与罗宾汉效应有助于信息服务工作的开展。

(二)用户信息需求的行为机制

网络用户的信息行为主要指用户的网上检索行为。网上检索行为是指用户通过特定的网络信息检索工具来满足特定信息需求的行为。它主要包括检索前提问式的构建、检索式的使用、所用搜索引擎、检索策略的调整等。

专业检索人员的网络检索行为特征。Holscher和Strube对12名专业检索人员网络检索行为的研究表明[②]：有一定检索经验的专业检索人员在解决检索问题方面比一般用户展现出更大灵活性，更常使用搜索引擎的特征，包括布尔操作符、修饰语和短语检索。他们还发现，作为网络检索

①王洵.最小努力原则与齐夫定律[J].情报科学,1981(2):32-36.

②Holscher C , Strube G. Web search behavior of Internet experts and newbies [J].Computer Networks , 2000 , 33 (1 - 6):337-346.

新手的领域专家倾向于依赖术语学知识，力图避免使用布尔操作符或系统特征来构造提问式；而具有较低领域专业知识的专业检索者倾向于寻找目标文献，不愿意偏离他们的策略并常常评述早期的检索语句。专业检索者比新手使用更多的格式化工具，具有较低领域专业知识的检索者倾向于使用更长的检索语句。

高校网络用户的信息检索行为具有如下特点：一般只使用简单的检索策略，很少使用布尔逻辑检索、截词检索、短语检索等限制性检索，且只有极少数人能正确运用高级检索功能；绝大多数用户习惯于长期使用某一两个最初接触到的搜索引擎或数据库，且大多数用户只满足于简单地使用，输入单一的检索词；高校图书馆购进越来越多的文摘与全文数据库，每种数据库都提供两种以上的检索方式，许多用户只习惯于使用初级检索方式，不能根据已知条件灵活选用其他检索方式[①]。

信息行为机制受内部因素影响较大，当然也有外部因素的影响。信息行为主体的内部因素主要包括：用户的信息意识、语言能力和信息技能。当用户感觉到以往经验和自身知识结构与社会要求之间有了差距，意识到信息的重要作用，认识到迅速获得信息的必要性，从而引发信息需求。语言能力，主要指外语能力，目前信息出版物的多语种化给用户的利用和信息的定向传递带来一定的困难。信息技能，随着信息产业的快速发展，以计算机为代表的现代化技术正快速普及应用，计算机应用能力、网络查询能力、信息检索能力、资源整合能力等对用户信息行为都会有一定程度的影响。

① 魏力更.高校网络用户信息需求与信息行为研究[J].情报资料工作,2005(5):103-105.

第二章　图书馆用户服务环境

环境即“周围的情况”，指具有一定的秩序、模式和结构，由一系列相关的多种元素和人的关系组成的相互系统。任何活动都是在一定的环境中进行的，环境的特点及其变化必然制约活动方向和内容选择。网络技术使得图书馆在历史上首次具备了从以文献管理为中心向以为用户服务为中心转变的技术可能性。图书馆可以打破时空限制，在任何时间、地点向用户提供各种信息服务。现代图书馆服务受到社会条件、技术条件、资源环境、服务机制等多方面因素的影响。

第一节　社会环境对用户服务的影响

社会环境是指人类生存及活动范围内的社会物质、精神条件的总和。广义上包括整个社会经济文化体系；狭义上仅指人类生活的直接环境，如家庭、劳动组织、学习条件和其他集体性社团等。社会环境对人的形成和发展进化有着重要的作用，而人类本身在适应和改造社会环境的过程中也在不断变化。研究用户所处的社会环境及其对用户利用与吸收信息的影响，探索其中的规律，是用户研究的一项基本内容。这一研究的重点是分析各种社会因素（包括社会制度、经济制度、教育与科技文化水平、人口等）对用户心理和行为的影响。对图书馆用户服务起决定作用的社会环境包括一般环境和具体环境。

一、用户服务的一般环境

一般环境是指对信息资源整合与服务组织起宏观作用的大环境，它是一定范围内的社会组织所共有的环境，包括社会的、经济的、科技的和其他方面的因素所决定的环境，其影响是客观的、综合的。20世纪90

年代以来，图书馆的生存环境发生了巨大变化，社会、经济、科技水平、教育水平等因素对图书馆的影响越来越大。

(一)社会因素

社会因素所决定的环境主要指社会的人文因素、政治因素、法律因素、体制因素以及其他因素所决定的环境，也就是人文环境、政治环境、法律环境、体制环境等。人文因素由社会文化传统、道德、民族精神等要素决定，是一种比较稳定的社会环境；而政治、法律、体制等环境则处在不断变革之中。一方面，用户服务是在一定的社会环境下产生的，必然受国家政治制度的影响和制约；另一方面，社会政治制度确定以后，其具体方针和政策又决定了具体的服务状况。一个国家的法律，决定着国家机器的运行，法制健全意味着社会规范化程度高，其服务工作必然规范而科学。

目前，我国正式提出了构建社会主义“和谐社会”的历史目标，而建设“民主法治、公平正义、诚信友爱、充满活力、安定有序、人与自然和谐相处的社会”的能力从根本上取决于公众所受的良好社会教育及知识、信息、思想、文化的充分交流和共享。图书馆的使命决定了它在建设我国社会主义“和谐社会”中将承担起重要责任，同时这也对图书馆进一步提升服务水平提出了新的要求。

(二)经济因素

国民经济与图书馆事业的发展紧密相连，图书馆的建立和发展受到经济发展水平的制约。图书馆的建立需要一定的财力、物力和人力基础，社会经济的发展水平，影响着图书馆设置数量、投资数及投资增长率。经济环境不仅影响着用户信息需求的类型，而且决定着用户信息需求水平及其满足程度。经济环境首先对经济结构、就业和资产组织产生影响，决定信息服务业中的资产投入、业务拓展和规模效益，是各类组织管理中必须要考虑的因素。在我国，国家图书馆年度事业费由国家财政预算拨款，各地方图书馆经费分别由相应地方政府拨款。一个国家或地方经济发展水平高，经济实力强，就有能力投入更多的资金去发展图书馆事业。投入的人力、物力越多，各种软硬件建设就越充分，就越能吸引用户，满足用户需求。

(三)科技水平

“科学技术是第一生产力”，其作用已体现在社会的方方面面，对社会、经济、自然环境等各方面均会产生一定程度的影响，图书馆也不例外。社会、经济的发展需要科技的进步来推动，当代是一个科技快速发展的时代，科技进步的主要特点是：高技术快速发展、不断创新的技术、众多领域中的技术并进以及以当代科学新发现为基础的技术创新[①]。依靠科技进步，加速科研成果转化，加大政府投入力度，不断健全和完善组织结构，打造一支高素质的人才队伍，实现“科技兴国”“科技兴馆”的战略目标。

(四)教育水平

教育与图书馆的关系有两层含义：一是国民受教育水平对图书馆事业发展有很大影响；二是图书馆作为社会教育的组成部分，在各级、各类教育中正起着越来越显著的作用。人们的受教育水平是其认识基础的决定因素。国民受教育水平低，其阅读能力就有限，直接影响图书馆的利用率。在英国5 839万人口中有58%的人即3 387万人拥有图书馆借书证，1995—1996年，到图书馆的人次高达3.77亿次，而同期到足球场看球赛的人只有3 300万人次。利用图书馆在英国人的闲暇生活中被列为第5位[②]。我国是世界人口第一大国，同时又是世界上文盲、半文盲数量最多的国家，据《2010年第六次全国人口普查主要数据公报》显示，文盲人口（15岁及15岁以上不识字或识字很少的人）为54 656 573人，比例为4.08%（在美、英、法、德、日本等国识字率达99%）；在各种受教育程度人口中，具有大学（指大专以上）文化程度的人口为119 636 790人，具有高中（含中专）文化程度的人口为187 985 979人，具有初中文化程度的人口为519 656 445人，具有小学文化程度的人口为358 764 003人（以上各种受教育程度的人包括各类学校的毕业生、肄业生和在校生）[③]。

① 刘诗白.推进我国科技进步体制和机制创新[J].经济学家,2006(1):5-11.

② 吴建中.21世纪图书馆新论[M].上海:上海科学技术文献出版社,1998:134.

③ 2010年第六次全国人口普查主要数据公报[EB/OL].[2014-12-10].http://www.gov.cn/test/2012-04/20/content_2118413.htm.

二、用户服务的具体环境

具体环境也叫组织环境，又称特定环境或微观环境，是指与实现信息服务组织目标直接相关的那部分环境，包括组织文化、组织结构、组织凝聚力、组织的规章制度等。

(一)组织文化

社会学家和人类学家一般都赞同把文化定义为："一个群体或社会共有的价值观和意义体系"，包括体现价值观和意义体系的物质实体。组织文化通常是指在狭义的组织管理领域内产生的一种特殊的文化倾向，实质上是一个组织在长期发展过程中，把组织成员结合在一起的行为方式、价值观念和道德规范的总和。

图书馆是公益性的文化教育机构，图书馆文化是图书馆在长期历史发展过程中形成和发展起来的物质财富和精神财富的总和，主要包括：图书馆精神、价值观念、道德规范、行为方式、基本信念和思想意识等。其文化特点主要分为三个层面：一是图书馆物质文化，主要包括存在于图书馆的环境、建筑及各种设施等，这是图书馆赖以生存和发展的基础；二是制度文化，主要包括存在于图书馆组织管理模式、领导机制以及各项政策制度等具体的规章制度中的文化因素；三是精神文化，主要表现在图书馆工作者的价值观念、思维方式、职业道德、基本信念、文化素养等诸多方面。精神文化是整个图书馆文化的核心部分，是图书馆文化的精髓，它维系着图书馆文化的命脉。这三种文化共同作用，构成一个完整的图书馆文化体系。

(二)组织结构

组织结构是指组织内各组成元素之间的相互关系和分工协作的框架模式，任何组织都具有一定的组织结构，以规定组织内部各部分的相互关系，分配责任并赋予相应的权利，使组织能有序、有效地开展活动①。合理的组织结构可以促进组织的良好运转。

图书馆是一个为提高科学文化水平和居民文化素质而存在的组织，其组织结构的变更与优化对用户服务具有重要的意义。纸质文献时期，

① 李萍. 图书馆组织结构的变迁[J]. 科技情报开发与经济，2006(14)：19-21.

我国图书馆采用的是职能型的组织结构，即按采访、编目、典藏、流通等职能来划分，其优点在于职责清晰、分工明确，各司其职，各尽其责，共同完成组织任务。随着文献载体的演变、科技水平的进步以及用户需求的提高，传统的组织结构不能很好地适应图书馆事业的健康发展。为了更好地服务用户，构建新型的图书馆组织结构，引入矩阵型组织结构是十分有必要的，这种组织结构能适应网络环境下图书馆生存发展的需要，处处体现以用户为中心的服务理念。也就是说，组织结构的变更是以促进组织的良好运转、便于用户利用为终极目标。

（三）组织凝聚力

组织凝聚力又称“组织内聚力”，指组织对每个成员的吸引力和向心力，以及组织成员之间相互依存、相互协调、相互团结的程度和力量[①]。组织凝聚力是一个组织是否有战斗力、是否成功的重要标志，它对组织行为和组织效能的发挥有着重要作用。它不仅是增强组织效能、实现组织目标的重要条件，而且是组织能否存在的必要条件。

任何一个组织要生存和发展，都必须有强大的凝聚力，图书馆也不例外，凝聚力是图书馆开展工作的内在推动力量。图书馆的凝聚力是指图书馆对每个馆员的吸引力和向心力以及图书馆馆员之间的亲和力。一个凝聚力强的图书馆具有以下特征：馆员间沟通快，信息交流频繁，民主氛围浓厚，人际关系和谐，相互关心、相互尊重，馆员没有压抑感；馆员有强烈的归属感；馆员有较强的事业心和责任感；维护图书馆的荣誉和利益；图书馆为馆员的成长和发展、自我价值的实现提供了良好的条件[②]。为了更好地为用户服务，图书馆必须培育、增强组织凝聚力，相互之间精诚团结、密切协作。

（四）组织的规章制度

为了保证组织的健康运转，任何一个组织都制定了符合本组织目标的规章制度，图书馆也不例外。图书馆规章制度是图书馆、图书馆工作人员、用户三方利益的有力保障。尽管各馆规章制度不尽相同，但都大同小异，主要包括：用户入馆须知，书刊借阅规则，书刊遗失、损坏赔

---

① 朱益飞.论高校学生组织权威的树立[J].安徽工业大学学报(社会科学版)，2011(4)：166-167.

② 吴桂春.浅析图书馆的凝聚力[J].辽宁行政学院学报，2007(4)：239-240.

偿办法，电子阅览室管理制度，图书馆安全管理制度，图书馆工作人员守则，图书馆卫生管理制度，图书馆计算机硬件设备管理制度等。完善的规章制度是图书馆为用户提供服务的有力保证。

在信息服务组织管理中，一般环境和具体环境是相对的，而且是可以相互转化的。从管理层次和作用上看，一般环境从宏观上影响组织管理，同时直接与组织的具体环境发生相互作用；具体环境除直接影响信息服务组织管理和同时受组织的反作用外，还对一般环境产生促动作用。

第二节　网络环境对用户服务的影响

自20世纪90年代以来，网络环境一直是图书馆界关注的热点话题。网络环境是指利用计算机技术和通讯技术基础而形成的计算机网络，以及由于这种网络的不断渗透和扩张而引起的一系列变化①。包括国家信息政策的变化，信息组织形式的变化，人们的娱乐方式、交流方式、工作方式等方面的变化。我国网络环境的形成是以建立国家信息基础设施为推动力，以企业内部网、外联网和因特网为基础，在国家六大主干网基础上形成了各级各类网络。我国的六大主干网以中国公用计算机互联网为中心，连接中国教育和科研计算机网、国家公用经济信息通信网（中国金桥信息网）、中国科技网、中国联通互联网和中国网通网的六大国家级主干网，在此基础上我国互联网络迅猛发展②。本书而言的图书馆网络环境主要包括信息资源环境和信息技术环境，现分别论述其对用户服务的影响。

一、信息资源环境对用户服务的影响

资源环境是构成现代图书馆用户服务环境的第一重要因素，是图书馆开展信息用户服务的基础和前提。建立良好的资源环境，是搞好图书馆服务的关键，也是图书馆生存和发展的需要。信息资源可以分为广义的信息资源和狭义的信息资源两种。广义的信息资源是指人类社会活动中积累起来的信息、信息生产者、信息技术等信息活动要素的集合，既

① 罗忠凤.网络环境下我国图书馆事业可持续发展问题研究[D].保定:河北大学,2006.

② 杨孔雨,聂培尧.计算机网络技术原理[M].北京:经济科学出版社,2003:344-345.

包括信息本身，也包括与信息相关的人员、技术、设备以及资金等各种要素；狭义的信息资源是指人类社会经济活动中经过加工处理有序化并大量积累起来的有用信息的集合，包括文字、图像、音频、视频等各种媒体的信息。这里的信息资源是指狭义上的信息资源。网络环境下的信息资源既包括实体馆藏资源，也包括网上虚拟数字信息资源。

(一)信息资源的类型

关于信息资源的类型，许多人从不同的角度给予了不同的划分方法。按照信息传播的范围，可分为本馆馆藏资源和网络资源；按照加工层次，可分为一次、二次和三次文献；按照文献的形式，可分为图书、期刊、报纸、标准、专利、会议文献、学位论文等；按照载体形态，可分为纸质型、缩微型、光盘型、网络型等。这里我们采用以出版形式为主、以知识内容和载体形态为辅的综合方法对信息资源的类型进行划分，主要有图书、连续出版物、特种文献、非书资料、虚拟数字信息资源等类型。

(二)网络化、数字化的信息资源环境对用户服务的影响

随着计算机的广泛应用和信息技术的迅猛发展，人类的资源环境正逐步从传统的文献型信息资源向现代的网络型信息资源转变。网络的飞速发展，使人类社会真正进入了“信息大爆炸”时代。从量上来说，19世纪信息量翻一番花了近五十年时间，20世纪初需要二十年时间，20世纪50—60年代用了十年左右时间，20世纪70—80年代只用了五年时间，而今在网络环境下不到两年就会翻一番。图书馆馆藏资源的内涵和结构、获取信息资源的方式、馆藏资源的评价标准、信息资源的保障模式、经费的配置比例等都在发生深刻变化。当前的信息资源组织主要表现为数字化、网络化和虚拟化，具体表现为信息资源海量化、获取方式多元化、载体形态多样化、传播结构扁平化等。信息资源的网络化、数字化不仅仅意味着信息有了新的表现形式——网络信息资源，同时也意味着信息技术的成熟发展和广泛采用以及信息网络尤其是因特网的成功建立。

(1) 对用户服务的积极影响。对于图书馆而言，图书馆已成为整个因特网中的一部分，这意味着图书馆能够采取新的服务方式，打破时空限制，从而使其信息服务更为及时、快捷、高效，更能满足用户全方位

的信息需求。借助网络这一新型载体，图书馆可以突破自身馆藏限制，以网络化信息资源作为服务的坚强后盾；信息资源的网络化意味着信息处理的自动化，这大大提高了工作效率，充分体现了及时服务的特点；用户需求的信息经过网络快速传输到用户手中，大大节省了用户获取信息的时间。图书馆还可以通过个性化定制等服务，把用户需要的信息及时、主动地输送给用户，使信息传送突破地域限制，真正实现无国界服务。因为网络的交互性，用户与馆员可以借助网络进行互动、交流，充分表达各自的观点、用意，提高用户满意度。总之，信息资源的网络化、数字化为图书馆的发展创造了契机。

（2）对用户服务的消极影响。任何事物都有正反两方面的性质，数字化、网络化的信息资源环境在给用户带来便利的同时，也给图书馆用户服务工作带来了严峻挑战。数字资源的网络化，使得其采集、加工、存储、组织、检索等方法与印刷型资源截然不同，因此图书馆只有进行业务结构的全面转型，积极进行网络资源的开发和利用，为用户提供深层次的信息服务，才能满足用户的信息需求。另外，信息资源的网络化、数字化带来了新问题，即资料越来越多，但信息浓度却越来越低，消化吸收越来越难。如何从庞大的网络信息资源中发现有用的信息资源，给用户提出了不小的难题。

（3）网络化、数字化的信息资源环境对馆员的影响。网络化、数字化的信息资源环境在给用户带来重大影响的同时，也对馆员素质提出了更高的要求，而馆员素质的高低又直接影响其为用户服务的水平。在美国，有这样一种说法：在图书馆服务所发挥的作用中，图书馆建筑物占5%，文献信息占20%，而图书馆员占75%，馆员的作用可见一斑①。馆员是网络环境下最重要的建设资源，是制约图书馆发展的“瓶颈”，直接关系到图书馆事业的成败。网络信息资源的共享性使馆员从编目、加工工作中解脱出来，馆员可以投入更多精力从事网络信息资源的导航与服务、信息搜集、组织与评价等工作。信息资源整合、网络信息检索、网络文献传递、网络参考咨询等现代化的服务方式和手段对馆员素质提出了更高要求。网络环境下馆员从事的不再是简简单单的书刊借还工作，

① 陈银芳.努力发挥图书馆在西部大开发中的作用[J].图书馆理论与实践,2001(3):55-56.

而是充分利用现代信息技术手段，不断整合网络信息资源，为用户提供个性化、集成化的信息服务。网络环境下，图书馆员工作最基本的模式是“人机结合”，馆员主要通过计算机和网络来获取和提供各种服务，其核心体现的是人与技术的结合，强调人的主观能动作用；其人才应该是复合型人才，必须具备较高的思想政治素质，专、广的基础知识功底，较高的计算机和网络通讯技术利用能力，较深的信息资源搜集、组织及分析能力，较强的沟通协调能力以及一定的创新能力等，真正成为“网络工程师”和“信息导航员”。

二、信息技术环境对用户服务的影响

现代信息技术环境是以硬件、软件、网络、通讯、多媒体等为核心构成的技术环境。信息技术的迅速发展和广泛应用导致信息技术革命，在这场革命中，产生了新的文字——普遍的数字化信息表示；产生了新的载体——网络；还产生了新的印刷术——Internet的即时信息复制能力，对人类生活、学习、工作等各方面产生了广泛而深远的影响。

(一)现代图书馆硬件环境构成

硬件是现代图书馆信息化建设和服务的重要支撑工具，是图书馆数字化、虚拟化建设的基础。

(1) 计算机系统。一个完整的计算机系统由硬件和软件两大部分组成。计算机硬件系统是指由电子元器件和机电设备组成的看得见、摸得着的计算机实体，主要包括主机、显示器、键盘和鼠标等几大部分；计算机软件主要有系统软件和应用软件两大类。计算机两大系统协同完成工作，两者缺一不可，硬件是计算机系统的物质基础，软件的发展以硬件为基础，又促进硬件的发展。

(2) 计算机网络。计算机网络是指把分布在不同地理区域的计算机与专门的外部设备用通信线路互连成一个规模大、功能强的网络系统，从而使众多的计算机可以方便地互传信息、共享资源。计算机网络的组成元素分为网络节点和通信链路。网络节点又分为端节点和转接点。端节点是指通信的信源和信宿节点，如计算机、打印机等；转接点指网络通信过程中起控制和转发信息作用的节点，如交换机、路由器等。通信链路指传输信息的信道，如光缆、电缆等。从链接应用的角度看，计算机网络由计算机、通信设备、通信线路等硬件，以及通信协议、操作系统、网络管理软件和应用软件等组成。

(二)现代图书馆相关支撑技术

现代图书馆是计算机技术、通讯网络、信息资源三者的结合体，图书馆信息服务的网络化、虚拟化、数字化发展，离不开相关技术的支撑。网络时代图书馆的相关技术支撑体系主要包括：网络基础技术、网络互联技术、Web技术、信息与网络安全技术、数据仓库与数据挖掘技术、资源整合与集成技术、资源采集与描述技术等。

(三)技术环境对图书馆用户服务的影响

现代信息技术的发展已渗透社会生活的各个角落，图书馆也不例外。信息技术发展的影响，对图书馆而言则更像是一把“双刃剑”：一方面，现代信息技术为图书馆的发展提供了良好的技术环境，对图书馆的发展起着积极的推动作用；另一方面，传统图书馆又正面临着现代信息技术带来的巨大冲击和生存挑战①。可以说，信息技术的发展对图书馆的影响是挑战与机遇并存。

(1) 技术环境对用户服务的推动作用。网络技术环境下，图书馆在服务手段、服务方式、服务内容等方面发生了一系列变化，具体体现在：信息技术的发展促进了图书馆服务方式的改变，促进图书馆传统功能模式向开放式、网络式的信息服务模式转变，同时也由单一功能向多功能转变；信息技术的发展延续了服务时间，拓展了服务空间，真正实现了“全天候”和“无障碍”服务；信息技术的发展促进了图书馆服务理念的转变，从传统的以藏书为中心到以用户为中心，充分体现了“用户第一”的服务理念；信息技术的发展扩大了图书馆的服务对象和范围，服务对象从图书馆读者扩展到全球用户，服务范围从本馆扩大到全社会；信息技术的发展促进了服务内容的深化，从传统馆藏资源提供向电子信息资源存取拓展，从一般文献单元深化到信息、知识单元；信息技术的发展促进了用户服务重点的转移，从一般借阅、咨询服务向信息资源整合、网络信息咨询、个性化服务等转化；信息技术的发展促进了

① 刘双四.现代信息技术:图书馆发展进程中的“双刃剑”[J].河南图书馆学刊,2006(5):13-16.

用户服务手段的变化，从传统手工操作方法向综合文献信息技术应用发展。

（2）技术环境给用户服务带来的挑战。现代信息技术的发展在给用户带来巨大便利的同时，也给图书馆传统的读者服务带来了巨大挑战，具体体现在图书馆面临的竞争日趋激烈，各种信息服务公司如雨后春笋般涌现，这些机构凭借其资源、人才、技术等优势，能及时、准确地为用户提供更高效、更有针对性的服务。反观图书馆，虽然在服务方式、深度上进行了一些创新与拓展，但大多数仍处于一般参考咨询和文献检索服务阶段，在深度与高度上无法与信息服务公司相媲美。技术环境的变革对馆员素质、思想观念、知识结构、工作技能和组织管理能力等也提出了更高的要求。

总之，信息技术的发展是实现“信息无障碍”服务的技术保证，在未来信息环境下，图书馆信息服务工作的“网络化、双向交互化、人机友善化、多向讨论化、实时化和全天化”特点将更加突出。图书馆只有真正做到“以用户为中心，以现代化信息技术为桥梁，以信息人员为主导，以宏观组织和信息法规为控制”，图书馆服务才会翻开崭新的一页。

第三节　服务环境对用户服务的影响

服务环境是指单位向顾客提供服务的场所，它不仅包括影响服务过程的各种设施，而且还包括诸多无形的要素。图书馆的服务环境是基于一定物质硬件的在提供文献信息服务过程中所表现出来的综合人文状况，是图书馆服务的重要组成部分。图书馆良好的服务环境，对用户有着强烈的引导作用，使他们受到潜移默化的熏陶和感染。图书馆的服务环境直接影响着文献信息服务的水平和效能，也影响着图书馆的发展和未来的竞争力。

一、图书馆服务环境形成的关键因素

良好的环境为用户提供了一个有利于潜心学习和钻研的场所，图书馆服务环境主要包括服务的外部环境和内部环境。外部环境是指图书馆

周围或图书馆与其他建筑物之间的环境。从外部环境看，营造温馨典雅、宽松舒适的场所，使用户在游览图书馆的过程中，融入园林美景中间，身心得以调节，精神得以陶冶，这种幽静温馨的环境甚至能吸引馆外行人步入文化殿堂。内部环境是指与图书馆或与用户活动息息相关的环境。对广大用户而言，外部环境与内部环境相互作用、相互影响，共同构成了用户活动的整体，但起决定作用的主要是内部环境。影响图书馆服务环境形成的关键因素主要有实物和氛围。

(一)实物

实物是外在看得见、摸得着的有形物品，主要包括馆舍以及各种设备、设施。图书馆的外在有形表现往往会影响其服务形象，因为外观往往能附联牢靠、永固、保守、进步或其他各种印象。而图书馆内部的陈设布局、装饰、家具、照明、色调配合、材料使用、空气调节、标记、视觉呈现如画之感，所有这一切合并在一起往往就会创造出“印象”和“形象”。

(1) 建筑。一栋建筑物的具体结构，包括规模、造型、建筑使用的材料、所在地点位置以及其与邻近建筑物的比较，都是塑造用户观感的重要因素。建筑艺术是一种实用与审美相结合的艺术，通过建筑艺术语言——空间组合、体型、比例、尺度、质感、色调、韵律以及某些手法等，构成一个丰富的形体体系，形成艺术形象，造成一定的意境，表现出特定的时代精神。图书馆建筑作为艺术和技术相结合的综合品，在设计上要与现代需求相适应，主要应注意以下几方面：一是要有美的造型；二是必须以形象感染人；三要采取开放式、大开间、模数式的建筑结构；四是图书馆建筑尽可能采用低层，不求其高，但求其广，注意建筑的紧凑性，利于走动，便于书籍运输，最大限度地方便馆员和用户。

(2) 设施。当代图书馆应是设备完善、功能齐全的现代化馆舍，咨询引导、文献服务、学习阅览、休闲交流等各种服务设施应有尽有。网络、宽带、无线上网等设施应配备齐全，充分满足用户网上查阅资料的需求；各库室应配备公共检索机，方便用户检索馆藏书目；一楼大厅应设有自助借还书系统，便利用户在图书馆闭馆时间借还图书资料；馆内应配备打印机、复印机等，方便用户打印、复印文献信息资料；各楼层应安置自动寄包柜，方便用户寄存物品；高校图书馆还应与时俱进，开辟网上论坛、互动天地、学习共享空间等。

（3）家具。图书馆室内环境的设备中，家具是非常重要的因素，一座优美的图书馆建筑如果家具不配套，将会影响整体的格调和使用效果。图书馆室内家具一般包括办公家具、阅览家具、典藏家具等类型，家具的设计、安置应与图书馆整体建筑格调协调、统一，充分体现绿色、环保、人性化等特征，如对于办公家具，宜选择简洁大方、舒适耐用的款式。

（二）氛围

氛围原本是指一种影响用户的“有意的空间设计”。图书馆氛围会影响其形象，也会影响到馆员和用户。从图书馆服务环境看，创造安静、赏心悦目的氛围因素主要包括以下几点：

（1）视觉。视觉是用户所看到的图书馆和图书馆员的总体形象。图书馆往往是一个学校、一座城市建筑的典型代表，外部气势恢宏，内部宽敞明亮、书香满屋，再辅以一些绿化措施，首先给人的视觉感就非常舒服、赏心悦目。这样往往能吸引用户、留住用户。具体包括：色彩组配恰到好处，注意整体协调性；光照效果良好，光线柔和；装饰品应尽量做到少而精，绿化要立足于高洁、安静、典雅的内涵并与室内其他设计相吻合，使用一些优质花木、雕塑、盆景、假山、水池等点缀与建筑物相衬托，雅而不华，营造一个空气清新、景观宜人、气氛幽雅的阅览环境，给学生以美的享受和启迪，充分体现图书馆是一座高雅文明的学习殿堂；标识系统非常重要，应成为疏导用户人流和识别空间的核心，图书馆内各处应设计有统一字体、符号、颜色与材料的醒目易懂的导引标识系统，使用户准确、迅速、便捷地到达自己想要去的地方，找到自己所需要的资料。同时，标识系统对用户不能去的地方和一些纪律规则都应给予明白无误地提示，从而真正有效地做到馆员与用户、用户与用户、用户与馆内环境的协调、统一。

（2）气味。气味会影响形象，一些营销性服务行业如商场往往会用芳香来吸引顾客，推销产品。而图书馆这方面的观念比较落后，目前还没听说有哪一家图书馆用香味来吸引用户。对于图书馆而言，可以多增加一些绿色植物，尤其是开花的绿色植物，营造一个书香满园、花香满园的良好氛围，达到吸引新用户、留住老用户的目的。

(3) 声音。图书馆是供人们阅读的场所，势必要营造一种安静的环境。工作人员的轻声细语、用户之间的细细诉说，这种压低分贝的讲话，都是防止噪音干扰、控制降低噪音的好办法。这种安静氛围是广大用户所需要的，能吸引用户长久光顾。为了防止噪音干扰，在馆内人流量大的区域宜选择有一定弹性的塑料、软木等材料作地面，或者在硬质地面上铺设软质材料；在大厅和走廊，可结合装修设计设置吸音材料；对于一些特殊的设备，如空调机和水泵等，需采用防震及隔声措施①。

二、服务环境对用户服务的影响

图书馆只有形成一种良好的服务环境，以齐心协力、奋发向上、开拓创新、至诚服务的人文精神为核心，激活、驱动人员才智、信息资源、信息设备、服务制度乃至信息用户，使之互相促进、整体融合，形成一种有影响力、相对稳定而又不断创新发展的服务风尚、服务氛围，才能提高服务层次，产生良好的服务效果。也只有形成了这样一种服务环境，图书馆的优质服务才会得以传承、创新和发展。

(一)良好的服务环境有助于提高情绪

所谓情绪，是指人对周围事物和环境所表现出来的态度体验。情绪围绕着用户，并对用户行为产生影响。在大学里，学生基本上都生活在校园里，看书和学习的最佳场所就是图书馆，优美而舒适的馆内环境和视觉系统能使人精神振奋。用户一走进图书馆，如沐春风，心情舒畅，从而激发起用户的求知欲，消除紧张情绪，提高学习效率，保护身心健康。对于馆员来说，拥有一个干净整洁、优雅舒适的工作环境，心情自然愉悦、轻松，有利于提高馆员工作效率，更好地服务于用户。

(二)良好的服务环境有利于图书馆履行其教育职能

教育家陶行知先生说过："一种生机勃勃、稳定和谐、健康向上的环境氛围，本身就具有广泛的教育功能。"图书馆是知识的宝库、文化的殿堂，通过环境的熏陶，让用户感受到图书馆的神圣、意识到在这里不能有丝毫的不轨行为，任何损坏图书、偷书、撕书的行为和念头都是一种犯罪。心理学研究表明，环境能对人的思想和行为起到诱导作用，使其

① 鲁卫良.论信息时代公共图书馆服务环境的设计[J].宁波教育学院学报,2007(2):62-64.

受到潜移默化的教育，对某些不检点的行为可起到约束和净化作用。因此，良好的图书馆环境，既能诱导用户的学习欲望，使之获得知识上的满足；又能陶冶用户的情趣，净化用户的心灵，让其受到美的熏陶和感染。

（三）良好的服务环境是实现图书馆价值的保障

图书馆存在的价值就是架起资源和用户之间的桥梁，为用户提供优质服务。在信息网络空前发达、图书馆传统功能大大削弱的前提下，建立一个充满现代服务理念和人文精神的服务环境，促使馆员发挥最大潜能，调动一切客观条件为用户服务。这样可以促使图书馆不断完善服务制度，深化、细化服务内容和层次，站在用户角度把服务做广、做深、做细、做准、做诚，用户不仅能便捷准确地获得所需要的信息，而且能得到尊敬、重视和礼遇。只有吸引用户、留住用户，图书馆才有存在的价值。

（四）良好的服务环境有利于提高服务水平

网络信息资源的增加和网络信息技术的发展，使用户需求日趋专深化、个性化，图书馆需要为用户提供量身定制的信息。打造图书馆服务环境，凭借先进的服务理念和人文精神、先进的信息设备和高超的服务技能，不断开拓服务领域、树立服务品牌、提升服务水平。充满先进服务理念和人文精神的服务环境是生机勃勃的，它总是随着环境的变化而开拓新的服务领域和项目，以满足人们的需求。只有深化服务、打造品牌，图书馆才能实现自身的可持续发展，才能在激烈的时代竞争中屹立不倒。

第三章　网络环境下的用户教育

在网络环境下，为提高用户利用图书馆的能力，充分发挥图书馆的作用，使图书馆开发的文献信息转化为现实生产力，达到知识增值和文献信息开发的最终目的。图书馆除了要注重自身发展，着眼于内部改革以外，还有一个不可忽视的重要方面——必须有效地利用网络化的电子信息服务，对用户获取信息进行相关教育与培训，让用户掌握必要的信息利用技能和文化信息素养，这是图书馆的使命，也是图书馆各项服务工作顺利开展的前提。

第一节　用户教育概述

"知识的一半是知道到哪里去获得知识"，用户教育就是让用户明白知识在哪里获得和如何获得，让用户理解信息资源存在的实质与利用的价值，用自己的知识与技能获取所需信息。用户教育是图书馆服务的一个重要组成部分，是图书馆有效开展其他服务项目的基础。

一、用户教育的概念

用户教育在国外被称为"Library Instruction 或 Bibliographic Instruction""Library Education 或 User Education"等，国内则称为"用户教育""读者教育""用户培训""信息素质教育"等。虽然这些概念的意义与内涵相类似，但仍有一些差别。

"Bibliographic Instruction（书目指导，简称BI）"主要是集中介绍一般的检索技能和使用以词典、百科全书、书目、索引等各类工具书为主的技能，美国图书馆协会（ALA）将"Library Instruction"定义为：图书馆为了教导读者了解图书馆的各项服务、设施、组织、资源及查询策略而实施的一切活动。“用户培训”主要是指对用户进行短期的、有针对性的、非连续性的关于图书馆使用方面的培训。

“用户教育”与“读者教育”的定义很相近。英国图书馆学家谬斯曾在《读者教育》一书中将“用户教育”定义为：“一种帮助读者最佳地使用图书馆的教育。”“知识的一半就是知道它在哪里和怎样获得它。”《中国大百科全书：图书学、情报学、档案学》中，对读者教育的定义是：图书馆和其他文献情报机构开展的培养读者（包括潜在读者）利用文献情报的能力的教育，是图书馆开发利用文献资源和实现其教育职能而开展的一项重要工作。周文骏主编的《图书馆学情报学词典》中，“读者教育”与“用户教育”分为两个条目，将前者定义为：“通过教育帮助读者获得最有效地利用图书功能的教育。”王绍平等编著的《图书情报词典》中，只有“用户教育”条目，定义为：“有计划、有目的地指导用户利用图书情报资源的教育活动。”对这两个概念及其含义加以分析，可以看出用户教育比读者教育的对象更宽、范围更广，在图书馆转型时期以及当前的网络化环境下，以用户取代读者更为合理，图书馆的用户显然包含了读者。

信息素质，又作“信息素养”“信息文化”。1974年，当时美国信息产业协会主席Paul Zuikowsiki在向美国全国图书馆和情报科学委员会（NCLIS）提交的一份议案中首次使用“信息素质”这一概念。1989年，美国图书馆协会（ALA）信息素质全国委员会在该年度的年终报告中对信息素质的解释是：具有信息素质的人应该知道何时需要信息，并具有寻找、评价和有效利用所需信息的能力。美国大学与研究图书馆协会认为：“信息素质是一系列有关个人能意识到信息需要并能找到、评价和有效利用所需信息的能力”①。总之，“信息素质”本身就是一个动态发展的概念，在不同发展阶段有不同的内涵和外延。

从概念上分析，“用户教育”与“信息素质教育”有共通之处：它们都是对用户实施的一种有效获取信息、利用信息的指导。但两者又有各自的特色：“信息素质教育”侧重于对信息能力的培养、指导，是素质教育的一个分支，其行为的实施者没有明确的界定；而“用户教育”除指

① 黄晓斌.美国高校的信息素质教育及其启示[J].大学图书馆学报,2001(4):65-67.

导和培养用户正确利用图书馆、有效获取信息资源以及提高信息素质外，更强调结合图书情报机构自身的特点设计教育的内容。

从以上列举的定义中可以看到，尽管名称各异，但它们的基本内涵却大致相同，随着时代的发展，其内涵和外延不断被赋予新的内容。网络环境下的用户教育就是指导和培养用户正确地使用图书馆和有效地利用各种文献信息资源，启发、培养用户的信息素养，以提高用户的情报意识与检索技能。

二、用户教育的特点

网络环境下，图书馆在资源构成、用户需求以及外部环境等方面均发生了显著变化。因此，这一背景下的用户教育也呈现出新的特点。

(一)教育对象的广泛性与多样性

传统图书馆的用户对象比较稳定，尤其对高校图书馆来说，用户就是本校教职员工和学生。随着网络的普及，用户对象的稳定性被打破，图书馆的用户不再局限于本馆用户，还有大量的馆外用户，呈现出广泛多样的特征，主要体现在：新的用户群体——网络用户出现。网络用户是指通过网络利用图书馆资源的用户，其构成比较复杂，既包括本馆用户，也包括馆外用户；用户集中的态势被改变。过去，用户必须亲自到馆获取信息，现在，除了这种方式外，用户还可以通过网络获取馆藏数字资源；用户信息素质的层次复杂多样，个体之间差异较大。

(二)教育手段的现代化与强依赖性

网络环境下图书馆用户教育活动的手段及方法发生了一些改变，教学效果及其影响明显提高。网络环境下的用户教育方式有：传统教学方法与多媒体课件教学相结合的方式；以单机CAI教学课件为手段开展教学活动；提供在线的教学材料，用户进行在线学习；通过网络与辅导老师进行实时或非实时的交流来进行学习。这些新颖的方式使图书馆的用户教育形式呈现出丰富多样的特点，但对网络也产生了很强的依赖。高校图书馆对校内用户的教育可以将传统形式与网上培训相结合，而对网络用户则可以采取网上授课的形式。

(三)教育方式的开放性与互动性

开放性是指用户可以根据自己的情况选择适合的学习内容和方法。由于网络时代图书馆用户构成的广泛性及其需求的多样性，所以应该让用户根据自己的特点和需要自主地选择学习方式和学习内容，这样才能使用户教育取得良好的效果，达到教育的目的。网络环境下用户教育除了强调开放性和自主性之外，还应注意教育系统中教师和学生的交流互动。在交流过程中教师可以深入了解用户真正的信息需求，对用户的学习进行较好的指导，提高用户学习的效率。衡量互动性的高低，一是要看学习者对学习路径的控制程度；二是看这些互动是否有利于促进用户的发展，尤其是较高层次认知技能的形成和发展。

(四)教育内容的丰富性与强实践性

当前，用户教育工作呈现出来的一大特色是教学内容与信息资源及信息技术发展现状紧密结合。归纳起来，大致涉及图书馆信息资源及利用服务、文献创作与信息交流、信息处理技术及其他与提高文献信息能力相关的知识。显然，当前图书馆用户教育的内容有了很大的变化，不仅涵盖了图书馆资源及利用各个方面，突出对电子文献、网络资源检索利用知识的普及与强化，还将内容扩展到了知识产权保护、文献创作、信息交流与组织、信息处理技术等若干方面。网络环境下图书馆用户教育的重点将转移到具体的上机操作上，用户在实践中通过更为直接的感性认识进行学习，实践性明显增强，所以加强实践环节是网络环境对图书馆用户教育提出的新要求。一方面，图书馆可以通过提出一系列问题让用户解决的方式进行用户教育，在解决问题的过程中培养和提高用户的信息能力；另一方面，图书馆可以将用户教育与用户的学习和工作联系起来，使用户在完成工作和学业的同时提高自己的信息素养①。

三、用户教育的必要性

我国社会正逐步向网络化、信息化时代迈进，全新的网络信息环境既带来了千载难逢的机遇，也带来了严峻的挑战。正因如此，图书馆有能力也十分有必要开展用户教育。让用户掌握必要的基本信息利用技能

① 凌云.网络环境下高等学校图书馆的用户教育研究[D].成都:四川大学,2003.

和基本的文化素养，这不仅是图书馆生存的需要，也是现代社会对图书馆的要求，更是用户自身的需要。图书馆想要在信息社会中重新确立自己特殊的地位，进行图书馆用户教育是当务之急。

(一)图书馆生存发展的需要

随着资源的丰富和技术的发展，用户获取信息的需求更迫切，对信息的深度和精度要求更严格。图书馆必须重新审视自己，对自身的工作进行改革，并转变角色，找出新的增长点——通过实施用户教育，发挥自己专业特长，在用户和各种信息资源之间起到很好的桥梁和纽带作用。只有用户学会并掌握数字资源的使用方法，并便捷快速地获取和利用这些资源，才能产生直接或间接的经济效益和社会效益，达到办馆效益的最大化、最优化。只有开展用户教育，才能消除信息用户与数字资源沟通的障碍，培养、提高用户有效利用图书馆的能力。另外，通过及时获取用户在利用过程中存在问题的反馈意见，不断改进和完善图书馆的各项工作，才能推动和促进图书馆事业持续、健康、稳定发展。

(二)社会环境发展的需要

(1) 全新信息环境的需要。信息是一种重要的资源，经济的发展、社会的竞争越来越表现为信息积累、信息能力和信息开发利用的竞争。人是最宝贵的资源，因为社会的进步和发展最终都必须由人来完成。因此，要想推动社会向信息化方向前进，就必须将人和信息这两个因素有机结合起来，也就是说人要能获得信息并能将信息转化为推动社会进步的生产力，从而最终通过人的具体劳动来推动社会的进步。由此可见，要全面推动社会的信息化进程，必须要求社会中的每一个成员都具有一定的信息意识和信息能力。这就要求人要接受获取信息、对信息进行相关选择和评估的教育与训练，以掌握基本的信息技能。

(2) 高等教育发展的需要。著名教育家蔡元培先生曾言：“教育不专在学校，学校之外，还有许多机关，第一是图书馆。”可以说，图书馆的教育职能是不可推卸的社会责任。高校图书馆作为高等学校的三大支柱之一，必须担负起培养创新人才的重任。既要充分发挥图书馆的教育职能，引导大学生广泛吸纳各学科知识，又要训练学生的创造性思维，提高他们的创新能力。因此，高校图书馆一方面可以通过用户教育的导读、导学，引导大学生进行知识的积累；另一方面，可以通过开展用户教育提高大学生的信息素质，达到提高大学生创造性思维能力和创新能力的目的。

（三）用户自身的需要

（1）用户提高素质的需要。21世纪是知识经济时代，知识经济是创新的经济。知识创新、技术创新的关键是人力因素，而人才素质又是人力因素的重中之重。因此，以培养用户的创新精神、完善用户个性为目的的图书馆用户教育，能提高用户素质，帮助用户掌握各种技能与方法，自觉抵制各种不良信息，符合时代对人才素质的要求，是图书馆与未来知识经济相联系的一个坚固环节。

（2）用户终身教育的需要。随着科学技术的迅猛发展，科技知识老化及更新速度明显加快。据相关的调查研究，18世纪知识陈旧的速度为80年至90年，近50年缩短为15年，甚至有的学科已缩短为2年①。"一次性学习"的时代宣告结束。据统计，一个人的知识20%来自学校，80%来自自学②。也就是说人们必须通过终身学习来更新、补充和拓宽知识及技能，终身教育将贯穿每个人的一生。而良好的信息素质是终身学习的基础，高校图书馆应顺应用户的需求，开展旨在提高用户信息素质的用户教育，为用户的终身学习打牢基础、作好铺垫。

第二节　用户教育的内容和形式

传统的用户教育可以被看做是基础教育，而网络环境下的用户教育本质上是一种网络教育，其目的是培养用户在网络环境下获取与利用信息的能力，特别是对虚拟用户（指通过网络访问和获取图书馆信息资源的用户）认识和利用虚拟馆藏能力的培养，这是网络环境下图书馆用户教育的新课题。

一、网络时代用户教育的主要内容

关于网络时代图书馆用户教育的内容有哪些，目前国内还没有统一

① 王敏，常家树．全面发展的素质教育与创新型人才培养[EB/OL]．[2012-08-19]．http://www.ccyl.org.cn/zuzhi/dcyjwz/files/15.html.

② 冯长美．图书馆用户教育谈[J]．情报资料工作，2002:388.

的大纲，各个图书馆都处于摸索、学习的阶段。但综合来看，我们可以将用户教育分为图书馆基础教育、图书馆利用教育以及网络安全教育三个部分。

(一)图书馆基础教育

图书馆基础教育是指对用户进行图书馆服务和馆藏等基本知识方面的教育，以引导用户了解使用图书馆的一般方法和有关服务项目以及某一图书馆的组织、结构和设施。这是图书馆对用户实施的最初级的教育，主要是让用户对图书馆建立起最初步的感性认识，在其思维里形成主动接近图书馆的意识，认识到图书馆是学习、研究的重要基地，几乎所有的高校图书馆都会开展这方面的用户教育。具体内容包括：图书馆概况、馆藏布局、馆藏资源介绍、开馆时间、服务项目、馆藏组织体系以及各种规章制度等。

(二)图书馆利用教育

图书馆利用教育主要介绍书目查询系统、各种参考工具书的使用方法、信息与信息检索基础知识、各种数据库的使用方法、网络资源的检索与利用、专题信息检索教育等。

(三)网络安全教育

由于网络是完全开放性管理的，有些不健康的、不文明的、伪科学的信息容易入侵，甚至“黄色信息”“垃圾信息”也可能会通过网络展示在用户面前。因此，在网络环境下，思想道德教育和法制教育显得特别重要。作为社会文化事业重要机构之一的图书馆，一方面应为用户推荐与提供高质量、高品位的文献信息，帮助用户积极利用网上有用信息，熟练检索各种文献资源；另一方面，需要对用户进行思想政治教育，提高用户的自身素质以抵制信息污染。同时，图书馆要加强法制宣传教育，不输入有害信息、不健康信息和病毒，提高网络道德水准，营造一个良好的网络环境。对用户进行安全文明教育，是社会赋予图书馆的一大历史使命，也是图书馆履行其教育职能的重要体现。

二、用户教育的途径

通过20多年的探索和实践，我国图书馆在用户教育方面积累了丰富的经验，总结出了多种切实可行的用户教育途径和方法，图书馆可根据各自的具体情况采取不同的方式。

(一)发放宣传手册

经常对用户发放宣传手册，可以让用户了解图书馆，宣传图书馆各种信息服务手段，指导用户使用各种检索工具和各种检索方法获取信息，使宣传手册成为宣传图书馆、了解图书馆、利用图书馆不可或缺的工具。宣传活动的形式有馆内宣传和馆外宣传。馆内宣传包括编制宣传栏、印制和发放各种宣传资料等。馆外宣传是在用户比较密集的地区开展某一相关主题活动，如北京大学图书馆在三角地举行的电子资源利用宣传活动，制作了很多展板，并有咨询人员现场解答用户的问题。有的图书馆在公共场所举办“全民读书月”“服务宣传周”等活动。这些都是宣传图书馆、扩大图书馆知名度的好办法。

(二)授课

这种形式多见于高校图书馆，有固定的教学场所与教学人员，有学分。它是一种比较正规和系统地接受图书馆学专业知识、获取文献信息检索技能和方法、提高用户信息素养的好形式。通过授课，能帮助用户系统掌握各类型文献信息资源的使用方法；帮助用户获得检索书目文献的技巧、信息和有关指示，学会使用复杂的检索技巧；帮助他们选择最合适的检索工具；指导他们对所发现的信息正确评价与利用。授课内容主要包括文献检索与利用课、电子资源检索与利用课以及其他课程（图书馆散论、数字图书馆基础知识、科技文献检索、社科文献检索、电子文献检索与利用、网上信息检索与评价、工具书使用方法、信息存取原理与技术、因特网教育、信息素质教程等）。

(三)专题讲座

根据图书馆资源结构调整情况以及电子资源迅速增长的现实，通过开设专题讲座的方式，可以让更多用户了解和利用图书馆的电子资源，帮助用户学会运用现代化手段获取知识信息。图书馆可以定期或不定期地选择一些用户感兴趣的与信息资源有关的专题，由本馆相关的资深馆员或邀请馆外的信息专家给用户举办讲座，例如关于某一专业信息的检索、电子信息资源的检索和利用等。专题讲座是我国高校图书馆用户教育最经常采用的方式之一。据调查，约有62.86%的大学图书馆中开设了电子资源培训讲座[①]。图书馆面向用户举办的讲座涉及很多方面，包括学术方面的讲座、资源利用方面的讲座、阅读方面的讲座、治学方面的讲座、修身方面的讲座以及健康方面的讲座等。

（四）培训班

图书馆定期或不定期举办各种形式的培训班、特训班、短训班，邀请有关专家讲授信息基础知识、检索知识和现代信息技术等有助于提高用户信息素质，让用户能在较短时间学习到比较系统的内容，是一种针对性较强的好方式。培训班讲授内容包括资源介绍、信息检索方法和途径、技术方法的利用等。目前，有些高校图书馆的培训班开展得很好，基本上每学期都有固定的日程安排，并在网上公布用户培训日程表，图书馆安排专人负责、从事培训工作。有的图书馆把培训资料全部公布在网上供用户随时浏览；有的培训班根据用户的知识背景分别安排不同的内容，如“本科生入学培训”“研究生入学培训”“教师专场培训”等。培训多采取讲解与实际操作相结合的方式，一人一机，除教师讲解、演示外，用户还有一定的上机时间，用户在获取理论知识的基础上，进行实际操作，加深实践技能。培训班有助于帮助用户更快地了解图书馆的信息资源与服务，熟练掌握各种文献信息资源的检索和利用方法。

（五）个别辅导

根据具体需要，用户可以提前与相关负责用户教育的馆员预约，馆员则针对用户的具体情况实施辅导；或者是用户在进行课题研究等过程中与馆员长期保持一种协作关系，用户在遇到与图书馆资源相关的问题时可直接向馆员寻求帮助。这是一种针对性较强的教育方式，目前一般针对教师用户和研究生用户开展，中山大学图书馆和西安交通大学图书馆等均在开展这种方式的用户教育。

（六）常见问题解答（FAQ）

图书馆根据以往经验，总结出用户经常提到的关于利用图书馆资源方面的问题，把这些常见问题的解决方法公布在图书馆网页上，让用户在遇到问题时通过自学FAQ得到及时解答。将经常遇到的问题集合在一起，不但方便用户的利用，而且把馆员从不断解答相似问题的繁琐工作

① 范亚芳，李海英．现代图书馆服务环境再造研究［M］．徐州：中国矿业大学出版社，2006：124.

中解脱出来。因为FAQ提供的是用户可以自学的关于利用图书馆和图书馆资源的材料，所以成为用户教育的方式之一。通常来说，用户欢迎内容丰富、分类明确而又具有查找功能的FAQ设置。

(七)网络培训

网络环境下，用户教育方式不断推陈出新，很多图书馆开始尝试利用WWW技术、多媒体技术进行远距离的虚拟课堂教育。一是网上教育可以充分发挥互联网的开放性、交互性等特点，使图书馆用户培训不再受到时间、地点的限制，使有学习欲望的人均可以得到培训，并且可以解决目前教学点有限、集中教育困难等现实问题。二是用户可以根据需要定制自己的学习内容，安排学习进度，选择学习方式，自主性较强。三是网上培训技术允许测试和跟踪学员的进度，符合当前用户的学习需求。因此，发展网络教学是历史之必然。图书馆网上用户教育主要通过设立专门的教育网站、制作多媒体课件以及利用学校的网络教学平台等进行。

第三节　网络环境下用户教育的发展举措

数字技术的不断发展和推广、用户环境的变化都提供了改变高校图书馆各种信息服务的可能性。未来数字环境的特点之一就是以用户为中心、用户驱动和围绕用户信息服务的过程。作为图书馆信息用户服务的一个主要项目——用户教育，也面临着同样的变革，这种变革的力量促使图书馆必须根据新的情况和用户需求重新制定自己的方针，开展更具深入性和灵活性的用户教育活动，更新自身的教育理念和教育手段。

一、加强潜在用户教育，提高用户信息素质

网络环境下高校图书馆用户不仅包括本校学生、教职员工，还包括大量的网络用户，他们都是高校图书馆用户教育的实施对象。在网络环境下，高校图书馆只有吸引尽可能多的用户才能提高自身生存的能力。因此，高校图书馆在推行本校用户教育的同时，也应该加强对网络用户和社区用户的教育，把培养和提高网络用户的信息素质作为高校图书馆

增强生命力的重要途径之一。2002年，教育部印发的《普通高等学校图书馆规程（修订）》第二十一条指出，“有条件的高等学校图书馆应尽可能向社会读者和社区读者开放”[①]。为社会用户服务，是建设小康社会、和谐社会、文明社会，实现社会信息化的需要。对于社区用户，针对其人员结构复杂、文化水平参差不齐等特点，高校图书馆应尽可能走近他们，多开展一些宣传活动，通过各种方式、途径增强他们的信息素质。总之，要针对特定的用户群体，组织具体的教育内容和采用适当的教育方式，达到既提高用户信息素质，又促进高校图书馆自身生存和发展的双赢目的。

二、引入信息素质教育标准，完善用户教育内容体系

2002年，教育部印发的《普通高等学校图书馆规程（修订）》第十七条提出，高等学校图书馆要“通过开设文献信息检索与利用课程以及其他多种手段，进行信息素质教育”[②]。由此可见，高校图书馆的用户教育已经从最初的以利用图书馆、突出情报意识和情报检索技能为目的而深化到以培养和提高用户全面的信息素质为目的。因此，高校图书馆必须重构用户教育的内容，围绕信息意识、信息知识、信息能力和信息道德四个方面构建用户教育新的内容体系。大数据时代的到来，使用户的数据素养成为查询、获取、管理、利用数据的关键。图书馆的用户教育内容也应与时俱进，积极开展数据素养教学，提高用户的数据意识、数据知识、数据能力和数据伦理。

三、建立多元化的用户教育模式

一直以来，我国高校图书馆用户教育最主要的途径是开设文献检索课。考察国外高校，虽没有我国高校文献检索课这一教育模式，但其多元化的信息素质培训模式却是可以借鉴的，如开展图书馆利用教育、专业课与特定用户教育和个体化用户教育等。网络环境下高校图书馆把培

① 教育部.普通高等学校图书馆规程(修订)[EB/OL].[2011-08-26].http://www.scal.edu.cn/xgch.htm.

② 教育部.普通高等学校图书馆规程(修订)[EB/OL].[2011-08-26].http://www.scal.edu.cn/xgch.htm.

养和提高用户信息素质作为用户教育的目的，只重视文献检索课的用户教育模式已经不能满足新环境下高校图书馆用户教育的目的和需要。因此，高校图书馆要改变这种现状，建立起一种以网络为依托的、互相结合、相互促进、相得益彰的多元化信息用户教育新体系，通过正式课程与非正式课程相结合、用户教育与专业教育相结合、改革文献检索课、普及多媒体教学、充分利用网络优势进行教学改革等来实现用户教育模式的改变。

四、建立长久的合作、共享机制

目前，图书馆的发展模式可概括为三句话，即合作是“金”、共享是“银”、网络为“王”。由此可见，合作与共享是图书馆发展的必然趋势，也是增强我国图书馆界整体实力和提高图书馆服务效益的现实需要①。这种合作主要体现在：建立系统内的合作、共享机制。系统（如高校系统）的合作是促进用户教育的有效途径，在信息资源共建共享的基础上，加强各图书馆之间在用户教育领域的交流与合作，共同推进高校图书馆用户教育的发展；校园范围内通力合作。校园范围内的合作是有效的用户教育出路。馆员是用户教育的主力军，但与其他课程的结合需要学科教师的支持，建立基于新技术的教学方法也需要技术人员的支持。因此，图书馆与学科教师和技术人员之间的通力合作将是培养学生信息素养能力的有效途径之一；建立与用户间的合作，用户是教育的接收者，又是教学信息的反馈者，与用户间的交流合作非常重要。

五、提高用户教育的师资力量

用户教育的师资队伍是高校图书馆用户教育得以有效开展的重要条件，教师是用户教育的具体实施者，教师的素质直接关系到教学水平和人才培养的质量。要培养一支专兼结合、学科馆员与专业教师结合的高素质师资队伍，不但要求教师有过硬的图书情报知识，还要完善他们现有的知识结构，提高信息业务水平。师资力量的完善措施包括：（1）建立专门的用户教育教研室，成立专门的用户教育机构。（2）合理调整师

① 宋育贤.网络时代图书馆的定位及发展模式[J].国外油田工程,2002(8):51-54.

资队伍结构。我国高校图书馆用户教育的师资队伍是专兼职结合的队伍，而且是兼职教师所占的比例大于专职教师。林平忠在《图书情报用户教育》一书中提出，专兼职教师合理的比例应该在6∶4甚至更高，而我国目前的状况仍然停留在3∶7左右[①]。这种比例极不妥善，应进行调整和优化，使师资队伍结构趋于合理。(3) 加强师资培训，师资培训可从自学、参加培训班、参加学术会议、在职进修以及学历、学位深造等途径着手。(4) 倡导团队精神，教师队伍建设还应大力提倡团队精神，依靠集体的力量共同奋斗，开创用户教育的新局面。

① 凌云.网络环境下高等学校图书馆的用户教育研究[D].成都:四川大学,2003.

第四章　网络信息检索服务

Internet是当今世界上规模最大、覆盖面最广、信息资源最丰富、发展最迅速的信息网络。如何在如此庞大的Internet上及时有效地获取有价值的信息资源，已成为网络时代人们日益关注的热点问题。虽然人们投入巨大的热情和精力研究搜索问题，但到目前为止，如何从大量信息中筛选出用户需要的或对用户有用的信息，一直没有得到很好的解决。据英国莫里调查公司的民意调查结果显示，只有18%的用户表示总能在网上搜索到需要的信息，68%的用户说他们对搜索引擎很失望，28%表示还可以，其余5%为不知道[①]。

第一节　网络信息资源

所谓网络信息资源指以电子数据的形式将文字、图像、声音、动画等多种形式的信息存放在光、磁等非印刷介质的载体中，并通过网络通信、计算机或终端等方式再现出来的信息资源[②]。网络信息资源的信息载体是光纤互联的计算机信息网络。由于作为信息基础设施的计算机网络日趋发达，以及数字化、网络化资源日益丰富，特别是Internet技术的高度发达与普及，使计算机网络成为人们获取信息资源的主要渠道。

一、网络信息资源的类型

网络信息资源包罗万象、应有尽有，目前尚无统一的分类方法。关于网络信息资源的种类，许多人从不同的角度给予了不同的分类。按照信息资源传播范围，可大致分为光盘局域网信息、传统的联机网络信息

---

① 英国莫里调查公司[EB/OL].[2012-06-19].http://www.mori.com.

② 高松.网络信息检索效果评价及其优化研究[D].长春：吉林大学，2007.

和Internet网络信息资源；按照媒体性质，可分为文本、图像、音频、视频、软件等；按照信息加工层次，可分为网络零次信息、网络一次信息、网络二次信息、网络三次信息；按照采用的网络传输协议，可分为WWW信息资源、FTP信息资源、Telnet信息资源等；按照提供信息的机构，可将信息资源分为图书馆提供的信息资源、专业信息服务机构提供的资源、企业公司团体甚至个人提供的信息资源；按照信息内容的表现形式和用途，可分为全文数据、事实型数据、数值型数据、文献书目信息、实时交互活动型信息以及图像音乐等。为了便于检索与利用，根据不同信息资源性质与用途，本书将网络信息资源大致划分为网络版数据库资源、网站型信息资源、电子图书资源、网络版连续出版物以及Telnet信息资源五类[①]。

二、网络信息资源的特点

网络环境下，信息资源在内容、数量、结构、质量、格式等方面都与传统的信息资源有显著差异，呈现出新的特点。

(一)信息存储和传播网络化

网络时代，信息的传播媒介是光信号，存储介质和传播渠道是通过一种新型载体——Internet进行，并通过互联网实现同步传输，为用户提供各种来自Internet网络服务器上的虚拟信息，而不是实实在在的实体形式的信息。信息的存储和检索更加方便，而且存储信息密度高、容量大，可以无损耗地被重复利用。

(二)信息内容丰富

Internet已经成为全球最大的信息资源基地，在Internet上几乎可以获得任何领域的信息，其存储和处理采用文本、超文本、多媒体和超媒体形式。超文本技术，尤其是多媒体和超媒体技术的发展和应用，使得网络信息的组织方式不仅以知识和信息为基本单元，而且能充分展示这些单元之间的逻辑关系。网络信息资源也由传统的顺序、线性排列发展到可以按照信息自身的逻辑关系组成相互联系的、直接的、非线性的网状结构。Internet能为用户提供各种形式的信息及其组合。

① 沈传尧.数字资源检索与利用[M].南京:江苏人民出版社,2007:8-10.

(三)信息更新频繁

网络信息时刻处在变化和发展之中。在Internet上，信息地址、信息链接、信息内容经常处于变动之中，信息资源的更换、消亡更是无法预测，也许你正在浏览的信息就正处在更新之中。

(四)信息结构复杂

Internet是在自愿的基础上，通过TCP/IP协议将不同的网络连接起来的，对网络信息资源本身的组织管理并无统一的标准和规范，网络信息呈全球化分布结构。信息资源分别存储在不同国家、不同地区的服务器上，不同的服务器采用不同的操作系统及数据结构，字符界面、图形界面、菜单方式、超文本方式等缺乏集中统一的管理体制。从整体上看，网络信息资源尚处于无序状态，因此在信息的组织和检索方面比较复杂。

(五)信息格式多样

所谓格式就是最基本的计算机存储单元的排列方式标准，即每个比特的排列组合标准。现代计算机信息存储的格式很多，各种类型的信息都有各种不同的信息格式来描述，如文字信息的格式有：TXT、RTF、DOC等；图像信息的格式有：BMP、GIF、JPG等。加上声音、视频和动画等信息，这样就导致网络信息格式的多样化。

(六)信息质量参差不齐

由于网络信息的发布具有很大的自由性和随意性，且缺乏必要的过滤、质量控制和管理机制，正式出版物和非正式出版物交织在一起，学术信息、商业信息以及个人信息混为一体。因而网络信息资源具有不同的层次与效用，既有科学前沿的研究报告，也有大众通俗读物；既有已经加工整理的信息，也有无序的原始信息；既有较大参考价值的信息，也有毫无用处的垃圾信息，甚至还有不少有害信息，可谓良莠不齐。因此，如何评价选择和过滤信息成为网络信息组织和检索的首要任务。

第二节　网络信息检索服务

信息检索有广义与狭义之分，广义的信息检索是指将信息按一定的方式组织和存储起来，并根据用户的信息需求查找所需信息的过程和技术，所以信息检索的全称又叫“信息存储与检索”[①]。狭义的信息检索则仅指该过程的后半部分，即如何从存储的信息集合中找出所需信息的过程，也就是利用信息系统检索工具查找所需信息的过程，相当于人们通常所说的信息查询。网络信息检索是指通过网络信息检索工具将Internet信息空间中各种类型的网络信息资源检索出来。

一、网络信息检索的特点

与其他检索方式相比，网络信息检索呈现出不同的特性，其检索特点主要表现在以下几个方面。

(一)检索范围广,信息量大

网络信息检索的范围广，它可以检索因特网上的各类资源，而检索者不必预先知道某种资源的具体地址。其检索范围覆盖了整个因特网这一全球性的空间，为访问和获取广泛分布在世界各地的、成千上万台服务器和主机上的大量信息提供了可能。同时，网络信息检索的信息量非常大，一次输入，就可以获得很多条检索结果。

(二)检索速度快

用户之所以首选网络来检索自己需要的文献，是因为网络信息资源检索的快捷性。只需短短几秒，输入检索式，就可获得相关信息。用户可以不分时间、空间，随时利用网络来查阅各类信息资源，寻找自己感兴趣的文献。网络已成为最有效、最快捷的传播渠道。

(三)检索途径多样

网上信息种类繁多，用户可以根据需要从多种载体、多种角度进行检索，如可以利用搜索引擎通过网站、网页等途径检索自己所需要的信息。另外，在专门的数据库检索系统中，多提供标题、作者、机构、刊名、关键词等检索途径，用户可以根据需要灵活选择，大大提高检索效率。

(四)检索手段易用

随着网络和计算机的普及，信息检索用户逐渐由专业人员向个人用户转移，这就决定了大部分信息检索用户不可能像图书情报专业人员那

① 李震霞.关于文献检索教学的探析研究[J].赤子(中旬),2014(3):374-375.

样熟练地使用主题词、分类号、逻辑组合等严格的专业查询术语来检索网上的信息资源。而互联网良好的“人机”会话界面、强大的搜索引擎功能和方便的帮助支持系统，不需要用户花太多时间去学，只要掌握一些简单的检索方法和技巧就可以检索到自己需要的信息，使用起来简单、方便。

(五)检索智能化[①]

信息系统可以根据用户要求自动进行分析，找出用户的信息需求。如搜索引擎能对网络资源进行自动搜索、标引、组织，并提供检索，用户不需要了解更多的检索原理、检索知识和检索过程，就可得到检索结果。另外，网络系统可以自动记忆用户对信息资源点击的次数，通过对检索内容或点击次数的统计，判断用户对信息感兴趣的趋势，以便有针对性地增加相关内容。这在传统的检索工作中是不容易做到的，这也是网络信息检索系统检索的发展方向。

二、网络信息检索工具

网络信息检索工具是指互联网上提供信息检索服务的计算机系统，它以网站形式存在，一般可提供关键词和主题导航两种检索方式。目前的网络信息检索工具有很多种，方法不一，为网络信息检索提供了诸多途径。按检索资源的类型，可分为非Web资源检索工具和Web资源检索工具两大类。按照其编制原理和检索方式，Web资源检索工具可分为网络指南和搜索引擎。

(一)网络指南

网络指南是把全部文献归入主题目录的层次结构或树型结构，并由人工编制的网站链接汇编而成，又称为网络目录、专题目录或主题指南、站点导航系统等。网络指南通常是按网络资源的主题性质进行分类，以某种分类体系为依据，将信息资源分为若干主题范畴，然后再细分为各学科专题目录，最后列出具体的相关网站，形成一个由信息链组成的树状结构，即总目—专题目录—链接—文本。著名的如Yahoo、sina、网易等都提供基于目录帮助的网址。

① 贺晓利.信息资源网络检索的特点、问题及对策[J].现代情报,2007(5):72-73.

网络指南以事物而非学科为纲，采用宽泛的主体领域建立类目体系，类目多向成族，各类下收录的对象范围宽泛、动态性强，是网络信息组织和检索的重要工具。网络指南一般由编辑人员根据一套评判标准来筛选网站拥有者主动提交的网址和相关信息，并按照一定的分类体系加以组织，最后形成一个可浏览的等级主体目录或索引。网络指南一方面初步序化了网络信息资源，同时也在一定程度上满足了用户的信息查询需求。网络指南的检索方式是浏览，某一学科专业领域的所有类目都显示在网上，为用户提供了从高层浏览某一主题内容的优质资源。

(二)搜索引擎

搜索引擎是Internet上最重要也是最常见、最流行的一种信息检索工具，截至2015年6月，我国搜索引擎用户规模达5.36亿，使用率为80.3%，是网民的第三大应用[①]。搜索引擎有狭义与广义之分。狭义的搜索引擎是指利用网络自动搜索技术对网络资源进行搜集、标引、储存和检索的一种技术和系统；广义的搜索引擎是指提供搜索和分类导航信息查询服务的一系列网站。

搜索引擎是Internet提供公共信息检索服务的Web站点，它是以一定的技术和策略在Internet中搜集和发现网络信息，并对网络信息进行理解、提取和处理，建立数据库，同时以Web形式提供一个检索界面，供用户输入检索关键词、词组或短语等检索项，代替用户在数据库中查找出与提问相匹配的记录，同时返回结果且按相关度排序输出，从而起到快速查找信息的目的。

相对于其他检索工具而言，搜索引擎不仅能检索文本信息，还能检索图像、动画、声音等多媒体信息，而且还能提供软件下载、新闻组查询、电子邮件申请等一系列网络服务，现已成为Internet网络信息检索的主流。

三、网络信息检索的程序

网络信息检索过程中，不同的信息检索系统都有着各自的特色，但其基本程序却是大体一致的。一般来说，进行网络信息检索首先要了

① 中国互联网络发展状况统计报告[EB/OL].[2016-02-22].http://www.chinaxwcb.com/2016-02/18/content_334174.htm.

解、把握用户的检索目的和要求，全面分析用户的检索课题；然后根据课题的要求选择适宜的检索系统和数据库，选取检索词、构造检索提问式、确定检索策略，进行实际操作；进行检索后，根据检索结果及时调整检索策略，使检索结果符合用户需求。

(一)分析检索课题

分析和研究检索课题是信息检索的根本出发点，也是信息检索效率高低和成败的关键。实施检索前，必须对检索课题进行认真细致的分析和研究，其内容包括：了解用户的意图和目的；分析检索课题的学科范围；所需信息的相关情况，包括信息载体、出版类型、文献量、年代范围、涉及语种、有关著者、机构等；信息检索的效果，检索效果一般包括查全率、查准率、查新率等指标体系；检索费用，许多计算机检索是收费的，特别是国际联机检索，其检索费用较高。在进行检索前，工作人员应将各系统的收费情况告知用户，征求和询问用户意见，并力推适合用户承受能力的检索系统和检索策略。

(二)选择检索系统和数据库

在全面分析检索课题的基础上，对用户需求情况进行权衡后，应选择合适的检索系统和数据库。正确选择检索系统和数据库，是保证检索成功的基础。选择检索系统和数据库时应考虑以下因素：检索系统的更新周期；学科范围，任何一个数据库在收录信息时总有一定的学科范围，应有针对性；文献范围，明确数据库收录的文献类型、数量、时间范围等；检索功能，明确数据库所提供的检索功能和服务方式。

(三)确定检索词

检索词是表达文献信息需求的基本元素，也是计算机检索系统中有关数据库进行匹配的基本单元。检索词的选择是否恰当，直接影响检索效果。在全面了解检索课题的相关问题后，提炼主要概念与隐含概念，排除次要概念，以便确定检索词。在计算机检索系统中，检索词一般有以下几种：规范词，多数系统和部分网络检索工具都有各自的主题词表，包括叙词表和标题词表两种，用户可以通过查阅这些主题词表确定检索单元；规范化的代码，是经过规范化处理的索引代码；自由词，一般是专指性较强的专业词语，通过合理的组配，通常能够取得较好的检索效果。

(四)组配合理的检索提问式

检索表达式是计算机信息检索中用来表达用户检索提问的逻辑表达式，主要使用各种布尔逻辑算符、位置算符、截词符、限制算符以及系统规定的其他组配符号将检索词进行组配，确定检索词之间的概念关系或位置关系。检索表达式的构造是否合理，将直接影响查全率和查准率。目前，联机检索系统和网络检索系统都能够提供如布尔逻辑检索、位置检索、短语检索、加权检索、字段检索等基本功能。

(五)实施检索,并根据检索结果适时调整检索策略

组配好检索提问式后，就可以进行检索了。在实际检索过程中，应及时分析检索结果是否与检索要求相一致，根据检索结果对检索策略进行调整和修改，直至得出满意的检索结果为止。一般来讲，要提高查全率，主要从扩检入手；要提高查准率，应从缩减入手。

(六)输出检索结果

根据检索系统提供的检索结果输出格式，选择需要的记录和相应的字段，可将检索结果显示在显示器屏幕上，也可存储到移动存储设备上，还可通过电子邮件发送给用户，或直接进行打印输出。至此，整个检索过程完成。

第三节　科学信息的网上检索

对于广大科研工作者来说，掌握各种网上信息资源的获取方法和检索途径，对其科研工作至关重要。网上的科学信息主要包括图书、期刊、报纸、会议文献、学位论文、标准、专利等，这里主要介绍使用较多的几种。

一、电子图书的网上检索

电子图书也称数字图书或e-book，以数字化形式存储、发行传播和阅读，是多媒体、超文本和网络技术发展的产物。20世纪80年代初开始出现，1981年出版的《The Random House Electronic Thesaurus》被认为是世界上第一本可用于商业目的的电子图书。电子图书包括在线电子图书

和光盘版电子图书两种。其中，在线电子图书是一些网站将经过扫描或录入的电子图书放到服务器上，供用户从网上阅读或下载，这类站点一般称为网络书店或网络书屋。自1995年7月全球第一家网络书店亚马逊书店在美国开张以来，网上书店如雨后春笋般涌现，亚马逊网络书店、当当网上书店、超星中文电子图书、“书生之家”之中华图书网等比较有名。

二、期刊信息的网上检索

学术期刊是传递科技信息、交流学术思想最基本、最简便的手段，也是科研工作者获取学术信息最主要的渠道。

(一)Elsevier Science

Elsevier Science是世界上著名的学术期刊出版商，出版的学术期刊涵盖数学、物理、生命科学、化学、计算机、临床医学、环境科学、材料科学、社会科学等学科。从1997年开始，该公司推出名为Science Direct的电子期刊计划。目前，该公司在清华大学图书馆和上海交通大学图书馆分别设置镜像服务器，向我国用户提供Science Direct电子期刊全文服务。Elsevier Science的电子期刊有浏览和检索两种功能，其检索包括简单检索和扩展检索，扩展检索又包括高级检索和专家检索，支持布尔逻辑检索、截词检索、位置检索、同音词检索等技术。

(二)Springer Link

Springer Link全文电子期刊由德国施普林格出版集团出版，通过Springer Link系统提供学术期刊及电子图书的在线服务。Springer Link采用IP地址控制使用权限，登录站点为国内镜像站，期刊全文为PDF格式，提供快速检索和高级检索两种方式，进入高级检索界面，系统又提供引文检索、论文检索、CrossRef Search和出版物检索。

(三)中国期刊全文数据库

此库是目前我国开发的规模较大、性能较好的全文数据库之一，由清华同方光盘股份公司开发，是中国知识基础设施主要工程之一。该库提供简单检索、高级检索和专业检索、跨库检索等功能，有篇名、作者、关键词、全文等多种检索途径，简单检索结果以篇名的条目列表形式显示，高级检索结果以篇名、机构、作者、关键词、摘要等列表显示。检索结果可下载、浏览、打印。

(四)万方数字化期刊

“万方数字化期刊子系统”是国家“九五”重点科技攻关项目，起步于1997年，是万方数据资源的一部分，也是万方数据公司的主打产品之一。“万方数字化期刊子系统”收录范围涉及基础科学、农业科学、人文科学、医药卫生、工业技术等，基本包括我国文献计量单位中自然科学类统计源刊和社会科学类核心源期刊，期刊质量较高。系统采用HTML和PDF两种国际通用格式制作，整体数字化期刊遵循以刊为单位上网原则，按理、工、农、医、人文排列，交叉入类。提供刊名查询、论文查询和引文查询等途径。检索结果可直接浏览、检索、打印及下载。

三、学位论文的网上检索

学位论文是指高等学校、科研机构的本科生、硕士研究生和博士研究生为取得相应的学位资格而提交的学术性研究论文。一般来说，学位论文都是经过大量艰辛劳动而提出的学术性见解和结论，具有较高的学术研究价值和实用价值，是人们了解当代最新学术动态、掌握科技信息、研究学科前沿问题的有效途径之一。

(一)博硕士论文数据库PQDD

它由美国UMI公司开发研制，收录欧美1 000余所大学1861年以来文、理、工、农、医等领域的博、硕士论文的摘要及索引，每年以约4.5万篇论文摘要的速度递增。该数据库提供两种检索方式：基本检索和高级检索。PQDD提供14个子段的检索，常用字段包括：题名（Title）、摘要（Abstract）、作者（Author）、导师（Adviser）、学校（School）、学科（Subject）、年代（Year）、语种（Language）。

(二)中国学位论文数据库

该学位论文数据库由中国科学技术信息研究所研制，收录了我国各高等院校、研究所等单位向中国科学技术信息研究所递交的自然科学、技术科学领域的硕士、博士、博士后论文书目信息。该数据库主要以光盘形式出版，也可通过网络进行检索。

(三)中国优秀博硕士学位论文全文数据库

中国优秀博硕士学位论文全文数据库是由清华同方光盘股份有限公司、中国学术期刊（光盘版）电子杂志社、光盘国家工程研究中心等单位开发的全文数据库，共有9大专辑，覆盖理工、农林、医卫、社会科学各学科，有121个专题文献数据库，每年收录全国300家博士授予单位的优秀博硕士学位论文约28 000篇，211工程高校的收录率达到70%以上，是目前国内学位论文收录质量最高的优秀博硕士论文全文数据库。数据库向用户提供全文，可以在线浏览、下载、打印，识别转换成文本格式进行编辑。

四、会议文献的网上检索

会议文献是产生于学术会议前后的各种资料的总称，包括会务资料、论文等各种公开与非公开出版物，常见的有图书、期刊、科技报告、视听资料、网络文献等形式。由于会议文献出版的不规则，其检索和获取比较困难，可以利用综合性的搜索引擎查找，也可以利用专业机构的网站，特别是专业学（协）会的网站。而收录最全、最多的还是专门的会议论文网站或数据库，如国家科技图书文献中心会议论文数据库、中国学术会议文献数据库等。

五、电子报纸的网上检索

随着计算机技术、网络技术的快速发展，越来越多的报纸走上了网络化发展之路。与传统报纸相比，网络报纸具有网上传输的即读性、时效性更强、图文声像并茂等优点，因此网络报纸受到人们的青睐。有许多网站收录了Internet上的电子报纸目录，用户可根据其网址找到这些电子报纸，如世界新闻资源服务（htttp：//newo.com/news）；报纸杂志地址查询网址（http：//cehuang.myetang.com）；新闻报刊Web网站总汇（htttp：//www.uncg.edu/～cecarr/news）；联机电子报纸目录（htttp：//www.nando.net.Epage/htdocs/links /newspapers）；Web上的新闻信息资源（htttp：//www.phlab.Missouri.edu/～wlspif/news.html）；电子报亭（htttp：//www.enews.com）；中国报刊联机服务中心（htttp：//www.em.com.cn）等。

六、基于内容特征的多媒体信息检索

多媒体信息检索技术是信息检索研究的热点，涉及人工智能、计算机视觉、信号处理、模式识别、数据库、人机交互等诸多学科领域，具有重要的理论意义、实用价值、社会效益和经济效益，包括基于文本和基于内容特征的两种多媒体信息检索方式，这里我们主要阐述后一种方式。基于内容特征的检索是指根据媒体和媒体对象的内容以及上下文联系在大规模多媒体中进行检索①。它需要利用图像处理、模式识别、计算机视觉、图像理解等领域的知识和方法作为部分基础技术，直接对图像、音频、视频等媒体内容进行分析，抽取特征和语义，利用这些内容特征建立索引并进行检索。除此之外，基于内容特征的多媒体信息检索还需引入认知科学、人工智能、数据库管理系统、人机交互、信息检索等领域新的数据模型，建立起可靠、有效的检索算法、系统结构以及友好的人机界面。

(一)视频检索

视频检索就是在大量的视频数据中查找自己所需要的视频片段。基于内容的视频检索是当前多媒体数据库发展的一个重要研究领域，它通过对非结构化的视频数据进行结构化分析和处理，采用镜头边界检测技术，将连续的视频流划分为具有一定内容或意义的视频片断——镜头(Shot)，作为检索的基本单元，在此基础上进行关键帧（Key Frames）的选择和动态特征的提取，采用视频聚类等方法研究镜头间的关系，把内容相近的镜头组合起来，逐步缩小检索范围，直至查询到所需的视频数据。

（1）视频分割。为了对视频进行有效的索引和检索，首先需要将视频分割成合适的具有一定语义的基本单元。一般来说，是指将视频数据分割为镜头的过程。镜头是视频数据的基本单元，大部分视频是通过编辑一个个镜头连接而成的，所以基于内容检索的视频处理首先要把视频自动地分割为镜头，以作为基本标引单元。镜头分割采用镜头边界检测的办法，它主要依赖于视像内容。

① 张云秋，于双成. 多媒体信息检索：技术与实例分析[J]. 现代图书情报技术，2002(4)：61-63，68.

（2）视频聚类。视频聚类是利用这些特征描述将内容相关的镜头组织成情节，在语义层次上对视频进行组织和描述。根据聚类目的不同，视频聚类可分为两类：一类是把同属一个场景的镜头进行聚类，以形成层次型的视频结构——场景和电影。这种聚类不但要考虑镜头内容上的相似性，还要考虑时间上的连续性；另一种聚类是对视频进行分类，它只考虑特征相似性，而不考虑时间连续性。根据镜头重复程度，视频一般可分为对话型、动作型等类型。通过视频聚类可以缩小检索的范围，提高检索的效率。

（3）关键帧抽取。帧是视频序列的最小单位，关键帧是用于描述一个镜头的主要图像帧，它反映一个镜头的关键内容。关键帧的选取方法有很多，比较经典的有帧平均法和直方图平均法。帧平均法是从镜头中取所有帧在某个位置上像素值的平均值，然后将镜头中该点位置的像素值最接近平均值的帧作为关键帧。直方图平均法则是将镜头中所有帧的统计直方图取平均，然后选择与该平均直方图最接近的帧作为关键帧。

（4）运动特性抽取。运动特性反映了视频数据的时域变化，而且往往是用户检索时所能给出的主要内容。运动特性包括镜头的运动变化、视频目标的运动轨迹等。运动目标的轨迹描述了目标的运动过程，由于人类和计算机视觉具有抽取独立于识别目标的运动信息能力，因此可以在不识别目标的情况下，从视频序列中抽取运动信息来分类序列。

（5）视频数据检索。在视频信息检索中，采用相似性度量对视频进行近似匹配，基于关键帧特征，或是基于镜头动态特征，或是进行视频浏览查询。

（二）图像检索

基于内容的图像检索一般指静止图像的检索，主要依据图像的画面内容特征和主题对象特征，通过分析图像的内容，提取其颜色、形状、纹理等可视特征，建立特征索引，存储于特征库中。在检索时，用户只需把自己对图像的模糊印象描述出来，就可以通过多次的近似匹配，在大容量图像库中查询到所需图像。这种查询过程融传统模式识别技术与良好的多媒体人机交互技术为一体，是多种高技术的合成技术。

（1）基于颜色特征的检索。颜色是图像内容组成的基本成分，也是人识别图像的主要特征之一。系统首先对图像色彩规范作定量化预处理，然后用直方图工具进行匹配来满足不同的检索要求。直方图能较好地反映图像中各颜色的频率分布，横轴表示颜色等级，纵轴表示在一个颜色等级上，具有该颜色的像素在整幅图像中所占的比例，以满足不同的检索要求。直方图匹配方法主要有矢量距离法、直方图交叉法、主色调扩展法三种[①]。

（2）基于形状特征的检索。物体和区域的形状是刻画物体的本质特征之一，以形状或轮廓作为检索出发点是图像内容检索的一个重要方面，可以提高检索的准确性和效率。通常来说，形状特征有轮廓特征和区域特征两种表示方法。前者只用到物体的外边界，后者关系到整个形状区域。在实际检索中，形状特征的表达和匹配经常采用最为简便的方法，即用形状参数，如矩、面积、周长等定量测度来描述图像形状并进行匹配；也可以分割图像，进行边缘提取，得到目标的轮廓线，针对轮廓线进行形状特征检索。

（3）基于纹理特征的检索。作为图像的一个特征，纹理是图像中一个重要而又难以描述的特性。虽然图像的纹理特征在局部区域内没有规则，但在整体上却往往呈现出一定的规律性，这也是基于内容图像检索的一条主要线索，它包含了关于图像表面的结构安排和周围环境的关系。纹理特征的粗糙性、方向性、对比度、均匀度是用于检索的主要特征。

(三)音频检索

对声音进行数字化处理得到的结果即为音频。基于内容的音频检索，一般是用音量、音调、响度、音强、带宽、节奏、音色等属性来描述。基于内容的音频检索指根据音频本身所固有的特征而不是人工标注的外部属性或者关键词对音频进行检索。其核心思想是通过一定的计算机处理，分析音频的结构和语义，建立结构化的组织和索引，使得“无序”的音频变得“有序”，从而有利于用户的检索和浏览[②]。基于内容的音频检索包含特征提取、音频分割和音频分类三个任务，然后把分割得

① 张云秋，于双成.多媒体信息检索：技术与实例分析[J].现代图书情报技术，2002(4)：61-63，68.

② 李明.基于内容的音频检索的研究与实现[D].哈尔滨：哈尔滨工业大学，2006.

到的音频片段标注为事先定义的类别，作为检索的对象[①]。

第四节　网络信息检索效果的测评与优化

检索效果就是利用检索系统（或检索工具）开展检索服务时产生的有效结果，即检索系统所具备的查全能力和查准能力。它衡量了检索结果对用户需求的满足程度，是检索系统性能的直接反映，影响系统在信息市场上的竞争能力和用户的利益。

一、网络信息检索存在的问题

各种网络信息检索工具为人们从浩如烟海的网络资源中查找所需资源提供了有效手段，但由于其发展时间较短，在检索技术方面还存在一些问题。

（一）网络信息质量良莠不齐

网络信息发布的自由性和随意性，使其缺乏规范、标准与统一的组织和必要的过滤、监控与管理机制，在给因特网带来信息繁荣的同时，也充斥着垃圾信息、虚假信息、冗余过时信息，造成“信息超载”“信息爆炸”“信息污染”等不良局面，增加了信息的不确定性和用户的不安全感，使信息质量和精度降低，其可靠性、权威性和利用价值受到质疑，让用户感到无所适从。

（二）信息检索效率低

信息检索效率是影响信息检索系统价值的主要因素，也是人们评价信息检索质量的重要指标。信息检索效率是指全、准、快、便、省（检全率、检准率、检索速度、检索方便性、检索成本与效益），最主要的是“全”和“准”。现在的网络搜索引擎多为基于关键词或简单信息主题分类，造成信息查全率和查准率均存在一定问题，信息检索效率低。

（三）缺乏统一的操作规范

由于各网络信息检索工具收集信息的方式、信息覆盖面、索引编制和标引方式、检索功能和检索结果的描述和排列方式不一样。一方面，

① 庄越挺，吴飞，潘云鹤，等.基于隐马尔可夫链的广播新闻分割分类[J].计算机研究与发展，2002(9)：1057-1063.

使得相同的检索在不同的网络信息检索工具中会产生不同的检索结果；另一方面，使用户在利用不同的网络检索工具时需要经过不同的适应过程，增加用户负担。如信息分类方面，虽然搜索引擎对网点信息按主题建立了分类目录，但由于没有一个统一的控制词表，也未参照任何现行通用的信息组织标准，而是由开发商自行编制，因此搜索引擎的分类目录差别较大，且都存在类目粗糙、涵盖面窄、划分标准模糊、设置不合理等问题。

(四)排序结果不尽如人意

由于检索结果往往数量庞大，用户一般只会浏览前面的部分结果，因此排序结果极其重要。有调查指出，大约有85%的用户只查看第一屏结果页面[①]。类似地，有研究者对“网络指南针”调查发现90%的用户只浏览查询结果的首页，用户每次查询平均只看1.225个结果页面[②]。

目前，排序的主要方法是按照与检索关键词的相关程度，即相关度排序法。所谓相关度排序是指以检索词在检索字段内容里出现的命中次数排序，次数越多越靠前[③]。经过排序的检索结果，用户首先看到的是最接近用户需要的信息，有利于提高检索质量和检索速度。这种相关度排序法存在很大局限性：一方面，相关度高的页面不一定是用户普遍欢迎的页面；另一方面，有些Web页面的作者利用上述因素来欺骗信息检索系统以提高其页面的排序。

(五)个性化需求差

信息服务的内在机理要求信息服务的出发点和立足点是用户信息活动，而不是信息资源。不同的用户有着不同的信息需求，若要每一位用户都感到满意，仅仅提供网络信息获得途径或者是直接从网上获得信息远远不够，只有针对不同用户的不同需求，对症下药，提供个性化服务，才有可能使每位用户都感到满意，信息的价值才能实现[④]。

---

① 黄丽红.影响网络信息检索的用户因素[J].情报理论与实践,2005(2):145-147.

② 杨文峰,李星.网络搜索引擎的用户查询分析[J].计算机工程,2001(6):20-21,97.

③ 刘萍,孙汝杰.两个博硕士学位论文数据库之比较[J].图书情报工作,2005(11):110-112.

④ 李建英,王韵.网络信息检索中存在的问题及解决途径探析[J].榆林学院学报,2007(6):92-94.

二、影响网络信息检索效果的主要因素

面对浩瀚的信息海洋，人们常常会陷入检索困境，在查询、利用网络信息过程中会遇到种种障碍。这种局面的形成，既有网络信息本身存在的问题，也有网络信息检索工具的问题，还有用户自身的问题。

(一)用户自身

用户作用于整个检索过程，对检索效率起着关键作用。由于用户的信息意识较差、检索能力不强、专业知识不深、理解水平不高等因素，使其在进行网络信息检索过程中，对信息需求的表达、检索策略的制定及检索工具的选择等方面出现随意性和盲目性，这些都会影响检索效果。

(二)网络信息源

网络信息源主要指网上信息内容的提供者或称为网站经营者。由于某些ICP为了某种目的或者为了增加其经营利润，部分劣质网站内容陈旧，无特色；站点雷同，缺少创意；栏目设置混乱，无导航措施；网页缺乏规范；分类标准不统一等。网络信息资源的分散化存储和管理、标引不规范、标准化程度低、收录范围不完整、网站变化快且不稳定、内容更新周期没有约束力且有高度的动态性等因素都会影响网络信息的检索效果。

(三)信息检索系统或工具

网络信息检索系统是提供网络信息检索服务的平台，检索服务质量的高低反映了一个系统功能实现的成功与否。信息检索工具在检索的实现过程中存在一些目前难以解决的问题，如各检索工具功能不一、对信息的组织和标引缺乏规范控制、各种检索工具覆盖率有限、用户不能正确选用检索入口词等，这些给网络信息检索效果带来了一定的影响。

三、网络信息检索效果的评价指标

检索效果包括技术效果和社会经济效果两个方面。技术效果由检索系统完成其功能的能力确定，主要涉及系统的性能与服务质量；社会经济效果由完成检索要求的价值确定，主要涉及系统的服务时间和成本。目前，得到普遍认同的检索效果评价标准主要有：查全率、查准率、重

复率、检索结果的显示、响应时间、界面友好程度、链接的可靠性等。其中，查全率和查准率最为重要。

(一)查全率

查全率（Recall Ratio，简写为R），即检索出的相关信息量和整个网络信息空间中相关信息总量的比率。用公式表示为：查全率（R）=检出相关信息量/信息库内相关信息总量。查全率是衡量某一网络信息检索系统从网络信息集合中检出相关网络信息量成功与否的一项重要指标。真正的查全率在网络环境下是难以估算出来的，因为网络资源数量大，稳定性差，因此用定量的方法计算查全率是不科学的。

目前，提高查全率主要有两种方法：加强人工参与和发展更智能化的自动标引语言。一些大型的检索工具如Yahoo就采用第一种方法以保证它的文献质量和标引质量，但人工参与的增加必定会降低系统的处理速度。这种方法适用于对文献、标引、检索质量要求都较高的系统。大规模文献的自动处理则只能寄希望于标引语言的智能化。元数据是一种机器可识别的数据，目前人们正在探索利用它来实现人与计算机更深层次的沟通[①]。

(二)查准率

查准率（Precision Ratio，简写为P），是检索出的相关文献数量和检索出的文献总量的比率。公式为：查准率（P）=检出的相关文献量/检索出的文献总量。衡量查准率的一个关键因素是判断结果中到底有多少信息是与提问密切相关的，多少是无用的。网络环境下，这样的判断工作尤为困难。通常情况下，用户的查准率都不太高。

目前，比较成功的一种查准率计算法是“前X命中记录查准率”P（X），用来反映检索工具在前X个检索结果中向用户提供相关信息的能力。其核心思想为：首先，按照检索结果同检索课题的相关程度，把检索结果分别归入四个范畴：范畴0，只重复链接、死链和不相关链接；范畴1，指技术上相关的链接；范畴2，指潜在有用的链接；范畴3，指十分有用的链接。其次，给每个检索结果赋予相关系数0或1。判断为相关的检索结果赋值为1，不相关的结果赋值为0。在评价时，相关标准可以根据评

① 孙昊，刘玉照.网络环境下检索效果评价标准浅析[J].情报杂志，2003(1):56-58.

价的需要来确定，如果只要求满足基本的检索需求，范畴1、2、3都可以被认为是相关的结果[①]。

这个解决办法的最大优点就是它的可操作性。理论上，X越大，P（X）就越靠近真实检准率。但是如果命中结果数太多，其相关性判断的工作量也就相应增加，比较合理的情况是把X取20，即一般搜索引擎前两页的检索结果。前20个检索结果就是检索结果的前两页。而检索用户对前两页的检索结果一般都会认真浏览，这样要计算的查准率就是P（20）。

在计算P（20）时，对处在不同位置的检索结果进行加权处理。因为检索工具都有某种排序算法，排在前面的检索结果在理论上应具有较大的相关系数，并且检索者通常都从头开始检验检索结果。因此，排在前面的检索结果应该被赋予高权值。

（三）重复率

重复率即检索结果中内容重复的结果数占全部检索结果数的比例。对网络检索工具而言，去重的功能必不可少。目前，许多检索工具特别是集合型检索工具都注意到检索结果的去重功能，因为用户使用检索工具的最终目的是要找到相关信息，而不是只为看到相关结果。如果在检索结果中重复出现同一结果，对于用户来说，无疑是一种时间和精力的浪费，更有甚者可能直接影响用户对检索工具的印象，从而另觅他径。

（四）检索结果的显示

查询结果的输出也是评价的重点指标之一，包括形式和内容两个方面。为满足用户的不同需要，检索结果逐渐趋向多样化的输出形式。

目前，搜索引擎采用的结果处理方法有：根据资源与查询的相关性来排序，这样最相关的资料就会排在最前面；按页面被访问度排序，在这种方法中，搜索引擎会记录所搜索到页面的被访问次数，从而判断该页面被访问的频率；对前次检索策略进行修改，按照一定条件对搜索结果再进行优化。

在满足用户各种检索需求的情况下，检索结果呈现形式趋向多样化与人性化，检索内容也成为重要的评价指标。然而，有些搜索引擎前50个结果中有一半来自同一站点的不同页面，这是系统缺乏智能性的表

① 沈固朝.网络信息检索：工具·方法·实践[M].北京：高等教育出版社，2004：95.

现。为克服此类问题，如Excite在其检索结果页的首层提供按站点排序的检索结果显示方式。

（五）响应时间

响应时间是指从提交检索命令到查出资料结果所需的时间。响应时间的快慢反映了系统性能的优劣。响应时间与诸多因素有关：一方面，与计算机硬件、上网方式等有很大关系，如果计算机配置较高，采用宽带上网，速度比较快，响应时间就较短；另一方面，与是否具有记忆搜索结果加速调用能力有关，如果一个关键词被反复使用，那么次数越多，速度也就越快，响应时间也会越短。

（六）界面友好程度

界面友好程度是所有检索工具是否易于使用的衡量标准。用户界面的设计应尽可能做到让用户付出最小的努力就能使用搜索引擎，简单、易用应是用户界面设计永恒的主题。进行网络信息检索时，网络信息检索工具给用户提供简单友好的用户界面热键、键盘、鼠标、命令检索、菜单引导和多视窗；还给用户提供了屏幕提示、出现警告、事例帮助、联机帮助、文件帮助、数据库和检索功能说明等帮助功能，使用户能够比较容易地进行信息检索，根据提示很快地检索到自己所需要的信息。

（七）链接的可靠性

链接的可靠性是网络信息检索性能评价特有的指标，包括死链、重复链接、断链几个方面。重复链接浪费用户宝贵的时间和精力；死链找不到原始文献，命中结果再多也无益。特别是当这些类型的链接出现在前十个结果中时，将会严重影响检索效率，从而影响用户的检索印象。

四、网络信息检索效果的优化措施

网络信息检索效果涉及众多环节和主体，针对网络信息检索存在的问题，应当从多个方面、多种途径着手解决。

（一）加强调控

一方面，应加强宏观控制。国家应完善信息产权的保护制度，建立一个完善的网络安全管理制度，改善网络软件环境，并通过立法程序把一些最基本的规范上升为法律、法规，强制人们遵守，保证网络社会秩序，促进网络信息健康有序发展；在加强法制建设的同时，国家也应对网民进行道德教育，倡导以德治网，教育用户在使用网络时注意信息的选择并遵守规则，提高网民辨别是非的能力，维护网络健康发展；国家还应制定一系列的监控制度，并设相应的监控机构，对互联网软件进行监控审查，研究开发适合本国国情的过滤软件或网络内容分级系统。另一方面，应加强微观控制。微观控制主要作用于信源部分，是进行网络信息传播技术控制的根本，只有对微观进行了有效控制，才能真正消除网络信息传播中的问题。

(二)提高信息资源质量

第一，提高信息资源编辑质量。为了在检索过程中能检索到与内容密切相关的信息，必须使网络信息资源库中收录的信息范围更广、内容更专、质量更高，能切合相应学科或专业的需要。第二，提高信息资源分类组织标准。网络信息资源纷繁杂乱，需要对数据进行挖掘以实现精确分类。由于我国目前存在的搜索引擎数量较多，因此必须制定一个统一严格的分类方法来管理，新的网络信息分类标准应兼备传统文献分类的科学性和目前网络信息分类方法的灵活性。第三，提高信息标引质量。进行标引时，要保持标引的前后一致性，必须制定一个严格的、统一的标引标准，加强搜索引擎自动标引与人工标引的有机结合，提高网络信息标引的深度和准确度。同时，对于数据库中大量的专业信息进行深度的加工和标引，以建立一个具有中英文双语种、深度加工标引的专业数据库。如中科院上海有机化学研究所借鉴了国际上先进的标引技术，并与我国科技文献数据库的特点相结合，建立了具有中英文双语种的化学专业数据库，这大大提高了用户的检索质量和效率。

(三)掌握检索技巧

用户在网络检索实践中往往对检索结果不满意。如何提高检索的精准度，加快检索速度，这对于专业检索人员虽是一种挑战，但却并非无法实现。如果能掌握一些常用的检索技巧，就可以减少检索过程中的挫折，增加获取有用资源的可能性，提高查全率和查准率。检索技巧包括：选择合适的检索工具，尽量选专指词、特定概念或专业术语作关键词，正确构造检索式，及时调整检索策略，加快检索速度，使用多个搜索引擎，使用专业搜索引擎以及使用特殊的搜索方法等。

（四）采用现代技术

一方面，采用信息过滤技术减少重复信息和垃圾信息。这是一种更高层次的检索结果处理方法，通过信息过滤加强检索系统的智能化和个性化，建立用户模型，关注个体需求，更准确地理解用户请求，尽量过滤掉垃圾信息，从而提高用户对网络信息的检准率。另一方面，发展智能检索技术。智能检索技术是采用人工智能进行信息检索的技术，可以模拟人脑的思维方式，分析用户以自然语言表达的检索请求，自动形成检索策略进行智能、快速、高效的信息检索，智能化是网络信息检索未来主要的发展方向。

（五）提高检索人员水平

提高检索人员水平就是让检索人员了解网络信息资源收集内容并加深对词表结构的深刻理解，正确做出主题分析，选择合适的检索关键词和恰当的检索语言表达查找主题内容，进行逻辑组配，找出最佳的检索途径，从而制定最优的检索策略。提高检索人员的水平是提高网络信息检索效率的有效措施之一。

第五章　信息资源的整合与集成服务

随着网络的发展及图书馆自动化步伐的加快，越来越多的图书馆走上了数字化发展道路。馆藏资源数字化、自建数据库、购买数据库、网络资源重组等数字化资源持续增加，给用户提供了极大的选择余地。然而，资源之间内容交叉重复、关联程度低、检索平台各异、使用方法不一等，却给用户带来了极大地不便，让用户感到无所适从。同一检索词用户需要进出不同的数据库，来回不停地切换界面，这在很大程度上影响了数字资源的利用。因此，如何整合图书馆现有的数字资源，为用户提供一个使用简单、检索统一、功能强大的“一站式”服务平台便成为图书馆当前亟待解决的课题。

第一节　信息资源整合概述

整合，按其字面意思可以解释为整理、汇合、融合、聚合等，一般可以理解为将一些看似无关、实则相关的东西整理为一个有机整体的过程或结果，以满足更大的需求，实现更大的效益。信息资源整合是根据一定的需要，对各个相对独立的信息资源系统中的数据对象、功能结构及其检索方法进行融合、聚类和重组，形成一个效能更好、效率更高的资源有机整体，从而保证资源得到更好地利用①。也就是采用更加先进的技术手段，将本地实际馆藏和各类虚拟信息、数字信息进行全方位的优化、重组，建立起一个全新的、拥有统一检索入口和检索方法的信息资源系统。

① 刘冬梅.图书馆信息资源整合问题研究[J].图书馆工作与研究，2009(6)：22-25.

一、信息资源整合应遵循的原则

信息资源整合的原则，就是整合一般规律的概括和归纳。面向用户的信息资源整合除了要遵循一般信息资源建设的实用性、系统性、用户至上等原则外，还必须具备一些适应数字化、网络化环境的特定原则。

(一)科学性原则

科学性原则也可以称为客观性原则，是指在信息收集、加工、整合的过程中要保持科学的态度，以事实为依据进行分析、计量。主要包括两方面的含义：一方面，所获取的信息内容要真实可靠；另一方面，工作人员在整合过程中要保持客观、严谨的科学态度。

(二)动态性原则

动态性原则也称为开放性原则，指信息资源系统是开放性系统，它并不是一成不变的，而是与信息资源及用户需求等环境密切相关的，是随着外界环境的变化而不断变化的有机整体。动态性是信息资源整合的特点之一，它能够立体动态地反映图书馆信息服务的基本情况，这就要求在整合中要有发展、变化的眼光，及时对虚假信息进行过滤、筛选，提取出最有价值的信息资源给用户。尤其在组织、利用网络信息资源时，其更新速度快、时效性强，图书馆必须持续、广泛地进行搜索，确定最有学术价值的信息，定期跟踪，及时吐故纳新，优化信息资源系统。

(三)标准化原则

标准是信息组织的基础。对各种信息资源进行整理、加工和利用必须建立在统一标准的基础之上。标准化原则主要包括：数据格式的标准化，标引与描述语言的标准化，通讯协议的标准化，安全保障技术的标准化，以及数据库管理软件、硬件的标准化。标准化原则有利于保证信息资源的共建、共知与共享。

(四)安全性原则

安全性原则是指采取必要安全保障措施来保证信息资源的安全。计算机病毒、黑客、软件炸弹、信息垃圾、存储设备故障等问题给信息资源整合与服务带来了极大的安全威胁。非安全的信息传递和不真实的信息提供不仅无益，而且有害。因此，在信息资源整合过程中，要采取有效措施确保信息资源的安全。安全性原则的内容主要包括资料来源可靠、内容真实无误、渠道畅通无阻等。

（五）易用性原则

使用方便是任何系统必须遵守的准则，也是信息资源整合的基本原则之一。面向用户的信息资源整合服务是以用户为中心、方便用户使用、满足用户需求的服务，因此在整合过程中，要尽可能地考虑不同层次的用户需求程度。易用性主要包括三方面的内容：易学性，指用户能否容易地了解系统的内容、提供的服务以及使用方法；可记忆性，指一个不经常登录的用户在不重新学习的情况下，是否还记得如何使用；错误管理，指确保用户不会犯太多的错误并帮助他们迅速改进[①]。易用性是影响信息系统成败的主要因素，国外许多大公司对产品的易用性都非常重视。

（六）经济性原则

经济性原则反映在两个方面：一是在自己经济力量有限的情况下，通过最优化理论与方法，进行较少的经济投入而实现较大的产出；二是指经过整合后的数字资源系统，要扩大服务范围，提升服务能力，以多样化的服务手段，产生最大的经济效益。

二、信息资源整合的目的

无论技术如何发展、手段如何先进，图书馆服务的终极目标都是更好地服务于用户，以方便用户使用。信息时代的一个显著特征就是张扬个性，用户的个性化、多元化趋势越来越明显，以用户的检索行为为核心、以整合的资源为基础是图书馆数字化整合服务的基本准则。面向用户的资源整合服务在于为用户提供解决问题所需的信息和知识，满足用户全方位、多渠道、多途径的信息需要。具体来说，应达到以下一些目标：提供统一检索界面；提供跨库检索和“一站式”服务；实现各种链接技术，如用户可以从检索资源链接到图书馆OPAC系统，从检索结果链接到引文数据库；保证用户的下载操作既灵活方便又经济实用；能有效管理和维护图书馆所有数字资源；能向用户提示所有数字资源，扩大用

① 胡昌平.面向用户的信息资源整合与服务[M].武汉:武汉大学出版社,2007:83.

户检索范围；能根据用户的检索策略进行自动分析，提供个性化定制服务等。总之，信息资源整合要以上述目标为使命，利用先进的整合技术为用户提供更优质的个性化服务，最大限度地满足用户需求。

三、信息资源整合的意义

整合后的信息资源体系拥有统一的用户交互接口，有利于提高用户信息资源检索利用的效率，缩短资源响应时间，更加方便快捷地实现图书馆的信息服务职能。

(一)提高检索效果,方便用户使用

信息资源体系经过整合后，用户进出不同的数据库，不用来回反复使用统一检索词进行操作，各种信息资源无缝链接，让用户感觉如同在一个资源系统中操作一般，有利于提高用户服务效果，增强图书馆信息服务的便捷性和全面性。

(二)满足用户多元化需求

资源整合要运用科学的手段和方法，充分挖掘隐藏在信息中的知识内涵，整合并准确地揭示信息资源，全面满足社会的信息需求。很多教师教学、科研任务较重，进出不同的数据库需要花费、消耗大量的时间。经过整合后的信息资源是馆员智力劳动的成果，利用价值较高，能充分满足用户专业化、个性化、多元化的信息需求。

(三)评价信息资源,提高竞争优势

通过图书馆员对信息资源的整合，可以有效地对各类信息资源进行评价，指导用户更为准确地利用这些信息资源。图书馆通过信息资源整合系统，结合掌握的信息资源，利用各类统计分析的方法，寻找和确立图书馆的服务竞争优势，采取措施，协调、优化信息服务提供方式，在巩固原有优势的同时寻求新的服务点，从而保证图书馆社会职能的顺利实现，促进图书馆整体事业的健康发展。

(四)减少信息污染,确保信息有序

网络信息资源内容非常繁杂、混乱，缺乏规范、精度，信息污染比较严重。通过对信息资源进行去粗取精的过滤式组织，可以减少信息污染。另外，网上资源没有经过分类、著录等标准化加工，通过对其进行分类加工处理，与馆藏资源进行整合，有利于提高这些资源的有序化程度。

(五)方便操作、管理

不同的系统、平台、配置、存储设备、标准等给系统管理人员带来很大的麻烦。通过信息资源的整合，管理人员只需建立一个统一的检索平台就能把各种数据库揭示给用户。

第二节　信息资源整合模式

20世纪90年代后期，我国图书情报界开始进行信息资源整合研究，伴随着理论研究的不断深入，信息资源整合在实践方面亦取得了较大的进展。马文峰提出了四个层次的整合方式，分别是汇合整合方式、组合整合方式、重组整合方式及一体化综合整合方式[①]。图书馆可以根据本馆的实际情况采取某一种或某几种层次的整合方式。黄晨提出信息资源整合应包含两个层面的含义：第一层面是源整合，第二层面则是数据整合，其中源整合分为导航整合和平台整合，数据整合包括本地数据整合和网络数据整合[②]。一般来说，当代图书馆包括不同载体（印刷型、电子型、网络型等）、不同类型（文本、图像、视频、音频等）的信息资源，因此整合应针对这些资源进行，达到彼此融合、相互关联的效果。

一、馆藏数字信息资源的整合模式

(一)基于OPAC的信息资源整合

基于OPAC（Online Public Access Catalogue，联机公共目录查询系统）的信息资源整合是图书馆数字资源最基本的整合模式，国内大多数图书馆已经达到这一层次的整合，技术相对来说也较成熟。OPAC集成了电子图书、电子期刊等，成为集书目、文摘、专题、全文为一体的大型资源整合平台。OPAC资源整合实际上是一种目录级的整合，根据整合对象的不同，可分为馆外整合与馆内整合。馆外整合的实现主要是通过执行Z39.50协议聚合不同平台上的异构OPAC数据库，整合生成联合书目查

① 马文峰.数字资源整合研究[J].中国图书馆学报,2002(4):64-67.

② 黄晨.资源整合模式及其实现研究[J].大学图书馆学报,2004(1):25-28.

询系统；馆内整合是实现OPAC书目信息与数字资源的整合，整合的基础是MARC，也就是对数字资源进行MARC编目，并在MARC记录里增加856字段，即“电子资源地址与存取”字段，主要是记录被著录的数字资源的存取地址和存取方式。随后把这些MARC记录整合到OPAC检索系统中，实现在实体馆藏中揭示并链接全文电子文献的目的，形成实体和虚拟馆藏的书目检索系统。馆内整合包括电子图书、电子期刊、随书光盘等的整合服务。

(二)基于跨库检索系统的信息资源整合

跨库检索又称为联邦检索、多数据检索或集成检索，是以多个分布式异构数据源为对象的检索系统。基于跨库检索系统的数字信息资源整合，是指当用户提出检索请求时，其请求被提交给服务器端的搜索服务器程序，搜索服务器针对不同的数据库，将用户的请求转化为符合其自身数据库规范格式的请求，然后将转化后的请求发送到各数据库，在得到不同数据库的返回结果后，再将结果转化为统一的表现格式提供给用户。跨库检索为不同信息资源访问提供统一的检索入口，减轻用户学习使用不同数据源的负担；用户可以通过提交统一的检索请求，实现多个数据库的同时检索，节省用户检索时间；对结果进行整合，使呈现给用户的最终结果不仅格式统一，而且按标准排序，方便用户浏览。一次认证、一次检索、得到全部检索结果是跨库检索系统的明显特点和优势。

跨库检索系统的整合可分为两个层次：第一层次是检索界面的整合，指在统一用户查询界面与信息反馈的形式下，共享多个网络资源的索引技术和检索技术；第二层次是实现数字资源系统间的分布式异构整合检索[①]。一般可实现同时检索本地和远程资源；可检索多种类型的数字资源；可检索不同平台、不同结构的资源；可实现对文献的多方位链接，如文摘、全文、OPAC、网络资源链接等。

(三)基于资源导航系统的信息资源整合

资源导航系统是指将从相关网站上全面收集、整理归类的信息资源的检索入口整合在一起，建立数字信息资源导航库，提供按资源名、关键词、资源标识等获取数字信息资源的途径，提供用户方便地查询和导

① 邓世明.我国高校图书馆数字资源建设问题研究[J].黑龙江科技信息，2010(21)：115.

航链接服务，主要有机构导航、重点学科导航、期刊导航、数据库导航等。建立资源导航系统，将众多电子资源集成在一处，帮助用户全面了解信息资源，供用户浏览或按一定的特征来检索，可以提高检索速度和数据库的使用率。为了使资源导航系统达到预期功能，要确定信息资源揭示的内容，信息资源内容揭示的详细程度决定了资源导航系统功能是否能够充分发挥。每种形式、类型的信息资源要揭示的内容是不同的，如建立期刊数字导航系统要揭示的内容包括刊名、关键词、学科分类、语种分类、出版商、ISSN、该刊的URL、出版商的URL、全文起始、期刊详细介绍等相关信息。资源导航系统有以下三个基本功能：字顺浏览功能、分类浏览功能、关键词检索功能。这三个基本功能将帮助用户迅速找到信息资源，用超文本链接提供检索入口，对该资源进行全文或目录检索。目前，我国高校图书馆对资源导航系统的设计与应用主要采用罗列介绍型、静态网页型和动态导航数据库型三种方法①。

(四)基于超级链接的信息资源整合

基于超级链接系统整合是指利用网络的超文本链接特性，将文献的有关知识点链接起来，形成一个具有内在联系的有机整体来方便使用。链接整合主要有三种：封闭式静态链接系统，所有链接都存在本地数据(封闭式)，所有链接都通过专门程序事先计算、并通过嵌入URL来表达(静态链接)，链接准确性高；开放式静态链接系统，解决如何为链接源中包含的别人拥有的链接对象提供链接；开放式动态链接系统，在用户需要链接时才根据一定规则计算链接路径进行链接，可对用户链接前刚出现的链接对象或位置予以链接，也可在链接计算规则中嵌入选择规则实现选择性链接②。在链接整合过程中我们应该注意链接点的合理设置、分类体系的合理设置及加强引文链接等几个问题。

二、网络信息资源的整合模式

网络信息资源整合的含义多样，它们有的侧重于信息组织角度，有的侧重于价值增值角度，有的侧重于整合系统与技术角度，等等。这里我们认为网络信息资源整合是指根据用户需要，运用现代信息技术，对

① 范亚芳，李海英．现代图书馆服务环境再造研究[M]．徐州：中国矿业大学出版社，2006：52.

② 陈永选，郑乐丹．图书馆数字信息资源整合模式探究[J]．四川图书馆学报，2008(2)：18-20.

各种分布、异构和多样化的网络信息资源进行收集、评价、排序、过滤、分类、标引、建库等有序化整理，使之成为有机整体，并通过计算机网络以统一方式呈现给用户，便于用户检索和利用。网络信息资源整合既是信息化发展的大势所趋，也是消除信息孤岛、弥合数字鸿沟的有效措施。

（一）网络信息资源目录整合

网络信息资源目录是以人工或半自动方式收集互联网上提供的各类信息资源，经由信息专业人员的筛选、评价和组织，以超文本链接的方式将物理上分散的信息资源进行整理和组织，在逻辑上联系起来，组成一种"网中网"的资源组织结构，形成系列化专题信息资源，并提供各资源入口，帮助用户快速准确地获取所需要的信息[①]。其优点是信息专题性较强、查准率高、具有严密的系统性和友好的用户界面；缺点是信息采集和处理速度较慢、数据库规模较小、能检索到的信息资源数量有限。

（二）搜索引擎信息资源整合

搜索引擎是网络信息检索的首选工具，也是网络信息资源组织和整合的重要方式。搜索引擎实际是Internet上的一类网站，这类网站与一般的网站不同，其主要工作是自动搜寻Web服务器的信息，并将信息进行分类、建立索引，然后把索引的内容存放到数据库中，便于以查询和利用的方式提交给用户。按照信息搜集方法和服务提供方式的不同，可以分为目录式搜索引擎、关键词搜索引擎以及元搜索引擎[②]。

（三）学科资源整合门户

学科资源整合门户针对某一特定用户群或是某一学科（专题）领域需求，最大限度地集成相关资源和服务，提供方便快捷的文献检索和个性化服务。学术资源整合门户是图书馆门户建设的发展方向。学科资源整合门户具有以下几大突出功能：面向用户的学科资源跨库检索功能、智能开放的知识链接功能、深入的专业知识导航功能、全方位的服务整合功能、统一的用户认证功能[③]。

① 沈利峰.数字图书馆网络信息资源整合研究[D].北京：中国农业科学院，2005.

② 王松林.信息组织论[J].图书馆学刊，2005(6)：1-4.

③ 夏明春.学科资源整合门户研究[J].情报资料工作，2007(6)：39-42.

第三节　网络信息资源整合相关问题

网络环境下的信息资源整合是一项系统性很强的工作，它需要依据一定的步骤和程序，对信息外在特征和内容特征的表征有序化，使信息资源有序，方便人们利用信息和有效地传递信息，实现信息的共建共享。

一、网络信息资源整合的程序

在网络资源的整合研究过程中，要求工作者对网络信息资源进行采集、组织、研发和提供给用户使用。这几个过程组成了信息资源整合的大致步骤，每一步在网络信息资源的整合过程中都必不可少。在这些过程中，要求每一步骤都要有专业的人员进行专门化的处理，从而整合出对用户有实用价值的网络信息资源。

(一)网络信息资源的采集

网络信息资源的采集是指将非结构化的信息通过搜索工具，从网页中抽取出来，保存到结构化的数据库中的过程。因特网上有大量的免费资源，图书馆可以根据本馆的收藏任务及用户的需求搜索、下载某一学科或某一领域的相关信息并加以组织，使之成为馆藏数字资源的一部分。

(1) 采集方式。网络信息资源的采集可以通过人工采集、自动化采集以及半自动化采集三种方式来实现。人工采集工作由网站管理员完成，通过信息搜集，获取该学科或领域有关的研究机构、电子图书、学术期刊、会议论坛、专家学者及其他相关的网址；自动化采集指用一种“网络机器人”的软件在因特网上漫游，定期到指定的网站自动化采集网上WWW、Gopher和FTP站点上的各种相关信息，并且把这些信息存于本站点上，然后再对其进行加工、组织和提供服务；半自动化采集方式是前两种方式的综合，主要原理是从用户手中获取信息，用户既是信息的使用者，又可以补充相应的信息，从而丰富信息系统的资源来源，使得信息组织系统成为一个开放的网络信息系统。

(2) 采集途径。网络信息资源的采集主要利用以下两种途径进行：利用E-mail搜集信息；利用各种网络检索工具广泛地搜集信息资源，包括FTP类检索工具、Telnet类检索工具、Gopher类检索工具、WWW类检索工具。

（3）采集过程。采集过程主要分三步实施。首先，进行源检索。根据检索课题、检索目的进行细致的规划、分析，提取关键字、关键词，并对提取出来的关键字和关键词进行分析，参考相似课题的检索方法、检索结果的查准率和查全率，分析检索到的信息是否满足检索课题的需要；其次，对搜索到的信息进行筛选，根据用户需求选择相关信息内容；最后，把经过筛选的信息通过相应软件下载到已经设计好的数据库里。数据库具有系统分析和结构分析两大功能，可以实现数据库中大量关联数据的有序化排列，也可以将信息下载到相关的文件夹中，进行信息处理、信息分类后用数据库系统管理。

（二）网络信息资源的组织

网络信息资源的组织是指通过一系列工序将采集来的信息资源进行内容上的处理，将大量分散的、无序的信息组织成系统的、有序的信息资源，甚至是知识资源库。

（1）信息描述。收集来的各种信息仍只是单纯意义上的信息，并不构成一个体系，也不能称之为资源，这样的信息不便于用户浏览与查询检索。通过信息组织将各种信息经过描述、序化、揭示等过程串成一个体系，形成信息资源数据库才能达到利用各种信息的目的，而其中的首要工作便是由信息描述来完成。信息描述是一种信息符号编码活动，分为初步描述和二次描述。初步描述是使用语言文字符号或图表动画符号对信息对象进行编码性组织，使之成为一个逻辑体系，将零散信息变为系统中的一组记录，方便进一步组织的过程；二次描述可理解为信息标引，即对所收集信息的外部特征和内容特征加以描述记录，运用著录方式方法进行编码性组织，变成可检索知识点的过程。

（2）信息揭示。信息揭示是运用各种方法如著录、分类、索引、文摘、评论、注释、综述等将信息对象的外部信息和内部信息挖掘出来，报道给用户，以便用户能够迅速地获取有关信息，从而为准确地选择所需信息提供条件。信息揭示是对信息对象的加工也是开发增值的过程。信息揭示在信息组织中的运用非常普遍，现今的信息资源库、期刊数据库或其他学术资源库的建设都采用了这一方式。

（3）信息过滤。信息资源经过描述、标引、揭示等过程后，仍存在着很多重复或者无用的信息，在这种情况下，信息组织需要进行去除冗余的工作，使信息内容集中、专深，信息符号量减少，信息编码简洁、清晰，提高信息的密集度。这样既可以减少信息存储空间，又可以节省甄别信息的时间。信息过滤是指通过选择、摘要、浓缩、归纳、总结等方法对信息资源进行加工整理，并将信息中主要的、最新的、唯一的信息内容揭示给用户的过程。另外，信息过滤还有一层含义，即过滤不良信息，如黄色信息、虚假宣传等，保持信息资源的纯净。

（4）信息重组与序化。信息资源的重组与序化是信息资源组织中最重要的一环。信息重组是指将零散的、无序的信息进行筛选、解构、组合、整序使之有序化的过程。信息重组也是一个信息增值的过程。信息组织实质上是一个将无序信息有序化的过程。信息序化是利用标识码如分类号、主题词、关键词、时间、作者等编排来组织信息资源，把搜集来的无序信息变为有序信息，方便用户通过这些标识进行浏览与查询的过程[①]。分类法与主题法是最常用的两种信息序化方法。

（5）信息更新。信息更新指在信息组织过程中对信息资源库中数据的动态改变。信息更新有三个层次的含义：一是增加新信息；二是剔除旧信息；三是信息组织体系本身存在动态性。随着人们认知活动的不断提高，组织方法不断得到改进，标引语言更新，检索也更多地采用自然语言，信息组织方式的改变导致了信息资源的更新。

（三）网络信息资源的发布

网络信息资源的发布工作是指将零散的、无序的网络信息资源经过组织后转化为集中的、系统的数据集合，再通过一定的途径和媒介把开发过的资源提供给用户使用。在网络技术飞速发展和广泛应用的背景下，建立Web站点，通过因特网发布信息资源是最佳选择。在发布组织后的网络资源时，可以采用以下三种形式：一是建立集成的资源检索系统；二是建立一个集成的、可实现对多个数据库进行互操作的统一检索平台，用于用户对多个免费的或已获得使用权数据库的集中检索；三是建立网络信息资源导航系统，给用户提供一个快速获取网络信息的指南

① 秦素娥.基于用户的信息资源组织研究[D].湘潭：湘潭大学，2007.

和索引。

(四)网络信息资源的使用

在网络信息资源的整合步骤中，网络信息资源的使用是信息资源整合研究的起点也是归宿。信息资源整合的目的是为了用户的使用，主要包括网络中有序的信息、新闻资源、联机数据库、数据仓库。在实际运用过程中，用户在网络环境中看到的、听到的、感受到的，全部是经过信息整合工作者加工、整合过的规范化、便捷化的信息。

(五)网络信息资源的评价方法

对于网络信息资源的评价，目前主要有三种方法①。

(1) 直接比较法。在网络信息资源整合过程中，有一种简单的方法，就是把实际发生的成本和在预算时确定的成本相比，用会计的方法来说，即$a=c_1/c_2$，其中，c_1是指整合过程中实际产生的成本，c_2是指在开始预算的成本。如果$a>1$时，则信息资源整合没有完成预期的目标，是不成功的网络信息整合案例；而当$a<1$时，则实际完成的信息资源整合过程完成了目标，案例取得了成功。这种方法在很多时候是简单而有效的，可以在很多实际的项目评价过程中产生良好的评价效果。

(2) 差额比较法。这种方法是用网络信息资源开发与管理方案在整个寿命期中的资金流入量与流出量的差额来表示经济效益。在实际操作过程中，这种方法是由经济学中的差额法变化来的，如果在一个项目中，整个项目寿命的经济流入量和流出量之间具有一定的差价，而经济流入量大于经济流出量，则证明这个项目在实际过程中具有可以操作的价值。所以，这种评价方法是在现实生产生活中对一项项目评价的重要方法，其优点是可以考虑时间在里面的价值。

(3) 投资评价法。这种方法有投资回收期和投资效果系数两种主要形式。其中，投资回收期是指$N=I/RP$，I是指总的投资，RP是指年资金回收量；而投资效果系数也称为资金利润率，是指单位投资资金取得的利润回报数额，即$Pc=P/C$，P为利润总额，C为投资总额，Pc为投资效果系数，Pc越大，证明投资的绩效越高。

总之，网络信息资源整合是涉及面广、综合性很强的交叉性研究领

① 金燕.网络信息资源整合研究[J].现代情报,2007(7):40-43.

域，它与数据库、人工智能、信息系统等学科密切相关，同时它也为这些学科领域带来了新的研究内容。我们要借助这些领域已有的理论和实践基础，结合知识工程、面向对象等领域的方法，解决其中的关键技术和专业问题，改善网络资源的现状，建立信息资源整合机制。

二、网络信息资源整合的核心技术

对于如何组织和整合网络信息资源，人们一直在尝试寻找各种技术来解决这一难题。信息检索智能化技术、资源描述与揭示技术、参考链接技术、异构数据库跨库检索技术等新技术为网络信息资源的整合提供了新的方向。

(一)信息检索智能化技术

（1）文献自动标引技术。标引是指用一个或若干个词来表示文献内容特征的过程[①]。1980年，我国在中文自动分词方面取得初步进展，中文文献自动标引方面的研究不断发展。之后由分词研究转向实际标引研究，最近又提出了中文全文标引，这一课题研究的不断深入，为信息检索自动化打下了坚实的技术基础。自动标引分为分类标引和主题标引。分类标引用于族性检索，是以知识门类的划分来揭示和组织信息；主题标引适用于特性检索，是利用词汇关系来获取用户所需特定信息的方法。目前，任何一种单一的检索语言都难以满足网络多维检索的需求，而分类主题一体化方案比较理想，克服了分类语言单纯以学科聚类、主题语言单纯以事物聚类的局限。

（2）多语种自动识别技术。这是一种基于跨系统跨平台的机器翻译系统，是信息时代全球化交流的一个重要解决方案。目前，正在商业运作的翻译系统可以分为三个基本类型：直接型、中间型和转换型，这些翻译系统高度模块化，易于修改和扩展。自1989年以来，在基于规则的技术中引入了语料库，使得机器翻译的发展进入了一个新纪元。在机器翻译整体发展的同时，机器翻译产品在实际应用中还有太多的不尽如人意，翻译出来的结果与本意相差甚远，这主要是因为许多中文词的内涵远远超过字面意思，特别是许多派生出来的含义在机器翻译中不易解

① 张榕宁.国外网络信息检索研究现状[J].图书馆论坛,2005(4):188-190.

决。从人类译者的角度来考虑，译者必须具备源语言、目标语言、相关主题、文化习惯等方面的知识。因此，理想的机器翻译系统必须有一个与人类译者相当的知识库，必须包括真实世界的非语言学常识、与语义知识有关的语言知识和与主题相关的专业知识，这是系统智能水平的重要指标之一①。

（3）信息智能导航技术。建立信息智能导航系统，即是作为一个嵌入功能模块在用户检索获取信息过程中的各个阶段，自动或在用户激励下进行现场化、智能化引导服务。

（二）资源描述与揭示技术

随着网络资源的快速增长，不仅需要对网络信息的内容进行深入的描述与控制，而且还要充分地揭示网络资源的形式特征。因此，建立一个包括内容特征的标引和形式特征的描述结合起来的标识体系，按照一定的格式对网络信息资源进行整合便成为网络信息资源组织的重要内容。

（1）MARC格式及其修改。MARC即机器可读目录，又称为机读目录，是利用计算机识读和处理的目录。MARC是用于描述、存储、交换、控制和检索的一套机读书目数据的标准格式。MARC具有如下优点：标准的信息交换格式，方便数据交换；完整的书目描述，且有多种检索点；各类信息资源在图书馆目录中的集成②。利用现存的MARC标准，可将所有类型的信息资源进行编目的记录集成到图书馆的OPAC中，用户可使用一套检索指令检索所有类型的信息资源。MARC的资料描述项目多而完整，与其他种类的元数据兼容性强。

但面对海量的互联网数字信息，其处理能力有一定的局限性，如无法及时处理大量的网络信息资源；标引的专业要求很高，对人员的素质要求较高；MARC格式的著录流程比较复杂；适用于完整的、静止的信息内容处理等。为了克服上述缺点，各国纷纷开展研究，探讨MARC在网络时代的适用性。1995年，美国国家数字图书馆项目——“美利坚记忆”（American Memory）启动，USMARC格式被推荐为该项目所使用的几种元数据格式之一，并在该数字图书馆项目发展的过程中作了如下修改和规定：一是增加“电子资源地址与存取”字段，即856字段，主要记录

① 周炯亮，周昌乐．网上机器翻译及其发展新趋势［J］．情报学报，2001（2）：207-211.

② 胡敏．网络信息资源的MARC格式编目［J］．情报杂志，2005（10）：127-129.

被著录的数字对象或与之相关的其他电子资源的存储地址和存取方式，为可重复字段，包含27个子字段；二是增加部分“本馆用”字段以弥补不足。例如国会图书馆增加985字段作为记录每一数字对象的标识号的“本馆用”字段；三是规定除头标、控制字段外，题名字段（245字段）、电子资源地址与存取字段（856字段）为必备字段；四是建议尽可能使用责任者字段、主题字段、注释字段。

1999年，美国国会图书馆和加拿大国家图书馆联合对外公告将USMARC和CANMARC两种格式合并为MARC21，以适应21世纪全球应用的需要。因为修订后MARC的信息资源覆盖范围扩大，所以MARC现已成为组织网络信息资源的一种有效方式之一。

（2）基于SGML、HTML和XML的元数据体系

元数据是一种电子资源描述格式，至今还没有一个完全统一的定义，最常见的是国际图书馆协会联合会（IFLA）有关“元数据资源”的定义，即元数据是关于数据的数据。此术语指任何用于帮助网络电子资源的识别、描述和定位的数据。元数据被认为是描述网络信息资源的一种较为理想、并得到广泛认可的方案，特别是将具有自我描述功能的扩展标识语言XML与元数据相结合，用XML来描述元数据为网络信息资源的整合指出了光明的发展前景。

SGML（标准通用标记语言）是由国际标准化组织提出的一种适合书目、文献全文、电子文献及多媒体信息描述的标准（ISO8879—1986）。SGML可以描述文本结构，也可以描述非文本结构甚至多媒体信息。HTML（超文本标记语言）只使用SGML中很小的一部分标记，简单易学又通用，句法简明紧凑，它提供了一种相对简单而又能够表示信息结构和格式的标记技术。不过它在描述和揭示数字信息资源方面仍然存在缺陷，如搜索时间过长、可扩展性差等。因此，后来又出现了XML（可扩展标记语言）格式，这种语言也来自SGML，它集标记语言、元语言和链接语言于一体，提供了描述数据和交换数据的有效手段，弥补了HTML的不足。由于XML具有良好的自描述性、可扩展性及人机可读性等优点，因此被用来记述元数据。围绕着SGML 、HTML和XML环境，产生了种种元数据规范，其中用于网络信息资源组织的著名元数据主要有都柏林核心元素集与资源描述框架（RDF）等。

（三）参考链接技术

参考链接技术是指通过超链接方式关联各种数字资源，以实现数字资源不同层次的整合及资源调度，从而方便用户获取处于不同数据库或不同地域的各种相关资源[①]。自20世纪90年代中期以来，参考链接技术的研究与实践迅速发展，从最初主要应用于期刊论文的链接，逐渐扩展到包括会议录、图书、技术报告等在内的多种学术信息资源，为构建开放、完整的Web学术信息环境提供了重要支撑作用。

SFX（译为“特技效果”），是新的网络电子资源无缝链接整合软件系统，也可以称为上下文敏感参考文献链接解决方案，它在电子信息环境中创造了一个具有电影特技效果的上下文相关参考链接系统。SFX可以把不同来源和不同通信协议的信息完全融合，使不同类型、不同格式的数字资源实现无缝链接，其技术为机构提供特制的连接，实现在异构的分布式信息系统之间无阻碍导航。SFX作为一种比较成熟的整合技术，其核心是OpenURL框架，通过OpenURL框架把复杂的数据库之间的互连通过简单的链接完成，实现检索数据“一步到位式”参考链接，从而在异构的分布式数据库系统之间实现无阻碍导航，不仅能实现二次文献到全文，还能实现文摘到文摘、引文到全文的整合，理论上使用户获得所有可获得的资源。

除此之外，还有WebBridge、LinkerFinder Plus、CrossRef和OL2等链接技术。

（四）异构数据库跨库检索技术

跨库检索技术是指通过统一检索平台将所有资源与服务整合在一起，实现跨平台的无缝链接，使用户用一个检索指令在一个统一检索界面下一次查询所需文献或信息。目前，异构数据库的跨库检索技术主要有以下几种：公共网关接口技术（CGI）、开放式数据库互连技术（ODBC）、JAVA数据库互连技术（JDBC）、ASP和JSP技术、中间件技术、基于互操作开放协议的跨库访问技术[②]。

---

① 袁小一，张建中.参考链接技术在数字图书馆中的应用[J].晋图学刊，2007(1)：30-33.

② 徐瑞平.数字资源整合技术研究[J].河南图书馆学刊，2006(4)：16-18.

第四节　信息资源整合存在问题与优化措施

近年来，我国的信息资源整合有了长足的发展与进步。信息资源整合的机构逐渐增多，整合水平也日益提升。但与国外相比，我国的信息资源整合服务尚处于起步阶段，仍存在着不少的问题，还有许多有待改进与完善的地方。只有采取措施，不断优化，才能取得信息资源整合理论上的进步与实践上的完善。

一、信息资源整合存在的主要问题

(一)整合层次较低

我国图书馆界信息资源整合层次较低，主要表现在：基于OPAC系统的整合重视不够，纵向整合程度较低；导航整合系统还只是停留在数字资源整合的表现层，没有深入到内容层面上，它必然成为信息资源整合过程中的过渡阶段；统一检索平台还处于初期阶段，基于元数据技术原理整合的系统还很少。

(二)整合资源较少

总体来看，我国图书馆整合的信息资源类型还主要集中在电子期刊数据库方面，电子图书、学位论文、会议论文、专利、标准等数据库整合的程度还有待提高，并且缺乏对多媒体资源和网络信息资源的整合。现阶段的信息资源整合，主要是针对文本信息进行，音频和视频信息缺乏。对少数含有图片、音频和视频的信息，没有提供相应的检索途径。

(三)整合发展水平不平衡

由于各个图书馆发展水平之间的差距，导致信息资源整合程度不一。就目前来看，进行信息资源整合的主要是高校图书馆和科研图书馆，公共图书馆较少。从高校图书馆来说，进行整合的主要是一些大型图书馆，大多数中小型图书馆还处于购买数据库阶段，整体发展水平不均衡。另外，有的图书馆对信息资源整合工作很重视，利用整合系统将中外文数据库进行了程度不同的整合，减少了用户的利用障碍；而有的图书馆则只对信息资源作简单导航，按学科或文献类型对信息进行罗列，缺乏有效的信息整合，对用户查找和利用帮助不大。

(四)整合标准不一

整合标准不一是目前图书馆界信息资源整合中普遍存在的问题，各系统间缺乏统一的整合规范和标准，造成整合系统间共享困难。不同数据商开发的数据库在数据结构、字段上各不相同，并且拥有各自的检索系统，因而在检索方式、检索式构造规则、检索算符、检索字段等方面都存在着明显差异。此外，各图书馆对于整合后信息资源的划分也未形成一个统一标准，很多图书馆仅仅是对多个数据库信息资源进行简单罗列。

(五)整合系统功能较差

我国图书馆信息资源整合系统的功能还有待完善，检索字段少、检索限定少、检索排序方式单一致使检索功能相对薄弱。在检索字段上，有的图书馆为整合的信息资源提供了统一的检索字段，但有的图书馆未能提供统一检索字段，用户在检索时必须为选择的每个数据库资源选择检索字段，如果某个数据库不支持用户输入的检索词，则检索无效，这大大降低了统一检索的效率；在界面友好方面，有些图书馆提供了帮助，为用户系统操作提供有力指导，但只有极少数图书馆考虑到应减少用户的重复检索操作，提供了检索历史服务。当前，图书馆整合系统存在：对用户反馈信息收集意识差，收集方式单一，不支持用户信息定制、个性化检索界面的设置，系统统计功能差等方面的缺陷。

(六)重复建设严重

目前，图书馆界的信息资源整合缺乏统一的管理思想和整体协调机制，各图书馆都在进行信息资源整合与集成，造成了信息资源整合中的重复建设。整合活动和数据库开发都处于分散管理状态，加大了信息整理、组织和检索难度。机构的分散造成了信息资源的重复开发，不仅浪费了大量的人力、物力，同时也带来了大量的信息冗余，增加了检索时间。

二、网络信息资源整合的优化策略

(一)强化合作意识,建立协调机制

从目前情况看，国内一些机构和个人在信息资源整合与利用方面已作了一些积极探索和努力，但由于是个体行为，所做的工作往往停留在比较浅显的阶段。信息资源整合不是一朝一夕就可以完成的工作，需要付出艰辛的努力、制定长远的规划、投注大量的人力物力，仅靠一馆之力很难对各种信息资源进行深层次的整合和系统的全面开发。因此，各机构应进行“系统思考”，克服本位主义和各自为政的现状。在信息资源整合的建设上，各机构要协调发展，大力合作，避免重复建设；在整个建设过程中，要从整体利益出发，总体规划，顾全大局，长远考虑。这样，才能使我国的信息资源整合进入一个全新的发展阶段。

在实际运作过程中，图书馆可以按照区域和系统两种办法综合考虑。在地域上，可以以省为单位，进行构建。如江苏省高校的文献保障系统，把全省统购的一些数字信息资源实现异构资源统一检索平台，具有较高的可操作性；在系统上，可以按照高校图书馆、公共图书馆、科学图书馆三大系统进行划分，各系统内统一规划，整体协调，构建各自的信息资源保障体系。如凡是属于中国高等教育文献保障系统（CALIS）内的高校图书馆，可以集中各自的资源优势，进行整合，共同建设。具体而言，各单位合作的基础通常表现在：双方具有互补的资源；双方合作，共同集中资源优势；为了避免重复建设，合作各方能够集中力量开发具有自己服务特色的网络信息资源，将各自相同的资源部分进行整合，共同利用①。

（二）深度加工资源内容，提高用户利用率

整合是利用的基础，利用是整合的目的。整合信息资源的目的是方便用户检索与利用，因此在信息资源整合过程中，应以用户为中心，而不是进行简单的信息资源堆砌。只有在内容上进行深度加工和全面整合，剔除信息含量低的冗余资源，突出整合内容的重点，显示信息服务的特色，才能使信息资源满足用户需要，从而被用户利用，产生经济效益和社会效益。信息资源内容的深度加工是信息资源整合成功的关键。

在整合信息资源的组织上，要实现各种信息资源要素的结构性优化；在信息资源的类型上，要实现从目录、文摘等到全文包括引文全文的无缝链接；在信息资源的载体上，要实现从文本资料到图片、音频资

① 李枫林，胡昌平．面向用户的网络信息资源整合策略[J]．中国图书馆学报，2004(5)：47-49.

料、视频资料及网络信息资源的查找；在整合过程中，要突出整合内容的重点，显示信息服务的特色；在面向用户的信息资源内容整合上，应提供便利用户使用的“一站式服务”平台。

(三)提高整合技术,完善整合平台

数字图书馆信息资源整合技术，要从整合的资源类型、流程、电子资源链接、技术环境等方面入手，使数字图书馆各类复杂的数据和信息之间的关联变成简单的链接，形成一体化集成系统。做到不仅能整合数据库系统中的数据，也能整合非数据库中的数据；不仅能整合传统数据，也能整合多媒体数据；不仅能整合已有数据，也能随时整合新数据源中的数据，能灵活容纳现有和未来的技术、资源和服务，支持它们的可伸缩性、可扩展性和可持续性；不仅能完成从二次文献到全文的链接，还能实现从文摘到文摘、参考文献到全文的链接，使图书馆所有的Web资源形成完全融合的整体。

图书馆信息资源整合是一项科技含量相当高的系统工程，对我国信息资源的建设有着关键性作用，它需要大量的信息资源做支撑，需要复杂的高新技术做支持。当前采用的采集式整合技术在整合的数据库增多时，检索效率就会打折扣。因此，只有技术的进步，才能真正解决整合的效率问题，提供更符合用户需求的信息检索服务。图书馆未来的发展策略应是采用更先进的跨库检索技术、开放链接技术、聚类导航技术以及P2P、语义网格技术、Web服务技术等，增强并拓展自身的服务集成功能，提高信息资源整合的质量，发挥图书馆在信息资源整合与服务整合方面的重要作用。

(四)加强规范化和标准化建设

实现数字信息资源整合的关键在于规范化和标准化，所以应围绕这两方面来推进信息资源整合。图书馆可以根据有关条件，逐步开展以下工作：第一，充分认识标准规范的重要性，组织相关领域专家研究和制定信息资源整合所必需的各种标准。第二，建立信息资源审核制度。一是开发审核制度。只有那些技术过关、人员素质过硬和设施合格的机构才允许从事信息资源的开发工作。一旦整合标准制定出来，就要求开发商遵循，否则开发出来的信息产品不予认可和销售。二是引进审核制度。要求国外公司的信息产品遵循我国的信息资源整合标准，否则不准进口。第三，在标准化的管理上要与国际接轨，从技术标准、安全控管、业务操作等方面充分学习和借鉴国际标准和经验，注重沟通和合作，加快我国的标准化建设。

（五）建立科学的评估体系

对已经整合的信息资源系统，应定期进行鉴定与评估，建立一个包含权威性、时效性、实用性、独特性、内容范围、适用程度、组织表达方式及技术质量等各种参数的科学评估体系。

（1）资源配置。一般来说，信息资源整合的来源应选择相关领域的权威学术机构、专家、政府部门的信息，这些信息比较准确、可靠、可信，更能引起用户的认可和重视。如关于美国白宫的网站有两个：http：//www.whitehouse.gov 及 http：//www.whitehouse.com，应优选前者作为整合的资源。

（2）检索系统。对已经整合的信息资源系统中相应的检索系统进行考察，系统应提供一个统一的系统管理与定制界面，主要对检索界面、记录格式、检索功能、运算符、索引系统、输出结果等方面进行详细了解。如检索界面应综合考虑可检资源类型、资源定位、检索方式、检索字段等方面，检索结果主要包括显示方式是否多样、信息描述是否全面、是否支持二次检索等。

（3）使用频率。使用频率是反映数据库利用率的重要指标，也是考虑一个系统是否成功的重要因素。一般由出版商或数据商提供使用报告，再据此进行各类分析。

（4）对数据库的兼容能力。随着图书馆数字化步伐的日渐加快，各种数据库将会越来越丰富。这些数据库的来源不同、类型不同，其功能与界面也各异，造成这些数据库之间缺乏普遍联系。另外，图书馆拥有的信息资源也是多种多样的，包括文本、视频、音频、图像、拓片和各种标准电子文档，这些信息资源遵循的标准也各不相同，主要有MARC、DC、Z39.50等。因此，在进行评价时要考虑到本馆所有数据库和信息资源的类型以及遵循的元数据标准，尽可能地实现支持多种智能化的资源检索。

（5）检索的响应时间和质量。检索的响应时间直接体现出系统的优劣程度，用户对图书馆服务的评价很大一部分是根据检索结果的响应时间作出的。用户提交一项提问后，系统应在几秒钟之内响应用户的检索提问。系统返回的检索结果质量也要有一定的保证，检索结果的链接应把死链降低到最少，链接的范围应尽可能扩大，保证用户能获得尽可能多的相关链接。同时，应对系统定期进行更新与维护，及时反映网址的变化，剔除死链接。

(6) 支持个性化服务的能力。随着信息资源的日益庞大，用户对个性化信息服务的需求也越来越大。信息资源整合系统应具有支持用户个性化需求的特性，如用户通过注册，系统允许用户提交自己的检索策略，形成自己的描述文件；可记忆用户的查询历史记录；用户可以自由组合自己偏好的数据库资源，并保存到记录中。信息资源整合系统若能提供这些个性化服务功能，图书馆信息服务能力以及地位必将大大提升。目前，已有的CALIS统一检索平台、TRS资源整合门户等都提供个性化服务功能。

(六)加强人员培训,促进队伍建设

人是生产力中最活跃的因素，图书馆一切工作的开展都离不开图书馆员的积极参与，人才是图书馆信息资源整合的根本。信息资源整合是一个新兴课题，对专业队伍的知识和技术提出了新的要求，专业队伍素质的高低、数量的多少都在制约着信息资源整合的进一步发展。因此，图书馆在信息资源整合过程中，培养和造就一支既具有丰富的学科专业知识又具备高水平的专业技能的人才队伍是十分重要的。具体来说，一个合格的信息资源整合人员必须具备的素质和技能主要有：熟悉各种数据库的检索方法，熟练使用各种检索策略；熟练使用各种搜索引擎搜集网络信息资源，能运用先进技术、工具对信息资源进行组织和整合；至少能熟练运用一门外语查阅网络资源；具有良好的沟通、协作与交际能力，因为信息资源整合涉及多家单位、多名工作人员，彼此之间的配合非常重要。图书馆在信息资源整合过程中必须加强现代信息技术培训，建设一只由专业教师（专家)、信息技术工作者和图书馆专业技术人员组成的信息资源整合团队，提高资源整合的质量和系统的使用效率。

第六章　用户专业对口的教学支持服务

教学支持服务是指高校图书馆针对高校教学与科研快速发展的需要，结合广大师生信息需求日趋全面化、专深化、个性化的特点，有计划、有组织地开展旨在帮助师生改善教学、科研与学习过程，快速提高教学、科研与学习质量，实现教学目标、科研水平及自身潜力提升的全面服务。作为学校教学、科研重要支撑单位的高校图书馆，其传统教学支持服务形式主要表现为围绕教学活动收集、整理、贮存、传播文献信息，并根据用户需求以外借、阅览和参考咨询等方式提供服务。随着计算机技术、通信技术、网络信息技术的发展，广大师生要求图书馆能够将与其学习、教学及科研相关并具有利用价值的知识进行专业化加工转化、传递给他们，并希望能随时跟踪与自己学习、研究领域密切相关的学科最新发展方向与动态信息。在此背景下，针对广大师生的需求特点，许多高校图书馆采取一系列措施积极应对。

第一节　学科导航服务

学科导航与一般性的网络导航相比，是专业人员对信息进行加工、组织，使信息更加系统准确，导航作用更为突出。学科导航的开发建设办法是通过搜索引擎对某一或某些主题信息上网查询、浏览，并参考有关文献，选择参考价值较高的信息资源进行组织、归类并设置类目。比较常用的网络学术导航有三种：一是对网上的各个数据库的检索系统和各种网上搜索引擎进行整合，建立可以融合几种检索系统和搜索引擎的复合检索系统，用户可以在利用它的同时检索这些系统和搜索引擎所涵盖的网上信息；二是建立特色数据库，把收集到的学术性网络信息资源下载到自己的服务器上，分门别类并加以整理，并创立可以检索这些信息资源的检索系统，用户直接通过检索系统来检索这个服务器上的特色数据库中的信息资源；三是从浩瀚无际的互联网络信息中寻找导航素材，寻找能够满足用户特定需要的专业信息，并对其按照专业分类加以整合，传输给互联网并提供给用户使用[①]。

一、学科导航库的相关概述

学科导航是以学科为单元对Internet上的相关学术资源进行搜集、评价、分类、组织和序化整理，并对其进行简要的内容提示，建立分类目录式资源组织体系、动态链接、学科资源数据库和检索平台，发布于网上，为用户提供网络学科信息资源导引和检索线索的导航系统[②]。学科导航库可以向师生、专业人员提供准确、快捷的网络资源导航服务，用户可以通过导航库了解本学科前沿研究动态和国际发展趋势。

(一)建设原因

网络学术信息资源的飞速增长与开发滞后的现实矛盾是图书馆网络资源学科导航库建设的主要原因，具体表现为：在网络学术信息资源飞速增长的前提下，网络学术信息资源的开发手段却仍然十分落后。

(1) 网络学术信息资源的丰富与无序。近年来，互联网飞速发展，网络学术信息资源也与日俱增。由于网络学术信息资源具有数量大、时效性强、发布自由、出版周期短、来源和传播方式多样、前瞻性强等特点，因此，对学术研究非常重要。但是，网络信息资源的无序状态也越来越严重，网络学术信息资源处于一种变化、流动的状态，网络学术信息资源的研究、创造、发布、组织和开发远远落后于其发展速度。由于这些资源缺乏有效地搜集、组织和分析，教学科研人员要想在网上查找某一学科、某一方向的信息，往往需要耗费大量的时间、精力和费用，极大地限制了研究人员和未知者对这些新型网络学术信息资源的利用。

(2) 网络学术信息资源开发手段滞后。综合性搜索引擎在揭示深层次信息方面的缺陷越来越明显，如覆盖信息面广、专指度低、变通性差等缺点，而人们在检索学术信息时往往习惯于从专门学科入手，从而导

---

① 叶春峰，张西亚，张惠君，等.国内外网络资源学科导航与信息门户研究分析[J].情报杂志，2004(12):58-61.

② 黄慧薇.西方大学图书馆教学支持服务创新及其启示[J].情报杂志，2006(9):134-136.

致网络学术信息检索效率极低。作为当前Internet流行的资源组织与检索方式，到目前为止，还没有一种搜索引擎能真正按用户提供的关键词找到与之密切相关的信息。事实表明，没有一种搜索引擎能搜集到因特网上的全部信息资源。随着网络信息量的不断增加，用户利用目前综合性搜索引擎查找专业信息的效果将越来越不理想，用户对专业搜索引擎的呼声将会越来越高。

(二)建设意义

建设图书馆网络资源学科导航库，可以使某一学科的网络学术信息资源由分散变集中、由无序变有序，它的建立将极大方便各学科用户利用本学科领域的研究信息，让各学科特别是重点学科领域的教师和科研人员可以快速了解本学科领域的研究方向、热点问题、发展趋势和国际动态。网络学科导航库是高校图书馆现代信息服务和学科咨询服务的深层次开发产品和研究成果，也是高校图书馆网络资源开发和虚拟馆藏建设的重要组成部分[①]。建设图书馆网络资源学科导航库，对提高我国科学技术水平，促进经济进步，发展教育事业，特别是高等学校重点学科建设都具有极其重要的意义。

(1) 减轻科研和教学人员的负担。据有关调查显示：收集资料的时间，往往占到科研人员工作总时间的30%~40%，有的甚至达到60%以上[②]。一个人的时间、精力毕竟有限，通过建设图书馆网络资源学科导航库，提供对特定资源足够全面的描述信息，使用户不一定要真正链接检索资源本身就能对资源有全面了解而决定其取舍，充分发挥网络学术信息资源优势，使教学和科研人员通过网络获取相关文献信息和服务，极大地方便了教学和科研人员搜集、查找、选择网络学术信息资源。

(2) 组织信息有序。出版自由一方面能使大家看到大量传统媒体上看不到的灰色文献，另一方面又导致网上信息膨胀速率加大、信息污染程度加深、信息质量良莠不齐，真伪难辨。如果教学和科研人员不加分析就直接使用，科学研究将会失掉其科学性；如果逐一进行分析考证，

① 卞丽.21世纪高校图书馆信息咨询服务的新思路——江苏省高校图书馆参考咨询服务调查分析[J].江苏图书馆学报,2002(3):34-37.

② 梁桂全.高度重视信息网络技术,创新应用对策理论研究,促进哲学社会科学事业全面繁荣发展[EB/OL].[2014-09-17].http://www.gmw.cn/content/2004-10/15/content_115657.htm.

又要花费大量的时间和精力，现代技术的优势和效率将会大打折扣。网络信息的巨大规模与科研人员精力有限之间的矛盾再一次令科研人员感到无所适从。因此，从信息海洋中分析、甄别、挑选出有学术价值的精华部分，为科研教学工作服务是网络环境下图书馆的一项长期任务。而图书馆网络资源学科导航库的建设就可以起到资源评价和信息过滤的作用。

（3）配合本校各级重点学科建设。各高校图书馆学科导航库的建设是为了配合该校国家级、省级及校级重点学科建设而开展的一项基于网络学术信息资源组织的课题，无论哪个层次的学校都面临着此种选择。建设网络资源学科导航库是图书馆确保教学科研中心地位、为教学科研提供优质服务的措施之一，可以展现图书馆的现代信息服务精神，充分发挥图书馆在教学科研中的辅助作用，实现图书馆作为信息枢纽以及图书馆员作为网络导航员的作用。

（4）促进学科交流，实现知识共享。网络资源学科导航库选取的学术信息资源基本都具有一定的学术价值和专业深度，能反映本学科前沿发展水平，实用价值较高。在导航库建立伊始，要听取学校各位专家、学者的建议，确定学科重点；在导航库建设中，要经常与学院、系所学科带头人、教授、学者等进行深入交流，充分了解专业与学科发展动态、趋势，跟踪相关内容，有重点地选择收集这些学科、专业及相关领域的发展现状、趋势等资料；初步完成之后，需诚恳接受专家们的宝贵意见，对学科导航库进行进一步的修改与完善，收录比较广泛、专深的内容，规划到位，使得相关专业人员可以借助此平台交流、共享信息。

（三）建设原则

以学科导航库的方式来组织网络学科信息资源应遵循一些基本的原则和方法，这样建成的学科导航库质量才有保障。

（1）针对性原则。针对性原则是信息资源建设的最基本原则，无论是在现实馆藏建设还是在虚拟馆藏的开发利用上，都应该贯彻始终。图书馆网络资源学科导航库通常以学科群作为建设单元，针对特定的专业领域，服务于特定的对象。因此，信息组织者应该有选择地利用网络信息资源，最终形成有利于本专业领域科研和教学的局面。

（2）共享性原则。网络环境下的现代图书馆信息资源除本馆的现实馆藏外，还有大量的网络虚拟资源。资源共享是网络化信息服务的主要特征，也是信息时代图书馆生存发展的决定性取向。

(3) 层次性原则。信息资源本身的层次性和信息需求的层次性决定了信息资源配置的层次性。也就是说应该根据专业设置、资源结构和服务对象，建立适合不同层次需要的最佳信息资源组合模式。

(4) 全面性原则。全面搜集各种信息资源，主要包括会议论文、学位论文、参考工具、电子出版物、学会协会及学科专家信息等，并从中筛选出有用的信息，以便为专业人员提供了解本学科发展的窗口，方便专业人员从不同层次、不同角度利用信息资源。

(5) 时效性原则。信息资源的组织是一个动态过程，尤其是网上学术信息的时效性较强。因此，图书馆网络资源学科导航库要跟踪信息源动态变化，对最新学科发展方向、最新学术动态，尤其是那些用户利用频次高的网站、数据库和期刊等进行及时报道。同时，还要及时剔除陈旧的知识、信息以及一些无效链接。

(6) 连续性原则。这条原则有两层含义：一方面，连续性是指对网上那些像传统纸质连续出版物那样有一定出版、发表周期的信息资源持续地跟踪、收集；另一方面，连续性是指对有用信息的连续累积、整理和保存。连续、稳定的信息资源是专家选择、评价的主要对象，越是连续、稳定的信息资源越有利于用户使用。

二、学科导航库的建设过程

学科导航库的建设主要涉及资源组织建设、技术平台建设以及运营机制建设等方面的内容，以下是学科导航库建设的基本过程。

(一)确定总体框架

图书馆网络资源学科导航库的开发与建设，将协同高校专业学科研究领域的科研人员共同建设信息集成平台，它将运用学科导航库建设的最新理论和现有的成熟技术，通过网上信息资源的选择、组织与揭示，建立全面覆盖学科核心领域、基本覆盖相关学科的资源规范导航系统，通过建立可靠的学科信息资源选择政策、信息资源评价标准、规范资源描述机制和检索浏览机制，构造一个具有权威性的学科信息网络导航库。它的总体架构为：针对专业研究用户需要，建立覆盖目标学科权威专业信息资源（包括网络资源、数据库、技术报告、学术会议、学位论文、电子期刊、研究机构、学术团体、教育机构、数字化工具书等）的规范导航库，采取标准元数据可靠和深入描述信息资源，采取规范知识组织体系对所收集资源进行组织和浏览，支持分布式信息资源选择、描述和组织，支持定期数据自动检验和计算机辅助更新①。

（二）确定收录范围

根据图书馆网络资源学科导航库建设原则，学科信息资源的收集主要应以各单位的重点学科专业设置或科学研究为依据，选择内容新颖、能够反映本学科研究领域前沿动态及教学科研中的热点问题的信息资源，有重点、系统地进行信息采集、加工和整理，使学科导航库具有实用价值，成为科研人员重要的参考工具和科研决策依据。信息资源的收集范围，应涉及国内外该学科领域的科研状况、动态信息和综述信息。具体来讲，学科导航库应考虑涵盖黄页资源、教学资源、参考资源、学术资源以及其他资源。黄页资源，包括与学科相关的国际组织、学会协会、大学院系、研究机构、其他组织机构、专家学者等方面的资源。教学资源，以专业文献数据库、网络电子出版物、网上馆藏数据库、网上动态信息、研究报告、学位论文、标准与专利、政府出版物等为主要资源形成全文资源部分，兼收教学类相关资料、多媒体资源（图像、音频、视频资源）。参考资源，以学科资源导航系统、辞典、百科全书、文摘与索引、统计资料等网络参考咨询工具作为主要内容。学术资源，主要包括国内外重要的学术会议、研究成果、学术动态等以及动态、交互的学科网络资源。其他资源，不在上述之列的学科相关的网站、服务、软件、杂类等。

（三）资源组织

资源是网络导航库的生命线，主要用作学术资源导航的图书馆网络资源学科导航库更应该发掘和组织那些学术性强、质量高的信息资源。

（1）资源采集。按学科范围对网上学科学术信息资源进行调研，主要通过人工方式进行信息资源采集、评价和选择，学科专家和图书馆专业人员根据事先制订的资源选择范围和标准，从大量的网络资源中搜索

① 陈振宇.学科导航库建设的关键问题与技术[J].情报杂志，2005(8)：51-52，55.

和筛选出有价值的学科信息资源。主要方法有：通过搜索引擎分类体系中的相关学科子目录直接获取大量的相关网址，然后对这些网址进行甄别和筛选，从中收集符合教学、科研实际需要的学术性信息资源；对一些大学的导航库进行收集、调研，从中获得丰富的信息资源线索；对一些相关学科的专业网站、大型综合性网站进行搜集，获取相关的学术信息资源。

（2）资源选择。采集到的信息资源不可能都能适合学科导航库建设，要根据信息资源选择标准对信息资源进行筛选和过滤，信息资源选择标准决定信息资源的取舍和网站信息资源的质量，对学科导航库的长期运行至关重要。在建设学科导航库时先要深入研究网络信息的分布规律，考察分析网络学科资源的内容特色，然后再科学地鉴别、筛选有价值的网络信息资源。在选择信息资源时，要确定网络信息资源是否在学科导航库确定的学科主题范围和资源类型范围内，这是判断一项信息资源能否被收录的先决条件；在内容特征上，主要从网页内容的权威性、准确性、独特性、广度和深度、新颖性以及网站的稳定性等因素出发，对信息资源的质量进行综合考察和评价。此外，网站的传输速度、界面的友好程度、操作的难易程度、标准和技术开放程度、网站被链接的数量及被访问的次数等因素也应作为衡量标准。应先利用以上评价标准对网络学科信息资源进行综合评估，然后决定是否收藏利用这些信息资源，并确定应将其归入学科的哪一个类目。

（3）资源描述。包括元数据、资源内容简介、资源评价三方面。其中，元数据包括资源名称、作者、资源类型、资源大小、资源地址、更新情况、关键词、分类号、信息源机构、语种和目标用户等项；资源内容简介包括有关资源内容的摘要或概述等，应统一控制在一定字数范围之内；资源评价则是对资源的作用、使用范围和质量等的简单评价以及是否推荐等。在学科导航库中进行详细而科学的资源描述，可以帮助用户决策是否需要进一步登录源网页，从而节约用户时间。

（4）序化。学科导航库的序化方式主要有分类方式和数据库方式两种。分类方式可以根据学科概念体系，按照学科性质对网络信息资源进行分类。另外，还可以根据网络信息资源的类型分类，将收集到的信息资源按照综合信息、研究机构、期刊与出版物、会议通告等外在形式加以组织。对分类组织的导航库，用户可逐步找到所需信息。数据库方式，即利用一定的检索语言抽取一个或几个标识点，如资源名称、作者、关键词等作为检索点，形成检索数据库或者知识数据库供用户查询。用户可进行单项检索和组配查询，还可以在查询结果中进行二次检索，效率较高、速度较快。

(四)导航网站发布及服务

根据分类体系可将所搜集到的学术资源网站进行整理和归类，并将这些经过整理的网站按学科导航网站的框架纳入到各个栏目中，形成最终上网服务的学科导航网站，供用户访问及查询。实时、动态、按科学分类的发布技术，不但可以确保用户方便查找，而且可以确保数据的全面及时。导航网站的发布方式主要有静态和动态两种。静态的导航网站体现为“标识语言”，具体是用一些浏览器识别的特殊符号，为一些需要强调或有特殊含义的词句加上标识，或在一些内容间建立联系。目前，标识语言主要有超文本标识语言（HTML）和可扩展标识语言（XML）。静态的导航网站对网络开发技术要求不高，缺点是网页更新费时费力。动态发布则是优秀的导航网站所具备的特征，动态导航网站的网页界面一旦制作完成，添加、修改、删除数据内容，只需对数据库执行操作，不需重新修改网页。

(五)更新及维护

由于网上信息的时效性强，所以网站网页站点变更频繁。因此，图书馆网络资源学科导航库建成后，图书馆要安排专人不断搜索相关网站，补充新的学术资源网站。同时，还应了解用户的构成，跟踪、统计用户对学科导航库的利用情况，摸清利用率较高的信息资源。利用互联网的互动特点，鼓励用户直接提出建议、意见并推荐站点，提供入口以接受用户反馈信息，并设专人处理用户反馈。图书馆还要定期、持续跟踪学科导航库的网站，了解其变化情况，查看其链接，及时进行修改与维护。

三、国内学科导航库建设的不足与优化

(一)问题分析

学科导航库建设在国外尤其是美国、英国、澳大利亚等国的开发与

应用已经达到了一定的水平，LII、BUBL LINK、AVEL等是其中的典范。我国的学科导航库已经初步建成，一些专业学科导航库在为本行业服务时也取得了一定的成效，但学科导航库的建设中仍存在着一些问题。

（1）缺乏统一的标准与规范。目前，我国高校图书馆学科导航建设缺乏统一的标准和规范。由于种种原因，对文献类型、资源选择及评价标准、资源描述标准、导航库功能、结构和规模及使用的检索语言等均未作出具体规定，从而导致各个学科资源导航库无统一平台，无统一的资源内容选择与著录标准，学科导航类目名称不一、主页链接层次不一、类目设置数量不等。由于在信息资源选择上缺乏统一的标准和要求，导致信息资源质量偏低，建设水平参差不齐，影响了整个学科导航服务的质量，也给用户使用带来不便。

（2）各自为政，重复建设严重。目前，我国高校图书馆学科导航建设存在重复建设问题，某些学科已有几个甚至十几个高校建立了相应的学术资源导航，如清华大学、天津大学、北京理工大学、厦门大学、四川大学这五所学校分别建立了化学与化工导航，清华大学、天津大学、华中理工大学重复建立了环境工程导航。有关统计，竟有22个图书馆同时建立了经济学类的学科导航库，其中单纯的“经济学学科导航”就达7个之多①。在这些雷同的学科导航中，虽然各高校图书馆可能根据自身的科研重点、研究方向或主攻方向进行有侧重的选择收藏，但依然有大量的信息资源内容重复。这种现象造成了人力、物力、财力的浪费，阻碍了图书馆网络化水平的提高，也无法实现资源共享的目标。

（3）网络学术信息揭示深度不够。目前，大多数高校图书馆的学科导航只做到了对网站加以搜集和链接，或者只是提供相对简单的文字说明，这是远远不够的。真正的学科导航要反映出站点的类型、内容和优势，对信息资源进行深层揭示，并加以适当的评论和推荐，以引导用户利用、选择本校和本地区的学科导航库。

（4）链接站点数较少，甚至存在无效链接。CALIS规定每一学科的链接网站数量必须超过200个，且必须建设有研究机构、相关电子文献、相关国际会议预告、其他相关机构信息介绍等四个项目，但我国高校图书

① 康忠民，阮礼秀．高校学科导航库建设探讨[J]．图书馆论坛，2005(4)：217-218，171.

馆学科导航库信息记录数量普遍较少。目前，我国高校图书馆学科导航库提供的网络资源链接数量偏少，绝大部分学科所提供的链接资源只有几十个、十几个甚至几个，远远低于一个优秀学科导航库所应该提供的链接资源数量。多数重点学科导航未采用动态追踪网站技术或其他相关技术，并由于网络信息资源具有数量巨大、动态性强的特点，导致高校图书馆学科导航库中的无效链接较多。

（二）优化措施

学科导航系统是了解因特网上学术资源的一个重要窗口，建设学科导航库是高校图书馆的一项长期任务，要在未来更加有效地为用户服务，学科导航库的建设还有许多方面需要改进。

（1）把规范化、标准化摆在建设首位。标准化的数据才具有移植性、可变换性及通用性，标准的制定也是一种产品成熟的标志。学科导航建设要实现“资源共享、联合共建”的目标，必须把规范化、标准化摆在首位。学科导航库的标准化建设主要包括以下方面：统一重点学科导航类目名称与主页链接层次；规范必设类目与资源收集数量；规范导航库的软件建设；统一网站搜集标准、规范描述等。

（2）加强协作与联合。重点学科导航库的主要使用对象是重点学科的科研人员和教师，因此要依据重点学科的建设和发展及教师和科研人员的信息需求建库，这就要求图书馆工作人员要主动与教师和科研人员联系，了解他们的信息需求动态，有针对性地进行信息资源的采集和加工。同时，教师和科研人员也应及时主动地提供重点学科的需求动向，协作建库，促使学科导航库不断地完善，提高学科导航库质量。学科导航库的建设既要充分利用网络优势，也要加强承担此项目的图书馆之间的交流与合作，发展协作建库。

（3）不断提高和完善学科导航库功能。学科导航库在链接站点数、建设项目、数据更新、揭示深度、界面友好性、安全防护等诸多方面都需要不断提高和完善。同时，注意学习和借鉴其他检索系统的成功经验，提高学科导航库系统的检索质量和检索效率，包括为用户提供推荐站点的功能，为用户提供交互式服务，为用户提供个性化服务，经常维护、更新等。

（4）注重特色和可持续发展。有特色的才是有生命力的，各高校应形成既有利于本校科研又有自己特色的网络信息资源学科导航库。因为网络信息资源是动态变化的，而且学科和学科主要研究方向也是不断发展变化的，因此学科导航库应易于更新和延展，以不断增加新内容和扩展新学科，做到可持续发展。

总之，学科导航库是图书馆利用现代化手段为教学科研服务的一种新型服务模式，它把具有学科内在紧密联系的网络信息资源重新加工整合，使之成为科学稳定、清晰完整并能够充分展示其信息价值的有序的信息集合体系，为教学科研提供了有效保障。

第二节　学科信息门户

学科信息门户兴起于20世纪90年代，是伴随因特网的发展而出现的一个新名词，它实际上是因特网世界的信息门户应用在学术研究和教育领域的一种具体形式。目前，国外典型的学科信息门户包括英国社会科学门户、美国综合学科门户、美国图书情报学科门户、欧盟法律学科门户、澳大利亚工程学科门户等。我国的学科信息门户建设也处在不断地发展与进步之中。

一、学科信息门户概述

“学科信息门户”这一概念源于英文的“Subject Based Information Gateways”或“Subject Information Gateway”，亦称“基于主题的信息网关”，在国内普遍认同的译法为“学科信息门户”，简称SBIG或SIG。关于学科信息门户的定义和描述，目前学术界众说纷纭，较普遍的说法是：学科信息门户是根据特定学科领域内的团体用户的个性化需求，将特定学科领域的信息资源、工具和服务集成为一个整体，为用户提供方便的信息检索和服务入口。

(一)建设目的

学科信息门户涉及的内容往往集中于一个或多个专业领域，建设学科信息门户的目的包括以下几个方面：为某一学科领域的学习型、教授型和研究型用户提供便捷的资料获取渠道；为师生提供丰富的教学信息资源；为该学科知识有需求用户提供查询接口；搭建该门户部门与其他相关信息管理部门和信息服务机构的交流平台，进一步巩固和扩大专业优势和学术力量；提供给用户一个网络化服务平台。这些是由目前学科信息资源的用户及其需求决定的。

（二）学科信息门户的特点

学科信息门户作为一种网上获取高质量资源的信息组织方式，有着明显区别于其他信息组织模式的特点。（1）针对性，学科信息门户根据特定用户群的信息需求，针对特定专业领域，指向学术研究信息。正如Wierenga指出的“学科信息门户的目的是解决目前那些妨碍用户使用WWW资源的问题”①。（2）权威性，学科信息门户按照严格的资源选择、规范的资源描述和持续的校验与更新来保障导航信息的可靠性和整个组织与描述机制的可靠性，并应考虑信息提供机构的权威性。（3）智能化，学科信息门户的元数据产生、分类标引、分类浏览的构建等功能都需要智能实现。（4）集成化，学科信息门户将专业领域所需要的各种信息资源与服务集成到一个平台上，为用户提供一站式检索，最大限度地方便用户对专业领域内各种信息的利用。（5）便捷性，学科信息门户提供全天24小时的不间断服务，在世界范围内的任何一个终端用户都可以不受时间或空间的限制访问学科信息门户的站点。

（三）学科信息门户的类型

不同类型的学科信息门户有着不同的服务目标，类型的划分有助于理解现有学科信息门户服务的宽度和多样性，加深对学科信息门户的进一步了解。有研究指出，学科信息门户的类型可以根据下面的分面矩阵图来进行剖析。

一　　几个　　许多/所有

学科/主题

国家/地区

资源语言

资源类型

图6-1　学科信息门户类型分面矩阵图

（1）学科/主题。如果学科信息门户资源范围跨越两个或两个以上学

① 向菲.面向用户的学科信息门户构建模式及功能整合[D].武汉：武汉大学，2005.

科类目，这个学科门户就是多学科门户，否则是单学科 / 主题门户。

（2）国家 / 地区。指按照学科信息门户收录资源对象的生产国 / 地区来区分。

（3）资源语言。指收录资源对象的语言，而不是学科信息门户的用户界面语言。

（4）资源类型。学科信息门户的资源类型划分标准不一，各个学科门户都有自己的类型侧重点，部分学科门户有自己专用的资源类型表。

二、学科信息门户的内容框架

学科信息门户每一项功能的开展和实现都是以雄厚的信息资源为基础，可以说，信息资源是学科信息门户生存和发展的第一要素，学科信息门户的信息资源内容是对学科信息门户进行评价的重要指标。

（一）资源的选择与评价

资源的选择与评价实际上就是一个按照一定的质量标准对网络资源的语义内容进行价值判断和选择的过程[①]。建立学科信息门户，面临的首要问题是学科信息资源的选择问题。要想在国内外数以万计的网站中选择信息资源并对其进行描述或如何进行准确描述，会直接影响用户利用门户查找信息资源的满意度，关系到信息门户的生命力和可持续发展能力。信息资源的选择过程一般是由图书情报学专家和相关学科领域的专家共同制订并完成。

（1）明确用户群。任何一项服务都是围绕一定对象展开的，具有某种共同信息需求的服务对象便构成了一个目标用户群。用户作为服务的接收者和受益者，其需求引导着服务的发展方向，也决定着信息资源的选择标准和组织形式。因此，建立学科信息门户，首先就要明确目标用户群。用户群的划分并不等同于学科的划分，不同的用户群由于其特点不同，对同一学科会有不同的信息需求，如同一学科，科研人员和普通学生的信息需求大相径庭。这种不同的用户需求决定了不同的信息资源选择的方向和侧重点。

就我国目前情况而言，绝大多数学科信息门户项目是由教育和科研

① 祝忠明，吴新年，孙成权．学科信息门户的标准规范体系建设[J]．情报杂志，2004（11）：2-3.

机构建设和资助的，其目标用户群一般多为该领域的科研工作者、高校师生和从事相关专业的在职工作人员。对可持续发展的学科信息门户来说，面向市场是未来的一个发展趋势，因此学科信息门户也应将相关领域的商业机构和信息服务机构的从业人员作为目标用户。

（2）确定资源收录范围。即明确什么样的信息资源可被收集、组织到学科信息门户中。信息资源收录范围的确定必须从取材的广度和标引的深度这两方面进行考虑①。取材的广度即信息资源的覆盖范围，它决定了该专业门户在信息资源占有上的权威度；而标引的深度则决定了信息资源开发和组织上的完备度。信息资源收录范围从广度上讲，是指如何界定学科信息资源的边界，包括学科性质上的、地理分布上的、语种选择上的、载体类型上的边界。从理论上讲，每一个学科信息门户的建设者都希望在建立的门户中涵盖尽可能多的信息资源，各方面都希望做到最大化，但实际要做到这一点并不现实。因此，确定一个合适的信息资源选取范畴十分必要，学科信息门户的出发点不在于大而全，而贵在专而精。

学科范围。学科性是学科信息门户的一个显著特性，它所要选择的信息资源是该学科的重点领域和一般领域所有有价值的信息资源。此外，由于学科交叉性和边沿性，也要考虑选择交叉学科的信息资源。学科信息门户作为某些或某一学科领域信息资源的集成平台，其内容应当涵盖多种类型的资源。具体收录时应该做到：可靠覆盖本领域核心资源，基本覆盖本领域其他资源，选择性覆盖相关学科核心资源②。

语种范围。指学科信息门户规定应收录哪些语种范围内的信息资源。我国的学科信息门户除了收集汉语信息资源外，也要收集其他语种的信息资源。囿于建设者的外语水平，我国的学科信息门户重点收录的信息资源语种主要为汉语、英语等。

地域范围。指学科信息门户规定应收录哪些国家或地区的信息资源。在全球范围内收集信息资源的学科信息门户占了绝大多数，如SOSIG规定，对信息资源的地理范围没有限制，但来自欧洲的信息资源将给予特别的强调，所有欧洲语言的信息资源都可以接受。而美国和北欧国家

① 常唯.学科信息门户的资源选择与组织[J].图书馆,2005(1):60-62,67.

② 冯玉,雷菊霞.网络时代学科信息门户的信息组织[J].图书馆理论与实践,2006(2):60-62.

及澳大利亚的少数学科信息门户重点收集本国信息资源，如DutchESS、GEM、DAINet、Agrigate、AVEL等。对于地域性较强的学科或国外发展较快、较好的学科，在信息资源选择的侧重上会有所不同。

类型范围。学科信息门户应该是一个学科领域里某专业的信息资源，从其内容的涵盖范围来讲，至少应包括：本领域的新闻动态、热点追踪；本领域的学科专家、杰出人物介绍、重大历史事件的记述；本领域的信息资源，包括各种正式出版物和非正式出版物资源；网上论坛、邮件列表、新闻组、专家讨论组等。同时，还要考虑商业性的网站是否可以允许选择进来，在选择信息资源的时候必须给予明确的规定。对于非网络信息资源，要考虑其是否易于数字化，是否有版权问题等。

难度范围。要考虑到信息资源是否以及在多大程度上反映学科深度的问题，这主要根据学科信息门户的用户定位和用户的接受程度来选择。多数学科信息门户的用户定位为科研领域和教育领域的用户、研究生、本科生，因此要选择适合于这部分用户的信息资源。确定信息资源难度水平的主要依据是目标用户群对信息资源的接受程度，一般情况下以适合于本领域科研用户及研究生和本科生教育信息需求为主。

粒度范围。信息的“粒度”很难量化，基本上要从资源的大小或规模、资源内容的质量、资源的重要性等方面综合考虑。学科信息门户收集的资源既面向网页内容也面向网站，然而从根本上讲，面向网页内容要比面向网站更重要。以专业期刊为例，专业人员更关心期刊里面的文章内容，对期刊本身的信息只需简单了解即可。

（3）制定资源的质量评价标准。学科信息门户的信息资源需要经过严格的评价过程，达到一定质量标准的信息资源才能作为收录对象。因此，制定一套完整可行的质量评价标准可以保证学科信息门户的高质量。国外的一些学科信息门户在建立之初就制定了严格的质量筛选标准。LII网络信息资源选择评价的标准分为五个核心标准和一般标准，五个核心标准分别为可获取性、可信度、作家水平、外部链接、合法性，一般情况下，不能满足这五个标准的信息资源将不能入选LII[①]。SOSIG从内容、形式和选择过程三个方面制定了信息资源筛选标准，其内容标准包括有效性、权

① LII Selection Criteria[EB/OL].[2014-08-15].http://lii.org/pub/htdocs/selection criteria.htm.

威性、准确性、全面性、唯一性、有组织、时效性[①]。我国的学科信息门户也借鉴了国外的经验，制定了相应的信息资源选择和评价标准，如CALIS重点学科导航门户制定了内容（50%）、形式（20%）、时效（10%）以及专家综合意见（20%）相结合的评分标准，其中特别强调内容及其质量的重要性。资源内容主要包括适用性、权威性、实用性、准确性、前沿性、独特性和客观性；资源形式包括内容形式、使用便利性、规范性、美观性、稳定性和影响力[②]。严格的信息资源评价标准是学科信息门户知识可靠性的关键保障之一，图书馆可以从内容、形式、过程三个方面确立信息资源的质量评价标准。

信息资源评价标准用于规范化描述选择人员对信息资源的评价意见。信息资源评价应按照前述标准从多个维度、层面描述评价结果，应能确定评价人员及其评价资格，使用标准语言进行描述，也可以使用特定标记方式（如星级标记）来简要表示评价结果，并作为元数据的一部分被存储和支持检索，评价信息则可以写入资源描述中[③]。

(二)资源的描述与组织

高质量的信息资源选择只是学科信息门户建设的第一步，还要对信息资源进行细致的加工、整理和科学的组织，才能成为学科信息门户的高质量信息资源，才能在用户需要时能够被迅速、准确、方便地获取和利用。

（1）资源描述。信息资源的加工过程就是对信息资源的内容进行描述和评价的过程。元数据格式是进行信息资源描述的表单或模板，提供了对网上资源的结构化描述。采用元数据进行信息资源描述和组织已成为学科信息门户建设和发展的主流。

元数据主要包括：对组成信息的内容结构进行描述的元数据；对内容对象进行描述的元数据，如MARC、DC等；对描述元数据的标记语言、格式语言等进行描述，如XML、RDF等。学科信息门户应该根据自

① SOSIG[EB/OL].[2014-06-15].http://sosig.ac.uk/desire/ecrit.html.

② 林佳，李京华."CALIS重点学科网络资源导航系统资源选择与评估标准"的建立与思考[J].大学图书馆学报，2005(1):38-41,48.

③ 张晓林.分布式学科信息门户中网络信息导航系统的规范建设[J].大学图书馆学报，2002(5):28-33,43.

己的特点和目的选择元数据格式。比较通用的方法是选择简单、通用和有一定结构的格式，如DC元数据格式已发展成为信息资源描述的国际标准，它主要用于描述网络信息资源，直接关系着网络信息资源揭示的深度和广度。

从学科信息门户本身的发展来看，门户之间的合作、开放、共享和互操作已成为一种趋势。因此，应遵循标准、开放和可扩展的原则，按照元数据应用规范的模式来制订元数据标准。这种选择和定制的一般过程可归结为：确定资源描述的属性集合；进行属性分析；确定候选元数据格式；定义门户元数据元素集；设计元数据的XML Schema格式文档[①]。

在描述资源过程中，应该做到资源描述的标准化。(1) 要采用国际通用的标准的资源描述框架描述资源，为资源的共享和互操作的实现奠定基础；(2) 不仅揭示资源的外部特征，还要揭示资源的内容特征，如有摘要或介绍、评论等内容；(3) 适当进行文种转译。对于高价值的资源，应该根据用户群的特征进行适当的文种转译，如编写报道性摘要；(4) 资源之间参照关系的描述。应适当地对被标引资源的同类资源、引用资源进行描述；(5) 资源内部隐含知识的析取和描述，提供情报服务等资源的增值服务[②]。

(2) 资源组织。目前，比较流行的网络信息资源组织方式主要有：分类法、主题法以及超链接法。

分类法。目前分类法在学科信息门户资源组织中的应用主要有两种方式：一是采用现有的分类法，如杜威十进分类法（DDC)、通用十进分类法（UDC）等；二是对现有分类法进行改编或采用自编的分类法。有些门户在使用现有分类法的基础上结合自身信息资源的情况和特点对其进行改编，如中国的资源环境学科信息门户RESIP采取了对体系分类法、学科分类规范和学科热点领域进行综合分析和集成的方法，构建了相对规范且符合用户浏览学科信息习惯的信息资源分类组织体系。自编的分类法主要用于通用性网络信息资源的组织与查询，如英国的图书情报类门户LII就是采用自编的等级式主题分类法系统，将其资源按主题分为14大类，每个大类下再细分为若干个小类，按等级结构逐层展开。

① 祝忠明，吴新年.学科信息门户元数据格式的选择与设计[J].大学图书馆学报，2004(2)：2-4.

② 常唯.学科信息门户的资源选择与组织[J].图书馆，2005(1)：60-62，67.

用分类法组织网络信息资源有其独到的优势，如能涵盖各个学科领域的知识分类体系、允许用户以浏览方式进行族性检索、可以方便地进行扩检或缩检等，因此在网络信息组织中具有不可替代的作用。信息门户的资源分类组织应做好如下三点：一是建立合理的分类体系，可以以传统的分类法为蓝本，融合网络信息资源的特点，形成适当的分类体系；二是确定页面的链接深度，即用户经过多少级链接后可以访问到所需的资源，我国学科信息门户的链接层次一般为二级；三是恰当处理复分问题，对于属于交叉学科和边缘学科的资源，应在不同的类目下均有反映。

主题法。主题法是网络信息资源组织的另一种主要模式。如果说分类法是从学科体系出发，以知识的逻辑顺序组织信息，那么主题法则是从事物本身出发，用文字、词语的字顺为信息排序，这两种方法代表了人类思维的两个侧面。一些大型的学科信息门户都利用成熟的词表来组织资源。目前，主要有两种主题法组织网络信息资源：综合性的《美国国会图书馆主题词表》（LCSH）和专业性的《医学主题词表》（MeSH）。在学科信息门户资源组织中，主题法的具体应用一般有采用关键词法、标题词法、叙词法以及使用分类主题一体化法等。

主题检索是学科信息门户必不可少的信息资源组织形式，主题检索质量的高低决定了学科信息门户的可接受程度。因此，学科信息门户的主题检索体系建设非常重要，应考虑到如下几个问题：检索点的设置，应尽可能多地为用户设置检索入口，努力使信息资源的各方面特征都可以被检索到；检索结果的显示，应该由用户指定检索结果的显示方式；检索功能，当用户的提问含义模糊、不确定时，尤其是当没有命中结果或命中结果过多时，检索系统应能够揣测用户的真实检索意图，向用户提供相关的检索答案或进一步的检索提示等。

超链接法。超链接法是将信息单元按照相互之间的内在联系组织成一个有机整体，表现为网状的非线性结构。其中，每个信息单元、片断或组合称为节点；每个节点以网页形式显示，可以是文字、图形、图像、声音、动画等单一媒体或多媒体；每个网页又以文件形式存放；节点与节点之间采用链路连接起来形成非线性的网络以表示相互之间的关系。超链接具有多样的目标和形式，包括：知识性连接，主要是信息内容，如词汇、符号代码、段落或文献与相关知识组织体系的链接；参考文献连接，主要是文摘索引与它们所标引的文献，文献与文后参考文献所指向的全文文献之间的链接；引用系统链接，主要链接引用目标文献的文献、被目标文献引用的文献、同被引文献、引文耦合文献等；语义链接，主要利用语义网络和概念集合等，将信息内容与那些虽然没有直接语言关系或引文关系但有一定逻辑联系的信息内容连接起来；重组性链接①。

（三）资源的更新与维护

学科信息门户所囊括的信息资源很大一部分是互联网中的动态网络信息资源，这就导致学科信息门户的质量在很大程度上受制于所链接的网站的质量。由于网络信息资源具有动态性，因此图书馆应投入一定的时间、资金、人力进行日常维护工作，确保资源的及时追加和更新。

三、学科信息门户的可持续发展

学科信息门户的建设是图书情报等单位在国家可持续发展框架内，进行数字图书馆建设的一个重要内容。目前，有一部分单位进行学科了信息门户建设，并取得了不错的开局。但是，学科信息门户建设不可能一蹴而就，其可持续性是一个大问题。据Kirriemuir调查发现，绝大部分的学科信息门户的网络服务器设置于大学，直接或间接由学术界资助，大概不到一半的学科信息门户由一个专职人员维护，大部分的学科信息门户的维护只是由工作人员兼职维护②。

（一）学科信息门户建设的不足

（1）从资源选择与开发来看，存在如下问题：一是信息资源内容单一，信息总量不足。目前，国内的学科信息门户大多是单一学科主题的，多学科主题和综合性学科信息门户几乎没有，同时大都存在着信息总量不足的问题。二是学科信息资源开发深度不够。大多数学科信息门户主要采取人工方式进行信息资源搜集和组织，对深层网页资源的开发和整合显得力不从心。三是信息资源更新不及时。从国内现有的学科信息门户来看，普遍存在信息资源更新不及时的状况。

---

① 张晓林.数字化信息组织的结构与技术(二)[J].大学图书馆学报,2001(5):19-24.

② 王美琴.我国学科信息门户可持续发展研究[D].南京:南京农业大学,2007.

（2）从资源组织体系来看，学科信息门户资源组织体系不够完善，存在以下问题：缺乏对现有分类体系的调整与拓展，很难及时对新的研究领域作出反应并更新术语；自创分类体系的建立带有很大的随意性，类目的设置、体系框架缺乏严密性；信息资源类型的划分没有统一标准。信息资源类型划分不一会影响类型组织的效用，并给跨门户合作带来诸多问题。

（3）信息检索方式较少。检索方式是学科信息门户网站的一个关键问题，它提供的检索功能是否全面、检索界面是否友好、检索结果是否方便用户使用直接影响学科信息门户的访问率。就目前国内学科信息门户的现状而言，其检索功能较滞后，所能提供的检索手段单一、有限。此外，在一些学科信息门户的高级检索项中用户无法从信息资源发布时间、信息资源格式、语种、显示顺序以及显示数量等方面限制其检索结果。

（4）利用率相对较低。学科信息门户建立的初衷是为了更全面地收集和保存专业学术信息，解决搜索引擎查全率、查准率低的弊病，提高网络学科信息的检索专指度和质量，满足用户对学科信息的需求，但其使用现状却不容乐观。国内的有关调查研究表明，学生更喜欢通过搜索引擎来查找信息资源，很少意识到可以选择其他方式查找信息；一些学科信息导航库以及学科信息门户的访问量少之甚少。这一方面与学科信息门户的宣传力度有关，同时也说明目前学科信息门户还不足以为用户提供全面的有价值的学术资源[①]。

（5）缺少用户参与和反馈。学科信息门户的用户许多是本学科专业领域的专家，他们更了解一些信息资源的价值，通过其参与信息资源的创建能够有效发掘有价值信息，促进信息资源共享。虽然有些学科信息门户界面也有“资源推荐”子项，但没有反馈信息，用户不知自己推荐的信息资源是否被采用，网站更没有对推荐信息资源用户进行鼓励或肯定。另外，信息资源内容是学科信息门户的服务基础，最终目的是提供给用户使用，其信息资源的选择和筛选标准是否合理，服务方式是否人性化，这些都需要信息用户的评价和意见反馈。学科信息门户在建设和

---

① 蔡箐.学科信息门户及其优化途径[J].中国图书馆学报,2008(4):45-50.

服务过程中不能缺少用户参与环节。

（6）合作、共享力度不够。我国学科信息门户的机构合作水平很低，基本上处于单干阶段，建设单位主要是中国科学院系统的信息机构及个别高校图书馆，一个学科信息门户一般只有一个机构负责建设，合作共建也仅限于同系统内的合作。国外的学科信息门户至少是由两个以上的单位所承建与维护的，如澳大利亚的学科信息门户普遍由众多机构合作建设。澳大利亚研究者认为，作为一个单独的机构是无力维持一个学科信息门户服务的，在《澳大利亚学科信息门户最佳实践清单》中也提出学科信息门户的建设不应该由单一经济实体完成，而应该通过一系列组织与机构的合作建设完成①。我国学科信息门户的多机构建设、运营较少，这对学科信息门户持续、稳定的发展极为不利。同时，学科信息门户间缺乏有效沟通，无法真正实现资源共享。

（7）缺乏个性化服务。目前，我国的学科信息门户建设缺乏个性化、人性化、智能化的用户服务，没有建立起具有本土特色的服务体系。附加服务尽管不是建设学科信息门户的必要条件，但其作为信息检索与浏览之外的服务，对提高学科信息门户的易用性、服务水平和吸引用户是非常重要的。我国的学科信息门户在建设过程中普遍缺乏用户服务项目的建设，一些学科信息门户虽然设置了具有代表性的增值服务如站点镜像、论坛、案例研究、培训资料、新资源介绍、用户推荐、专家链接、全文链接等，这在一定程度上体现了学科信息门户实现深层次信息与服务集成的发展方向，但相当一部分只是设置了空栏目，无实际内容，而个别能够提供这些服务项目的学科信息门户，却没有对其进行有效管理。因此，我国的学科信息门户在用户服务方面的建设亟待进一步加强。

（二）学科信息门户的可持续发展

针对上述学科信息门户建设中的不足之处，图书馆应积极采取应对措施，确保学科信息门户的可持续发展。而要保证学科信息门户的可持续发展，必须构建一个完整的保障机制。

（1）完善资源组织体系。信息资源是学科信息门户建设的核心，缺

① 吴钢.澳大利亚学科信息门户发展经验与启示[J].图书馆杂志,2007(5):57-60.

少高质量的信息资源保障，用户服务和学科信息门户建设就无从谈起。资源组织体系的完善主要包括分类浏览体系的完善和资源类型浏览体系的完善。

（2）增加学科信息门户检索方式。针对学科信息门户检索方式少的缺陷，应采取相应措施增加检索方式，提供基于主题词检索和网络信息资源的检索工具，并优化检索结果，为用户提供便捷、全面的检索。

（3）加强合作。合作、共享是21世纪图书馆事业发展的永恒主题，学科信息门户建设也不例外。目前，学科信息门户的合作化建设已成为主要趋势。一方面，要加强人员之间的合作，包括积极寻求与学科专家、图书情报专家和计算机专家的密切合作以及广泛吸引用户充分参与，利用Web2.0优势，增加学科信息门户的开放性与互动性，吸引用户充分参与学科信息门户建设；另一方面，要加强各系统、各单位之间的合作，主要表现在多个机构合作建设同一学科信息门户、相关学科领域信息门户的合作建设以及跨学科领域的门户合作建设三个方面。

（4）服务个性化。国外学科信息门户在开展个性化服务方面做得比较好，很多学科信息门户在提供信息浏览与检索等基本服务的基础上，注重服务功能的开发，提供个性化的各种增值信息服务，如站点镜像、RSS、个性化定制、讨论组与社区服务、案例研究、新资源介绍、热点推荐等。而国内学科信息门户在利用现有的服务项目方面较为落后。网络环境下，人们对信息资源的需求更趋个性化，这就要求学科信息门户必须针对用户的具体需要，在确保提供高质量信息资源的同时，利用网络、信息新技术，跟踪用户需求，主动为用户提供个性化服务。个性化服务主要通过个性化定制、个性化信息推送、个人资源管理、个性化更新、虚拟社团等模式实现。

第三节　学科馆员制度

“融入一线，嵌入过程，用户在哪里，服务就在哪里。”这是国家科学图书馆提出的学科化服务新理念，也应是高校图书馆服务的方向。随着信息环境以及用户信息需求的变化，直接面向用户提供学科化服务的模式和机制也需要改变。高校图书馆应通过学科馆员服务，建立一种真正面向用户的全馆服务机制，推动全馆面向用户、面向服务的业务重组，为用户提供精准、独到的服务。

一、概述

高校图书馆是学校的文献信息中心，是为教学和科研服务的学术性机构，其宗旨是为用户提供满意的服务。近年来，为了加强图书馆与各院系之间的联系，建立起通畅的“需求”与“保障”渠道，帮助教师、学生充分利用图书馆资源，国内各高校图书馆纷纷开始建立“学科馆员制度”。我国教育部2002年印发的《普通高等学校图书馆规程（修订）》第三十条规定：“高等学校鼓励图书馆专业人员同时掌握图书馆学和一门以上其他学科的知识，重视培养高层次的学科专家”。虽然没有出现“学科馆员”一词，但这里的“学科专家”应该就是“学科馆员”。建立“学科馆员制度”，是信息时代图书馆顺应时代潮流、主动服务用户的新举措。

(一)相关概念

（1）学科馆员。对于学科馆员，国外有不同称谓，如学术联系人、联系馆员、学科专家、学科馆员、研究支持馆员、学科咨询馆员、学科和主题馆员等[①]。美国图书馆学会将“学科馆员”定义为一种受过专门训练和拥有丰富学科知识的馆员，主要负责图书馆某一学科专业文献的选择和评价，有时也负责学科信息服务和书目文献组织[②]。

中文“学科馆员”一词来源于相应的英文名称“Subject Librarian”，又名“学科专业馆员”“学科专家”“主题专家”，有的称为“院系对口服务联系人”。对于其定义，国内不少学者提出了自己的见解，这里统一采用《图书情报词典》的释义，即掌握某一学科领域的专深知识的图书馆工作人员，负责采集和评价该学科领域的文献，有时也从事有关学科领域的情报咨询服务和文献的分类、编目工作[③]。

（2）学科馆员制度。关于学科馆员制度，有相当一部分学者将其等同于学科馆员工作，如“学科馆员制度是图书馆的一种创新服务形式，

① 张晓林，初景利，张久珍，等.国际图书馆发展态势[J].图书情报工作动态，2002(6)：2-8.

② 刘树新，杨春，刘卫欣.高校馆“学科馆员”制度建设的思考[J].图书馆杂志，2007(5)：38-39.

③ 王绍平.图书情报辞典[M].上海：汉语大词典出版社，1990：593.

其根本目标是建立图书馆与学科用户之间的联络机制，主动了解学科需求，并以需求指导信息组织，以便向用户提供主动的学科指导性服务。”①这种表述就把学科馆员制度混同于学科馆员工作。对学科馆员制度作出比较明确定义的是王林廷：“学科馆员制度是指为了保证学科馆员与对口的学科专业人员及部门保持经常性的联系，为其提供专、精、深的信息服务而制订的一系列保障措施，包括学科馆员应具备的专业素质、培养目标、基本职责、服务内容和方法等。”②在这里，他指出学科馆员制度是一种保障措施，只是不够全面准确。因为随着信息资源的日益增加和用户需求的日趋个性化，学科馆员不仅应为用户提供信息服务，而且要为用户提供深入到信息服务中的知识服务；学科馆员不仅应当参加用户服务，而且应当参与学科资源建设以及用户教育等工作。要理解学科馆员制度，首先应明确制度的含义。所谓制度，就是各种规章、条例、规则的总称，是指要求大家共同遵守的办事规程或行动准则。所谓学科馆员制度就是为保证学科馆员工作顺利开展、实施而建立的一切规章制度，主要包括工作制度和管理制度，如馆员的资格认证、基本职责、服务内容、服务方式、考评办法等。

(二)学科馆员制的发展

学科图书馆员（简称学科馆员）制度本身是一种西方的舶来品，它发端于20世纪中期的一些美国研究型大学图书馆，先以大学科为对象，由专门的服务人员进行对口服务。20世纪80年代中后期，在美国和加拿大的一些研究型大学图书馆出现了学科馆员，通常由资深的参考咨询馆员担任。1981年美国卡内基·梅隆大学图书馆率先推出“跟踪服务”(Track Service)，俄亥俄大学图书馆推出“网络化馆员免费导读服务”(Network Librarian and Free Guide)，随后加拿大的部分研究型图书馆也推行了学科馆员制度。

20世纪80年代后期，“学科馆员制度”进入我国图书馆界的视野。我国对这一制度的研究始于1989年，如毋益人在《河南图书馆季刊》上撰文，论述了“学科馆员的工作职责”。最终确立是近年来我国部分重点大学图书馆开始试行该制度，如1998年，清华大学图书馆首开先河，建

① 李春旺，李广建.学科馆员制度范式演变及其挑战[J].中国图书馆学报，2005(3)：51-54.

② 王林廷.高校图书馆建立学科馆员制度论略[J].情报资料工作，2004(2)：53-56.

立和实行了学科馆员制度，最初有14名学科馆员，对应着12个院系的“图情教授”；随后，武汉大学图书馆从2000年开始实行学科馆员制度；北京大学图书馆的学科馆员制度2000年开始准备，2001年正式启动；上海交通大学图书馆于2003年12月，正值该馆“第十届优质服务月”之际，正式推出了酝酿已久的学科咨询馆员制度；首都师范大学图书馆学科馆员制度是2003年10月试行的，目前国内已有近百所高校图书馆纷纷引入了“学科馆员制度”[①]。十多年来，我国大学图书馆界对学科馆员问题的关注热情始终不减。现在，越来越多的大学图书馆陆续开展学科馆员工作，进行了很多有益的尝试和探索，取得了一些成效和经验，受到了广大用户的肯定和业界人士的认可。

（三）建立学科馆员制度的意义

建立学科馆员制度，是图书馆顺应时代潮流、满足用户需求、提高服务层次的必然举措。学科馆员制度的建立，对提高图书馆信息资源利用率、实现图书馆服务创新、提高学校教学科研服务水平具有重要意义。

（1）有利于提高服务水平。信息技术的飞速发展以及信息资源的日益增多，给图书馆的服务既带来了严峻挑战也提供了发展契机。学科馆员制度的建立正是高校图书馆努力提高服务水平，与高等教育以及时代发展要求相适应的一项新举措。图书馆根据学校院系设置和专业需要建立学科馆员制度，让每一个学科馆员负责与相应院系联系，在院系与图书馆之间架起了一座桥梁，可以更好地为师生提供服务，提高服务的针对性、主动性和专业性。

（2）有利于提高文献资源利用率。文献资源利用率，主要受两个因素影响：一是用户对图书馆的需求程度；二是图书馆对用户进行教学、科研服务的层次与能力。而学科馆员既熟悉本馆所拥有的各种信息资源，又熟悉学科教学科研情况，能够深入了解各学科专业文献信息的需求，有针对性地对其进行收集整理并分析研究，从而有利于提供最佳的文献资源保障服务。

（3）有利于促进馆员自身的发展。学科馆员是一项具有开创性、挑战性和主动性的工作。学科馆员必须不断吸收新知识、新技术，加强对

① 张英敏.高校图书馆学科馆员制度的发展历程与前瞻[J].情报科学,2008(5):792-794.

相关专业学科领域的研究，才能为教学、科研提供更深层次的服务。学科馆员制度的建立，可以促使形成图书馆工作人员之间“比、学、赶、超”的良性竞争局面，更好地发挥专业优势，提高工作积极性，促进图书馆员整体素质与综合能力的提升，促使图书馆和馆员健康、稳定的发展。

二、学科馆员制度的具体实施策略

现在，国外大学图书馆不仅推行了学科馆员制度，而且非常完备，图书馆与对口院系、专业之间建立了不可分割的学术联系。纵观我国高校学科馆员制度的发展历程，虽然起步较晚，但发展很快。但由于我国图书馆事业的总体发展水平不均衡，不同地区、系统、规模的图书馆之间差距较大。因此，在实行学科馆员制度时，对学科馆员的自身素质、工作职责、实施条件等不应做统一要求，要因馆、因时、因人制宜地开展这项服务。

(一)确定学科馆员的任职资格

自从学科馆员制进入我国图书馆界后，相当一部分学者对其任职要求进行了积极探索。如，梅谊认为学科馆员“一般应具有大学以上学历、非常熟悉对口学科专业的各种文献资源，有较高的外语水平和参考咨询工作能力，能有针对性地为教学、科研提供有力的帮助”①。这样的条件和要求，是符合我国的国情和图书馆馆情的。关于学科馆员的任职要求，各图书馆在实施伊始一般都有强调，内容一般包括：

（1）思想素质。作为学科馆员，要具有良好的思想素质和职业道德，须有强烈的事业心和责任心，有良好的服务精神、合作精神及开拓创新精神。要牢固树立“用户至上，服务第一”的工作理念，想用户之所想，急用户之所急。

（2）文化素质。关于学科馆员的文化素质要求主要有三个方面：一是深厚的对口院（系）专业知识背景。作为一名学科馆员，必须具备所联系的对口院（系）的学科专业背景。通俗地说，学科馆员所学的就是这个专业或是与之相近的专业。学科馆员要对这门学科的基本理论及相

① 梅谊.谈建立高校图书馆“学科馆员”制度[J].苏州大学学报(工科版),2002(5):142-144.

关学科的专业知识有较全面的了解，这样才能更好地与学科用户进行学术上的交流和探讨。应该说，这是选拔学科馆员、学科馆员定位于哪个院（系）的第一要素；二是图书馆学、情报学专业知识。学科馆员必须具备扎实的图书馆学、文献学、情报学等方面的基础知识和基本技能，应具有图书、情报学学历或至少接受过系统的图书情报学专业培训；三是一定的外语和计算机知识。网上信息资源的丰富以及外语信息资源的增加，对图书馆外语水平和计算机应用能力的要求越来越高，学科馆员更是如此。因此，学科馆员既要具备一定的英语阅读、理解能力，还应拥有熟练运用计算机进行网络信息浏览、采集、组织、发布、电子邮件收发等能力。

（3）工作能力。学科馆员的工作能力，主要有如下三个方面：一是敏锐的信息意识。一方面能留心分析、研究学科用户潜在的信息需求，另一方面也能敏锐地意识并及时捕捉、跟踪、研究有关学科的新信息；二是良好的公关能力。学科馆员是院系与图书馆的联络员，要具备良好的公关意识和公关技巧，善于与用户交流、协调和沟通，主动走近用户，听取用户意见，提高服务水平；三是较高的信息检索能力。学科馆员要掌握各种网络检索工具的使用，熟练各种数据库查询技巧和科学信息的网上检索途径，必须有从浩如烟海的信息资源中检索出用户所需要的信息并将其转化、整合为知识和情报的能力。当然，学科馆员的遴选应按照各馆的实际情况，不可照搬他馆标准，进行“一刀切”。

(二)明确学科馆员的岗位职责

关于学科馆员的职责，Dennis W.Dickinson 将其分为两个方面：专业参考帮助及院系联络[①]。言简意赅的两点实际上概括了学科馆员的基本职责。设立学科馆员的目的是为了加强图书馆与院系的联系，为院系教学、科研人员提供专业对口服务。对于其岗位职责，一般来说，各高校图书馆在实施伊始也作了明确规定。如美国康奈尔大学图书馆学科馆员职责被鲜明地概括为“CRIO”，这四个字母所代表的具体含义如下：Collection（C）——馆藏建设；Reference（R）——参考咨询；Instruction（I）——教学培训；Outreach（O）——院系联络[②]。清华大学图书馆明确

① 唐淑香.“学科馆员”制度与“以人为本”理念的契合[J].高校图书馆工作，2006(6):49-51.

② 范爱红.美国康奈尔大学的学科馆员工作模式及其启示[J].图书馆杂志，2008(2):63-66.

规定学科馆员主要针对教师、研究生层面开展工作，因而其学科馆员所承担的工作层次更高。

大体上来讲，学科馆员的工作职责应包括如下几个方面：保持与对口院系的联络；组织开发本学科文献信息资源，更多地参与电子资源的选择与评价；提供多元化的咨询服务；组织用户培训。总之，图书馆应考虑本校的定位、发展目标和学科建设情况，着力于本馆的业务需要和人员状况，来确定本馆学科馆员的工作内容和岗位职责。当然，虽说学科馆员的岗位职责是根据工作内容来确定并加以细化的，但也并不是一成不变的，应当根据本校师生需求的变化、本馆业务发展的需要而不断扩充和调整。

（三）重视学科馆员的选拔和培养

学科馆员制度的建立，需要一批高素质的人才队伍。国外对学科馆员要求比较高，一般要具有某一特定学科的硕士或博士学位，有2~3年高校图书馆的实际工作经验，且符合某特定岗位的其他要求。在国内，除一流大学图书馆学科馆员的遴选不成问题外，绝大多数图书馆存在人员素质参差不齐、结构不合理的问题，选拔有一定难度。学科馆员制度的核心内容是馆员专业化制度，学科馆员必须具备深厚的学科知识底蕴、良好的外语水平及信息服务技能。引进人才虽不失为一个好途径，但是，完全依靠引进人才也不太现实。因此，图书馆应根据本馆的实际情况，从内部挖掘人才，在本馆挑选一批业务素质好、学科专业基础扎实、工作能力强、比较熟悉参考咨询的同志来担任“学科馆员”，并通过继续教育、相关培训强化其技能，使其在工作实践中不断提升自身服务水平。

（四）实施激励机制，提高社会地位和工作待遇

改善学科馆员的待遇，是实施学科馆员制度的一个重要内容。在国外，专业图书馆馆员具有很高的社会地位，被列为社会上层人士。在一份关于英国社会阶层的调查报告中，在总共七个层次的人员中，馆员和医生、律师、神职人员、教师等被列为第一类。我国某部门在1997—1998年对北京地区100种职业声望调查中，图书馆员列第58位；人民网

在盘点21世纪最热门抢眼的职业时，图书馆被列为最冷门的专业之一[①]。美国一流大学图书馆专业馆员平均年薪比非专业馆员高一倍。而在国内，由于没有实施资格认证和准入制度，图书馆工作人员素质不高，一直处于社会体制的边缘，社会地位低下，得不到应有重视。学科馆员工作复杂，有很强的专业性、开拓性、尖端性和不可替代性，只有提高其工作待遇，才能吸引人才、留住人才，从而组建一支素质优良、竞争有力的高校学科馆员专业队伍，使学科馆员制度真正落到实处，更好地为学校的教学、科研服务。

要想吸引人才、留住人才，就必须改革不合理的分配制度，以实际工作内容的复杂程度和知识含量的多少为依据，让专业人员的收入明显高于非专业人员。学科馆员的服务工作不仅体现在服务深度和工作质量上，还体现在不断学习充电上。图书馆应根据学科馆员的工作性质和劳动强度，以他们的服务质量为考核标准，提高学科馆员待遇，至少应达到各院系教师的水平。同时，根据学科馆员的业绩表现可以考评为优秀、良好、称职、不称职四个档次，每一个档次享受的津贴要有一定的悬殊，以便建立起激励约束机制，成功实施物质激励措施。另外，还应重视精神激励。图书馆可以通过评选先进工作者和岗位标兵、出宣传榜等手段，树立学科馆员的模范形象，大力宣传优秀学科馆员的事迹，在精神上给予激励。两种激励方式相辅相成，有利于满足学科馆员的生理和心理需求。

（五）建立学科馆员考核评价制度

在我国，学科馆员制度既没有成文的管理规定可执行，也没有建立起工作考核评价体系。为了推进学科馆员制度顺利发展，有必要建立一套完整的管理制度及考核评价体系。科学的考评和动态的竞争是促进学科馆员工作的一个重要途径。关于学科馆员考核评价体系，一部分学者提出了相当有见地的主张，如都平平等提出包括服务环境、服务团队、服务能力、服务效果四部分组成的绩效评价指标[②]；傅晔提出包括服务环

① 王新明.高校图书馆人力资源管理创新研究[D].保定:河北大学,2006.

② 都平平,杨广锋,邬淑珍.学科馆员任职资格及绩效考评研究[J].图书馆论坛,2007(1):37-39.

境、人员素质、服务能力、服务绩效四个一级指标方法[①]。前人的积极探索为我们提供了有益的启示。

（1）建立健全公正的考评组织机构。图书馆应成立由学科专家、馆长、参考咨询部主任等组成的“学科馆员考核评价小组”，对学科馆员的相关工作在服务质量、服务效果等上给予公正客观的评价。同时，制定考评周期，如每学期、一年或两年等，考评还应与职称晋升、年终评优结合起来。

（2）制定科学合理的评价指标体系。建立科学完善的考核评价体系是学科馆员服务管理的重要组成部分，也是学科馆员制度实施的有力保障。考核既要有定性基准又要有定量指标，应从多维度进行，这样才能比较全面地反映学科馆员的服务质量。具体来说，考核可从德、能、勤、绩四个方面进行，包括学科馆员的职业道德、文化素质、服务能力、服务绩效等，并将这些指标进行具体量化，给予相应分数。如文化素质可以细分为知识水平、信息素养、服务态度等，而知识水平还可再细分为对口学科专业知识水平、图书情报学知识水平、计算机水平和外语水平等。

（3）评价方法主要以用户满意度为主。对于评价方法，尽可能采取学科馆员自评、用户测评、同行评议等多元化评价方式，综合各方面的意见，给出全面评价。但学科馆员工作业绩的评价取决于用户的满意程度，也就是说对学科馆员应实行双向考核，既接受图书馆的考核，又接受对口院系的考核，其中应主要以用户评价为主。以用户满意为中心的绩效考评机制，是检验学科馆员工作实效和保障该制度有效运行的一个必不可少的措施。图书馆可以通过用户问卷形式或召开座谈会对学科馆员参与咨询课题、举办用户培训次数、网络导航及学科网页的建立和维护与更新频率以及对相关院系教学科研的影响和帮助能力进行评价。

（4）建立评价结果公示和奖惩制度。评价结果出来后，要及时进行公示，接受大家的监督，增加评价的透明度和公正性。另外，要加大考核结果的应用，要把综合评价的结果作为激励的依据，与学科馆员的奖惩直接挂钩，奖勤罚懒，体现多劳多得、优胜劣汰的公平竞争原则。对

① 傅晔.高校学科馆员服务的考核评价评价体系与方法[J].情报资料工作,2005(6):77-79.

考核不合格的学科馆员限期改正，如改正不到位，连续两次不合格者，应取消其资格。

第四节　电子教学参考服务

教学参考资料传统上又称“教师指定参考资料”或“教师指定阅读资料”，最早源于19世纪的美国。20世纪50年代，世界各高校开始普遍使用教学参考资料。作为高校图书馆特有的文献类型，教学参考书是高校教师在教学过程中指定学生必读的辅助教材，是高校教师备课、编写教材、组织教学活动和进行科研攻关的重要参考资料，其效用的发挥是高校图书馆服务教学最直接、最具体、最重要的体现。因此，高校图书馆普遍比较重视教学参考资料的建设，许多高校图书馆专门开辟了教学指定参考资料专库，向学生提供服务。20世纪90年代末，随着IT技术、网络业的发展，一些高校图书馆开始寻求自身服务与网络化学习环境相融合的服务方式，开发电子教学参考资料系统（Electronic Reserves system，ERes），以支持教学改革发展的要求。

一、建立教参系统的意义和作用

电子教学参考服务系统是在充分发挥校园网络和图书馆资源优势的基础上发展起来的信息服务系统，它将传统的教学参考资料以及经过教师精选的教学参考书进行全文数字化处理后，建立教学参考信息库，通过网络平台提供服务。它以现代信息技术为依托，实现教学参考资料服务自动化和网络化。它既可以使教师方便地备课、上传各种类型的文件、向学生发布信息等，又可以使学生方便地、不拘时间地点获取与课程相关的参考资料。

(一)突破了时空局限

学习者不受时间、地点的限制，可以很方便地阅读和下载与课程学习有关的参考资料。用户通过校园网或使用权限范围内的计算机都可在图书馆外24小时同时多人使用同一教学参考资料，而无需亲自上图书馆借阅。同一份资料可以并行存取，取消了对存取资料的时空限制，解决了以往教学参考书存在的需求大但册数少、需排队预约资料及受开放时间限制的矛盾，并且还能为学生毕业后的继续教育提供帮助。

(二)缓解了供需矛盾

有效缓解了图书馆教学参考书种类不全、复本量不足的问题。在一般的教学活动中，教师向学生提供该门课程的参考资料信息后，就会产生学生集中利用这些参考资料的现象，而图书馆的馆藏资源相对有限，复本量在学生大量需求之下肯定不足，这种集中利用参考资料的现象导致供需紧张。建立本学科专业教学导航系统，学生可以提前知道所要学的课程及有关参考资料，使有限的参考资料分散利用，既能缓和集中借阅的矛盾，也能提高参考文献的利用率。

(三)改变了被动服务模式

教参系统的出现改变了图书馆传统的被动模式，加速了图书馆各类资源的有序整合，使用户服务平台不断优化，促进了学校的教学改革。电子教参服务使以往的被动服务变为基于Web的主动服务，图书馆可以充分发挥馆藏优势，主动对相关的馆藏资源和网上资源进行整合，建立学科专业导航、课程资料库等供用户使用。还可以开展个性化服务、信息推送服务及专题服务等不同类型的服务，这种多层次、多形式的服务代表了教材教参服务的发展方向。

(四)扩大了服务范围

图书馆传统教参服务的对象主要是到馆的读者。网络的应用使用户的概念不再局限于传统意义上亲自到馆的读者，借助于网络通信技术，图书馆的教参服务是完全开放的，不仅可以满足本馆读者的需求，还可以满足其他院校甚至社会上不同层次用户的学习需要。

二、教参系统建设方案探讨

教参系统的建设和开发，是图书馆实施教参信息服务的前提。教参系统应该将教与学的全部要素与实施过程通过网络整合到一个统一的系统平台中，不但能够有针对性地为教师和学生提供教学参考资源，也能将图书馆的资源、教师和学生的需求整合在一个统一平台上，更便于教师、学生进行教学信息互动交流，最终达到提高专业教学质量的目的。

(一)教学参考资料的采集与组织

电子教参数据库的基础是高质量的教学参考资源。教学参考资源的采集与组织是系统建设中工作量最大的环节，也是系统的核心和成败的关键所在。

（1）采集内容。其内容主要包括教学信息和资源信息两大部分。教学信息全面反映学校的学科专业设置和特色、专业课程设置、课程教学大纲和计划、试题库、师资状况等教育教学信息，是学生了解本专业学科情况、掌握学习进度的基本资料；资源信息是指那些可以提供给学习者使用，能帮助和促进他们学习的信息、技术和环境，是教学参考资源服务系统的基石和有效保障。资源信息包括课程的中外文教材教参、课件、课程指定阅读材料、教学的音视频资料、网上的教学资源。教参系统要充分反映学校的特色资源和体现出学科优势，将学校所有资源信息进行整合，建立一个完善而丰富的资源库，要把图书馆的各种馆藏文献作为资源库信息资源的一个重要来源。

（2）采集方法。利用正确的途径和手段获取网上学科资源是建好本科专业教学导航系统的前提。在专业教学参考资料的收集方面，根据不同学科的特点，要有针对性地选择一些有专业特色的内容，同时也兼顾采集原有学科服务提供的信息。在对网上分散的资源进行查找和采集时，主要有以下方法：向教师和学生收集；由教师和学生上传；馆员对系统资源进行定期更新；利用搜索引擎和资源链接。

（3）分类组织。在当前，专业教学参考资料类型复杂多样。为了更好地进行资源整合和组织，使用户在本系统中能简单快捷地获取参考资料，根据专业教学参考资料的类型和特点，可将各类型资源划分为课件资源、参考书目、推荐阅读、教学视频、推荐网址和电子教案六大类。

(二)基于Web的教参系统构建

近年来，一些高校图书馆先后开始尝试以现代信息技术为依托建立电子教学参考服务系统，如清华大学图书馆、北京大学图书馆、复旦大学图书馆、河海大学图书馆、江苏师范大学图书馆、南京工业大学图书馆等都开发出了具有本校特色的教学参考服务系统。总体上看，目前国内高校图书馆各个教参应用系统各具特色，还没有一个相对成熟的通用系统。而本书列举的是基于Web的教参系统的开发与设计，该系统服务主要通过管理子系统、文献检索子系统、专业学习平台子系统、个性化服务子系统四个功能子系统来实现（具体架构如图6-2）[①]。

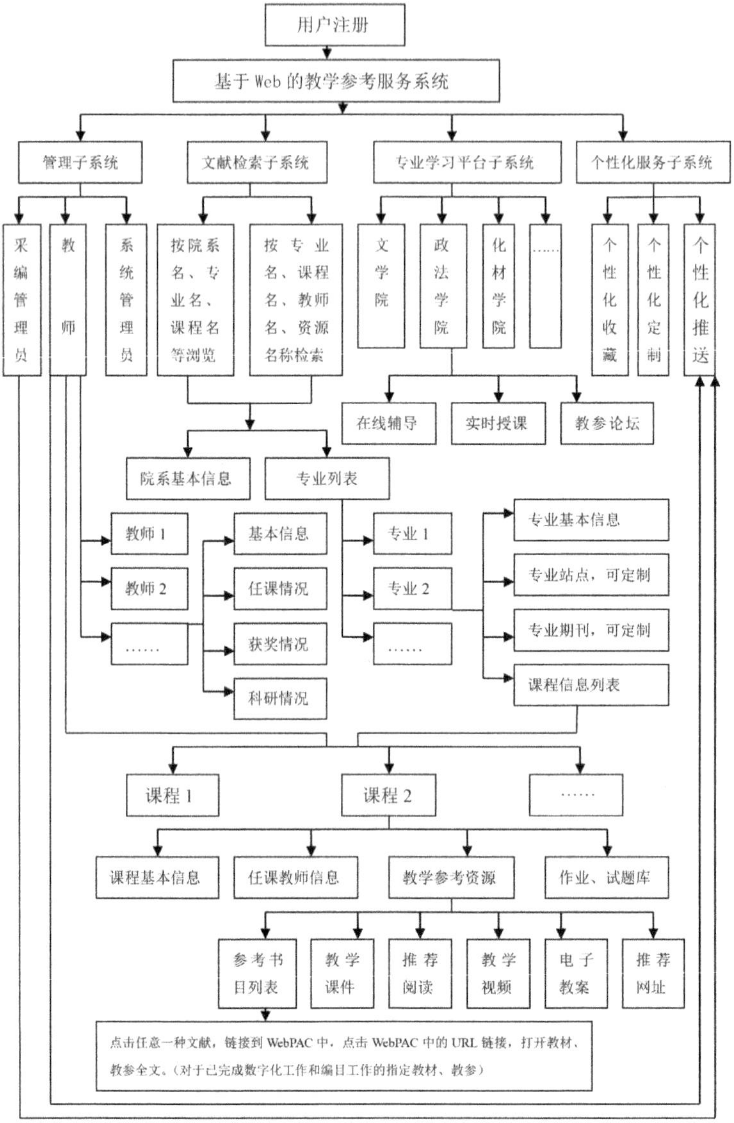

图6-2　基于Web的教参系统整体架构

①赵乃瑄，张红芹.基于Web的教学参考资源服务系统的设计与实践[J].大学图书馆学报，2006(5):43-46.

（1）管理子系统。该系统采用系统管理员、教师和图书馆专职人员三级管理体系，可实现对整个系统的用户信息、教学资源信息的管理、更新与维护功能。系统管理员登录后可随时更新教师信息，在每学年开始时批量导入新生信息并设置相应的用户权限范围。教师登录后可以及时修改所负责课程的相关信息，如添加修改课程信息、引用教材教学参考书信息等。

（2）文献检索子系统。该系统是根据用户提交的对教学资源的检索请求返回相应查询结果的信息技术。用户登录该系统后，可通过系统首页选择院系专业查看相应课程内容，还可以通过系统提供的参考资源、课程名称、专业名称和教师名称的检索入口来搜索具体的课程参考资源。同时，用户还可以使用模糊匹配、布尔逻辑检索等组配检索达到快速获取资源的目的。检索返回的查询结果按与输入检索词的关联程度的高低进行排序，并同时显示所有的课程信息、任课教师信息、教参资源信息等，用户进一步点击教参资源可显示包括教学课件、推荐阅读文章、教参书详细信息等资源的列表。

（3）专业学习平台子系统。该系统主要以院系、专业为单位，主要包括教参论坛、实时授课、在线辅导等。通过该系统，教师可网上备课、推荐与发布教参资源、实施网络教学；组织学生参加网络考试；批改学生上交的作业；与其他教师和学生通过交流论坛实现互动、交流教学心得等，针对性较强。

（4）个性化服务子系统。该系统与专业学习平台子系统、文献检索子系统相关联，可以实现多功能个性化服务。主要包括个性化定制、个性化推送、个性化收藏等。

（三）系统实现的关键问题

（1）版权问题。虽然图书馆电子教参系统的建设是本着为学校教学服务的目的，并限定在一定范围内公开给学生学习使用，不带任何赢利性质，但在具体的操作过程中，图书馆员仍应严格遵循版权法的相关规定，避免可能带来的侵权问题。电子教参书的版权主要表现在两个方面：一是著作者所拥有的版权；二是出版单位对数字化的电子书所拥有的版权。在进行教参系统建设前，图书馆应积极与出版商或著作者本人协商，取得版权所有者的授权，这样才能避免侵权问题的发生。

国外高校图书馆的电子教参系统建设都采取了特定的技术措施和方案，对受著作权保护的资料的传播范围和使用方式进行不同程度的限制，使电子教参服务成为一种有限的服务。如美国Adobe公司使用了一种新的、安全可靠的PDF文件格式——PDF Merchant，当读者试图下载一本电子图书时，它会在传送的PDF文件里加上一把“锁”，使之无法下载[①]。国内高校图书馆可借鉴国外的做法，实行一定的限制措施。如为了避免因文献复制而侵犯版权，在系统提供的使用功能中取消文档的剪、贴、复制、发送等功能，只提供浏览功能。

（2）标准问题。在电子教参系统建设过程中，为确保数据的准确性和完整性，必须制定统一的数据格式和建库标准，只有数据格式、建库标准统一，才能为以后实现资源共享打下基础。从现有建成系统来看，各高校图书馆对课程、教材、教参的描述都不相同，所使用的数据格式和标准也不尽相同，如有的描述字段较多，有的描述字段较少；有的遵循MARC著录格式，著录内容较完整，有的则是从中选择几个字段进行著录。目前，常用的数据格式有PDF、CEB、PDG等，这些格式彼此间互不兼容，不同格式需要使用不同的阅读软件，给用户利用带来诸多不便。因此，选择合适的资源格式至关重要。对于教参库来说，PDF是不错的选择。在进行具体建库工作时，资源描述元数据和著录规则的制定等方面应遵循相应的国际标准，遵循CALIS的相关标准和数据规范，确保系统的数据开放和日后的资源共享。

（3）资源问题。一是资源内容要全面和突出特色。教参资源库包括教学信息和资源信息，收集内容应围绕两者进行。二是资源收集应多样化、多角度和多渠道。当教参系统初具规模后，资源的更新与维护要提上日程。教参资源每学年都会发生一定变化，因此如何根据课程的变化，不断更新、补充、调整资源库中电子教参书的内容是必不可少的工作。要建立内容更新的多方参与机制，实现图书馆、院系、教师多方力量参与到教参系统的维护和建设之中。三是数据的安全性问题不容忽视，图书馆必须做好数据的备份和恢复工作，避免数据的丢失，确保数据完整和准确。

---

① 蒋凌慧.高校图书馆电子教学参考书资源库建设若干问题探讨[J].山东图书馆季刊，2007(3)：51-53，58.

(4) 系统功能问题。功能问题是每个系统建设的重点与难点。重点在于它是实现系统目标的手段和途径，难点在于要满足不同层次用户的多样化需求。

个性化服务。教参系统在提供基本服务功能的前提下，要充分考虑用户的个性化需求。根据用户的使用习惯和个性化需求，建立个性化参数设置，提供学科、资源类型、检索习惯等系统和服务类型定制功能，设置“我的检索历史”“我的资源”“我的知识库”“推送给我的最新信息”等栏目，为用户提供定制的信息分类、信息推送等个性化服务。

高度交互性。交互性对于信息服务非常重要，网站的交互分为人机交互和人与人的交互两种。就教参系统来说，主要应加强人与人的交互，即开发教师与学生的交互。教参资源服务系统是一种师生通过网络进行教与学的平台，它以自学为主，学生不仅是受教育者，也是教育资源的提供者之一，如通过互动平台实现教师自主发布公告、交流教学心得、完成网上答疑等工作；学生可自助预习或复习教师指定的教参资料，提交疑难问题等。系统应充分考虑互动性，强调用户的积极参与，拉近师生距离，使其吻合现代教育模式。

系统的可扩展性和开放性。在进行教参系统功能设计时，应充分考虑到今后教参系统功能的可扩展性。在教参系统建设中宜采用模块化结构，各模块的功能相对独立，以便于教参系统功能的进一步扩充。教参系统在资源描述元数据和著录规则的制定等方面应采用通用的、统一的、和国际接轨的协议和规范，确保系统的数据开放，为今后与各高等院校乃至全国之间的资源共享打下良好基础。

系统的应用和评价功能。教参系统应该具有各类数据的统计及评价功能，跟踪记录用户行为数据，分别对资源的使用情况及各类问题进行统计和指标分析，只有这样才能全面、系统、真实地反映教参信息资源的基本状况。通过这些统计数据，图书馆可以较为直观地了解教参资源的受欢迎程度，熟悉资源建设的方向；教师可以清楚地把握教学目标，根据新情况不断转变观念，改变教学行为方式，也为教师今后鉴别、积累和使用资源打下良好基础，使资源建设今后更加满足教学需要。

第五节　多媒体课件开发服务

网络信息环境下，教学方法也在不断创新。教师要利用网络及多媒体课件进行教学，就需要教师能够熟练地操作计算机和使用教学设计软件。为了满足这一需求，西方高校图书馆纷纷推出了多媒体课件开发支持服务。例如，英国的伯明翰大学，图书馆员为各系的网络课件开发活动提供技术和资源上的支持；在美国，据美国研究图书馆协会2001年调查发现，在接受调查的58个图书馆中48%的图书馆提供某种程度的多媒体课件开发支持服务。南伊利诺伊州大学的Morris图书馆更是提供多媒体课件开发支持服务的榜样①。国外图书馆员在教学上的重要支撑作用已经得到很多教师的肯定和欢迎。国内高校图书馆也可以借鉴其做法，参与、支持教师的教学活动，发挥各自的专业优势，加强与教师之间的合作，形成良好的协作关系。

一、多媒体课件开发服务概述

多媒体课件是综合运用数字技术、网络技术、计算机多媒体技术等向人们展示部分或全部教学内容，用以实现教学目标的教育软件。

(一)多媒体课件的特点

多媒体课件具有四大特点：(1) 多媒体化。课件依据学习内容的特点采用文本、图像、动画、声音等不同的表现形式，向学习者提供一种图文声并茂、丰富多彩的人机交互界面，使学生在学习过程中多种感官协同作用，从而激发学习者的学习兴趣，提高学习效率。(2) 动态性。多媒体课件强调发挥教师的教学主动性和学生的积极参与性，主张给教师提供教学“组件”而不是提供成品。课件的开发者和教师可以根据自己的特长以及学生的综合能力来选择教学内容，随时进行内容的补充、修改或更新，使教学内容更具时效性。(3) 智能化。可以采用多代理系统，使多媒体教学课件的界面智能化（语音合成、声音输入、甚至是手写识别等），可以完全模拟出一个智能系统。(4) 交互性。多媒体课件是

① 黄慧薇.西方大学图书馆教学支持服务创新及其启示[J].情报杂志,2006(9):134-136.

基于高速网络的CAI课件，在多媒体课件的开发过程中，从教学资源的组织到课件界面设计、从总体的教学设计到具体教学方法的实现，几乎所有环节都有成熟的网络技术的支持，这就保障了多媒体课件的高速传递和实时交互。

(二)多媒体课件的类型

目前，多媒体课件按课程内容的特点主要分为：以理论知识为主的多媒体课件、以操作为主的多媒体课件和以讲座为主的多媒体课件三种类型。

(三)多媒体课件开发的原则

开发多媒体课件的目的是给学生创造一个图文并茂、有声有色、生动活泼的教学环境，激发学生的学习兴趣，改变传统教育模式。优秀的多媒体课件的开发必须遵循一定的原则。

(1) 科学性原则。一个好的多媒体课件，应该具有科学性、启发性、逻辑性和严谨性，同时又具有突出重点、化解难点的独到之处。应充分发挥图片、文字、音频、视频和动画等多种媒体的作用，把抽象的问题形象化，疑难问题通俗化，使受教育者易于掌握。

(2) 以学习者为中心的原则。设计开发多媒体课件，要充分考虑到学习者的年龄、层次和接受能力等因素，应使多媒体课件具有良好的交互功能。只有这样才能有效发挥学习者的主动性、创造性，体现教学方法的先进性。

(3) 特色化原则。一方面，选取的资源和开发的多媒体课件要能够允许发挥学科教师教学特色和教学个性；另一方面，设计的多媒体课件要能反映教学的重点和难点，要能充分发挥网络多媒体的优势。只有选材适当，有所侧重才能充分发挥多媒体的作用，达到事半功倍的效果。

(4) 简单化原则。由于用户对计算机及网络知识的了解存在差异，且计算机操作水平高低不同，因此在设计、制作多媒体课件时，要做到简单易用。操作步骤不要太繁琐，课件的使用不需要太多的预备知识；课件主体结构清晰，导航直观明了，控制功能、操作方法符合常规习惯，提示信息详细、准确。

二、多媒体课件的开发

21世纪的教育正在走向信息化、现代化，计算机技术、多媒体技术、网络技术已成为教育教学的重要支撑技术，多媒体课件在教育教学上的应用正成为趋势。如何开发制作教学效果好、真正解决教学的重点难点、提高教学的质量和效率、操作简便的高质量教学课件，已成为教育技术界广泛关注和探讨的课题。事实上，开发多媒体课件是一项系统工程，涉及教育思想、教学目标和内容、教学策略和组织、软件设计以及版权保护等各个方面。

(一)课件内容的开发

开发一个多媒体课件首先要明确学习内容，一般多媒体课件的基本功能有学习资料浏览、学习信息反馈等，根据实际需要可以添加其他功能如测试题库、模拟考试等。因此，多媒体课件的内容设置应能体现这些功能，其内容主要包括课程大纲、课程主体教学内容、辅助参考资料及测试评价等[①]。课程大纲是为了帮助学习者能够顺利完成课程内容的学习而专门设置；课程主体教学内容以知识点的形式进行组织，并配以教学活动、学习时数、学习进度、学习方法等说明。多媒体课件应根据教学需要，选择典型性、有代表性、与课程内容紧密相连的参考资源，这一方面有助于课件的建设开发，另一方面有利于学习者在学习过程中进行探索性学习。多媒体课件还应设置测试评价内容，包括单元测试和课后总结测试等。

(二)课件制作的流程

就一个优秀的多媒体课件而言，多样化的学习流程设计是不可缺少的。多媒体课件的开发流程可以大致分为准备阶段、规划阶段、中期开发阶段和后期完善阶段[②]。多媒体课件开发流程的管理即围绕这四个阶段展开。

（1）准备阶段。多媒体课件开发项目进入正式开发阶段之前，有必要进行一些积极的准备工作。首先，要组建一个经验丰富、搭配合理的

① 彭健俐.以理论知识为主的网络课件开发设计方案[J].中国医学教育技术，2007(4)：333-335.

② 孙旭.网络课件开发的流程及其管理[J].江苏广播电视大学学报，2006(3)：39-42.

课件开发小组；其次，开发小组的成员应进行相关的知识储备和协作沟通。在多媒体课件开发过程中，责任教师与媒体制作人员之间的沟通协作是决定最终多媒体课件质量的一个重要因素。

（2）规划阶段。多媒体课件的规划往往决定整个多媒体课件的内容框架、技术方案和大致风格，因此必须充分重视前期规划工作。规划工作主要包括：需求分析和总体设计。需求分析是整个方案设计工作的首要任务，为其后的开发工作指明方向。在进行需求分析时，要综合考虑学生、课程和多媒体课件制作所需的软硬件等方面。总体设计是设计过程中最重要的一环，它是形成多媒体课件设计总体思路的过程，所以总体设计要具有规范性、组织结构要具有条理性，主要包括课程内容的组织安排、课程的教学设计以及页面设计等诸多方面。

（3）中期开发阶段。中期开发的任务就是将前期规划的方案付诸实施，对课程内容中的知识点逐一进行诠释，并将设计的功能模块逐一实现。其实质是运用适当的开发工具将设计蓝图变为具体多媒体教学课件的过程，它包括网页制作脚本的编写、媒体素材的采集与制作、课件制作合成等。

网页制作脚本的编写。脚本编写是制作课件的重要环节，需要对教学内容选择、结构布局、媒体表现风格、人机界面形式、解说词和配音等进行统筹安排[①]。具体脚本应该以知识点为基本单元，在设计时应尽量发挥计算机课件的独特优势，综合运用多种媒体立体地诠释相关知识点，避免大量文本的堆砌。

媒体素材的采集与制作。根据脚本要求，准备所需要的素材。多媒体素材的采集是一个很重要的环节，素材包括文本、图像、图形、动画、声音、影像等。素材准备包括两个过程：一是原始素材的选取；二是素材的加工处理。

课件制作合成。制作合成是课件制作最核心的环节，也是最能体现工作成果的一环。其主要任务是根据脚本的设计要求，利用课件开发工具（如FrontPage、Dreamweaver、Flash、Authorware等）将各种素材组合起来，制作成交互性强、操作灵活、视听效果好的多媒体课件。多媒体

① 樊高妮.论计算机辅助教学在现代高等教育中的运用[J].湖南文理学院学报(社会科学版)，2004(2):85-87.

课件的界面设计非常重要，一个好的界面可以让学习者有直观的观感，有助于他们的理解，而且还可以激发其学习兴趣，加深学习印象。我们应该对每一屏的显示进行布局设计，包括主菜单、不同级别的菜单和按钮、背景图片、翻页和清屏方式等。

（4）后期完善阶段。多媒体课件的后期完善也是开发过程的重要一环，如果完善工作做得不好，整个开发工作依然不会取得成功。

多媒体课件的调试。将多媒体课件放在网上试运行，测试教学效果如何，并根据需要修改教学设计方案，重新调试，直到多媒体课件符合教学要求为止。完成调试后，还应编写相应的文字材料，例如课件的内容适用于何种程度的使用对象、课件的使用环境、课件的使用方法等。

课件发布。多媒体课件经过调试后，就可以发布实施，向学习者开放使用。学习者可以在学习页面下设置的“教学反馈”栏目，提交有关意见，教师根据学生意见及时对课件进行必要的修订，以提高课件质量。

课件维护。由于课程内容、学习要求和运行环境的变化，多媒体课件可能在相当长的一段时间内存在修改、升级的需求。因此，在实施过程中，要对多媒体课件及时进行更新和维护。

总之，多媒体课件的开发是一个复杂的系统工程，它既是一门科学也是一门艺术。在实际的开发过程中要全面、系统地对多媒体课件的各个要素均衡考虑，以获取最佳效果。

(三)开发的工具

课件开发工具有很多，如Microsoft Powerpoint、Authorware、Director、Flash、方正奥思等。另外，还有很多素材处理软件，如Photoshop、3DMax等。下面介绍几种常用软件。

（1）网页设计软件。多媒体课件的界面一般使用FrontPage 、Dreamweaver等网页设计软件编制。FrontPage属于微软公司的Office系列，侧重于网页的开发效率，易学易用，支持所见即所得的编辑方式，它不需要掌握很深的网页制作技术知识，只要会使用Word编辑文档，就能很快学会使用FrontPage制作网络；Dreamweaver属于Macromedia公司的网络媒体制作工具系列，所强调的是更强大的网页控制、设计能力及创意的完全发挥。

（2）动画制作软件Flash。Flash是Macromedia公司开发的一种网页交互动画制作工具，具有矢量描述、播放流畅、数据量小、色彩鲜明等特点[①]。动画制作能力和媒体集成能力强大，既可以用来制作课件图形、动画素材，又可以制作完整的课件，嵌入到网页中发布。特别重要的是，Flash采用了“流”技术，可以边下载边播放，这样就能使整个教学过程顺畅自然。并且用Flash制作的动画数据量很小，有利于它在互联网上传输，方便使用者在互联网上直接调用运行。再加上Flash的描述是基于矢量的，用它制作出来的动画可以任意缩放，不会产生任何变形。因此，Flash成为网络化教学的优秀助手。

（3）图像处理软件。我们可以利用Fireworks或Photoshop等图像处理软件来进行多媒体课件界面及艺术字的美观设计。Fireworks是Macromedia公司发布的一款专为网络图形设计的图形编辑软件，它大大简化了网络图形设计的工作难度，无论是专业设计家还是业余爱好者，使用Fireworks不仅可以轻松地制作出十分动感的GIF动画，还可以轻易地完成大型图形切割、动态按钮、动态翻转图片等。Photoshop是目前PC机上公认的最好的通用平面美术设计软件，功能完善、性能稳定、使用方便。

（4）音效处理软件。GoldWave和Sound Forge能对声音的格式转换和全功能的效果合成进行编辑。

（5）动态网页制作工具ASP技术。ASP（Active Server Pages，动态服务器网页）技术能进行各种动态网页的设计，能对网络数据库进行前、后台管理。

总之，高校图书馆应积极开展基于教学与科研需求的教学支持服务，并力争使每一个相关馆员真正参与到教学与科研之中，成为师生的伙伴和向导。高校图书馆只有积极开展教学支持服务，才能突显其在教学和科研上的重要支撑作用，架起图书馆与师生之间的友谊桥梁，推动教学质量和科研成果的双丰收。

---

① 王艾平，万淑华．网络课件的设计制作及其评价[J]．上饶师范学院学报，2006(3)：61-65，73.

第七章　网络参考咨询服务

网络的发展推动参考咨询服务走上了数字化发展道路。20世纪90年代，随着计算机、通讯和网络技术的迅速发展与壮大，以及因特网的建立和普及，信息资源和信息传递可以在办公室、实验室、宿舍或家中任何有入网的计算机上得以实现。网络的发展与普及，使得用户对图书馆的参考咨询服务提出了新的要求。到了20世纪末21世纪初，数字参考咨询开始被越来越多的图书馆所重视。网络化、数字化的信息获取和传递方式扩展了网络参考咨询服务的空间，成为图书馆为大众提供信息服务的一项重要创新工作。

第一节　网络参考咨询服务概述

网络参考咨询服务是传统参考咨询服务在网络环境下的延伸与拓展，是数字图书馆建设的核心服务内容之一。网络参考咨询被认为是继数字图书馆之后，国际图书馆界谈论与关注的又一大热点，是网络环境下图书馆参考咨询服务工作的主流发展方向。很多图书馆把开展数字参考咨询服务作为网络环境下图书馆服务工作新的增长点。

一、网络参考咨询服务的内涵

网络参考咨询服务（Network Reference Service，NRS）又称数字参考咨询服务（Digital Reference Service，DRS）、虚拟参考咨询服务（Virtual Reference Service，VRS）、在线参考咨询服务（Online Reference Service，ORS）、电子参考咨询服务（Electronic Reference Service，ERS）。目前，图书情报界对数字参考咨询还没有一个统一的定义。按照美国教育部网络虚拟参考咨询平台（VRD）的定义：数字参考咨询服务就是建立在网络基础上的将用户与专家和学科专门知识联系起来的问答式服务[1]。通俗来讲，它是以网络为依托，通过网络将处于不同时空里的用户和参考咨询员连接起来，通过各种形式解答用户问题的一种网络服务方式。

二、网络参考咨询服务的特点

图书馆界有的专家指出：图书馆重心正在经历三个转移，即工作重心从书本位向人本位转移，业务重心从第二线向第一线转移，服务重心从一般服务向信息服务转移[2]。信息服务能力与水平已成为衡量图书馆综合素质的重要参数。作为图书馆信息服务能力与水平重要组成部分的参考咨询服务，在网络环境下，正由传统参考咨询向网络参考咨询转变，并呈现出许多新的特点。

（一）服务对象范围广、数量多

传统的图书馆参考咨询服务，都是面对面进行，服务对象范围小、数量有限，接受咨询的地域与时间比较固定。而网络参考咨询服务可以采取一对多、多对多、多对一等方式进行，突破了时间与空间的限制，馆藏资源可供远程访问，打破了用户必须到馆才能利用各种文献资源的局限。只要连上网络，坐在家中或办公室里就可以进行网络信息咨询。网络使得信息咨询部门真正为用户提供了社会化、动态化、多样性、开放性的服务环境，且层次更高、效率更强。

（二）可用资源广

传统的参考咨询服务主要是通过馆内有限的印刷馆藏以及对外索取一次文献来满足用户需求，所需时间长、效率低。而网络参考咨询服务所提供的信息资源则是多种大型数据库、电子期刊、网上图书及随时可以下载并及时提供给用户的网上动态信息，馆藏概念远远突破了原有界限，图书馆的资源构成也在传统单一的现实馆藏基础上增加了网上可利用资源，即虚拟馆藏。现实馆藏和虚拟馆藏构成了图书馆整体资源，两者不可分割，缺一不可。服务部门要依托网络，开展广泛联合，与信息服务商、内容供应商、系统集成商、设备制造商一起，缔结产业链，积极开发新的业务和应用，建立一个性能稳定可靠、开放性集成化管理的

① 初景利，孟连生.数字化参考咨询服务的发展与问题[J].中国图书馆学报，2003(2)：14-17.

② 符静.查新服务的社会影响初探[J].现代情报，2005(8)：168-170.

全国信息咨询网络系统，有效地克服地域和时间的制约，以其丰富的信息资源向广大用户提供多功能、全方位的信息服务。

（三）服务手段现代化

计算机技术、网络技术在图书馆的成功运用，使文献信息服务实现了网络自动化。联机书目、光盘和因特网取代了索引、文摘等工具书，人们足不出户就能享受到参考咨询服务。文献信息服务的核心就是数据库的建设，即把文献信息资料按用户所需要的、便于检索和处理的方式存贮在计算机服务器中，用户随时利用计算机为信息输送端口，通过通讯网络检索所需要的文献信息，并且通过网络来进行文献信息的传递。同时，文献信息服务手段的现代化，也让更多的图书馆联合起来，协作共建数据库，发挥各自特色优势，为资源共享提供了可能。

（四）强烈的分散性

网络参考咨询服务表现出了强烈的分散性特点，主要表现在以下两方面：一是网络信息资源的分散性。网上信息资源虽然非常多，但大多数处于分散无序状态，这就需要工作人员进行筛选、整序，加以开发，使之成为用户可以直接利用的二次文献、三次文献，进而提供深层次的参考咨询服务；二是网络参考咨询用户的分散性。传统的参考咨询服务面对的是本单位或本地区的用户，网络环境下的参考咨询服务打破了传统的地域限制，用户可以通过网络向其他单位、地区进行咨询。

（五）咨询服务的自助性

由于网络提供的信息资源庞大而丰富，完全超越了图书馆传统建筑的信息存储空间，检索方便，跨越时空，使图书馆不再是唯一的信息资源提供源地，用户对传统图书馆的依赖程度不断降低。上网查阅资料，如同走进自助餐厅，快捷方便，各取所需。但是许多用户发现网上信息的查全率和查准率都不高。因此，解决用户在自助服务中出现的问题成为图书馆参考咨询服务面临的新课题。图书馆应重视用户的培训、教育，重视用户技能的提高，在信息技能、计算机技能、网络技能等方面对用户进行培训和指导，以提高用户的信息检索能力和信息筛选能力，并以此为切入点，使图书馆服务向用户自助化需求方面迈进。

（六）服务趋向合作化

数字化、网络化环境的形成对参考咨询馆员的技能提出了更高的要求。咨询馆员不可能是方方面面的专家，这就要求咨询馆员之间要加强交流与合作，争取人人做一个方面的专家和其他方面的杂家，取长补短，优势互补。网络环境也深化和密切了图书馆与用户的关系，使图书馆和用户在提供和获取信息需求基础上，实现以双方利益共赢为目标的协作关系。这种关系的出现和发展，必然以一种可靠的合作伙伴关系来维系。

(七)人员素质要求高标准

参考咨询服务，是参考咨询馆员围绕某个课题，综合运用知识、智力和能力，通过广泛搜集、整理、研究信息，拿出解决问题方案的一种运作，加拿大公共政策研究所所长用“催化剂、合成器和播种机”的精当比喻，道出了咨询活动的这种高智能性质①。这就要求参考咨询馆员要具有广博的知识和专深的能力，因而高素质的专业人才队伍是做好信息服务的保证。美国对信息咨询业从业人员的素质要求较高，注重实践培养，学历学位、工作经验等要求较高，人才结构搭配合理，有严格的资格考试认证和考核晋升制度。这些非常值得我们借鉴和效仿。

总之，网络环境下的信息咨询工作是一项学术性和技术性兼备的工作。图书馆应以网络环境为背景，以馆藏现有信息资源和网上虚拟信息资源为对象，使用高素质的人才队伍，提供高质量的参考咨询服务。

第二节　网络参考咨询服务的实施

一、网络参考咨询服务实施的核心要素

网络参考咨询服务涉及咨询馆员（咨询专家）、用户、管理、资源、平台等几个要素，它们共同影响着参考咨询服务的效果。这些因素也是图书馆网络参考咨询服务中应该关注的焦点问题。

(一)咨询馆员

咨询馆员作为问题的接收者、解答者和发送者，始终处于核心地位，是沟通用户与所需信息之间的重要桥梁，起着中介和知识导航员的

① 黄文忠. 论现代参考咨询馆员的素质[J]. 图书馆论坛,2002(6):13-15.

作用。

(1) 咨询馆员的个人素质。咨询馆员的良好素质是提供准确、快捷参考咨询服务的重要保障。网络环境下的参考咨询工作是一项高层次的科学研究工作，一方面要对所服务的相关学科知识具有较好的判断能力，另一方面要有对文献信息的研究能力，这是做好参考咨询工作的必要条件。在国外图书馆，尤其是美国，对参考咨询人员的资格审定相当严格，起码要有美国图书馆学会认可的图书馆学硕士学位，一般还要求第二专业硕士学位或学士学位，同时还要掌握计算机技术、网络技术以及具备一定的科研能力。虽然不能同发达国家相比，但是，国内咨询馆员应具备良好的职业道德和服务意识，努力成为集学科专业知识、图书情报知识、外语知识、计算机应用技术、信息资源整合能力、人际关系沟通和协调能力于一身的复合型人才。只有具备这样的知识结构，咨询馆员才能更好地解答用户问题，满足用户的高层次需求。

(2) 咨询团队的合理配备。除了对咨询馆员的个人素质有要求之外，一个图书馆的咨询队伍整体上还需要很好的搭配，只有充分发挥每个人的专业优势，取长补短，相得益彰，才能更好地完成咨询任务。各图书馆应根据本校的学科专业、馆藏情况，以满足用户需求为目标，从学科、年龄等方面综合考虑，合理配备不同层次和数量的咨询人员，如在学科上，要配备文、理、工科咨询馆员，这样才能对用户提问做出正确解答。

(二)用户

用户是服务的对象和客体，他们的信息需求是推动参考咨询服务发展的原动力。网络参考咨询服务的顺利开展离不开用户的参与和支持，满足用户需求是参考咨询服务的出发点和归宿，参考咨询服务应当始终以用户需求为依托，以提高用户满意度和咨询服务质量为最终目标。而用户又是图书馆参考咨询服务中最难控制的因素，用户自身的信息素养、不断变化的信息需求、咨询过程中的合作态度与交互能力都会对咨询效果产生影响，进而影响到参考咨询服务的质量。因此，在咨询时，图书馆应积极进行用户教育，提高用户自身素养。同时还应开展用户研究，了解和把握用户信息需求、信息心理与信息获取方式以及掌握信息技能的程度等。可以通过与用户充分交流、对咨询档案进行统计分析、进行问卷调查、建立信息反馈平台收集用户意见等途径了解用户需求，把握需求动向。

(三)参考信息源

参考信息源是网络参考咨询服务顺利开展的物质基础，只有拥有一定规模的、准确可靠的参考信息源，才能保证咨询服务的质量。

（1）信息资源库。信息资源是参考咨询服务工作的基础，对信息资源的占有和把握程度是保证参考咨询服务工作顺利、高效、优质完成的基本前提。信息资源库建设目前包括传统馆藏文献开发、电子资源订购以及网络资源开发等方面。信息资源库可以按学科分类来组织和管理。信息资源库的显性知识是参考咨询服务的基础。随着对知识组织、知识挖掘、知识发现、智能技术等方面研究的不断深入，传统的信息资源库将向包含隐性知识在内的知识库方面发展。

（2）学科知识库。学科知识库是参考咨询服务系统中重要的组成部分，也是参考咨询服务向更高层次发展的重要特征之一。学科知识库严格按照学科分类进行组织，其内容既包括一般的显性知识，也包括学科馆员运用自身的隐性知识以及利用从信息资源库中获取的显性知识所形成的能够解决用户特定问题的新的知识产品。高校图书馆还可以根据自身的优势学科建立特色学科知识库。

(四)服务管理

网络参考咨询的服务管理是指管理者（图书馆馆长或参考咨询部门负责人）在大量调查研究基础上明确服务目标，制定参考咨询服务政策及相关的规定和制度，从而实现对参考咨询服务的有效控制。服务管理是网络参考咨询服务中至关重要的环节，只有通过科学严格的服务管理，才能保证参考咨询服务质量以及参考咨询服务的有序进行。

参考咨询服务管理涉及的内容相当广泛，包括服务规划、前期试验、服务政策制定、服务宣传推广、服务评估、（合作咨询的）服务标准制定等。如：在服务政策制定方面，一般包括服务时间，具体有服务提供时间和服务响应时间；在服务内容与层次上，应对能够回答或不能回答的问题以及回答问题的具体层次做出明确规定；在服务对象上，应明确谁可以使用该服务；隐私条款，服务政策中应当包括关于用户的隐私条款。从服务管理上来讲，相当一部分图书馆在参考咨询服务主页上都有规定，但就总体情况看，有的规定比较笼统。

（五）服务平台

服务平台是连接用户和图书馆参考咨询服务的媒介，可以是两者得以联系的虚拟环境，也可以是一个服务系统的具体形式。该平台以先进的信息技术为支撑，集成了专业知识门户、学科导航、定制与推送服务、网络资源揭示、定题服务等资源和工具，是一个用户需求驱动的智能化平台。

二、网络参考咨询服务实施的主要模式

过去的参考咨询服务主要局限于文献、文献检索和文献利用等内容，服务方式比较简单、被动。现在借助网络技术的强大功能开展了新型的、深层次的网络咨询服务，如为用户提供实时咨询服务；通过电子邮件与用户进行交流；图书馆在自己的主页上设立“参考咨询”友情链接、咨询栏或留言簿，定时解答咨询问题等。网络为参考咨询服务方式的丰富多样和方便快捷提供了有力的技术保障，使参考咨询服务更新、更广、更快、更丰富、更全面。

（一）异步咨询服务

异步咨询服务模式表明用户的提问与专家的解答是非即时的，应用中主要通过FAQ、E-mail等方式或其结合来实现。

（1）FAQ服务，即常见问题解答。网络环境下咨询馆员将经常遇到的典型问题进行收集、总结，进行分类，做好周密解答，汇集答案，然后设计网页，设立经常性问题解答服务。用户在咨询有关问题前，应首先浏览这些常见问题解答。用户在浏览时，点击某个问题后，就会显示出匹配答案。许多高校图书馆在自己的主页上设立了FAQ服务项目，对一些用户常见的资料查找、数据库检索、OPAC查询、流通阅览、图书馆规章制度等问题予以解答，收到了良好的效果，深受用户欢迎。FAQ设计得好，就可以成为图书馆的使用指南，减轻咨询人员的负担，避免不必要的重复劳动，也能方便用户。对图书馆来说，这是一种节约时间和人力的网络参考咨询服务。

这种咨询模式随着技术的进步，将向专家咨询系统模式演变。简单

的专家咨询系统仅由咨询数据库或咨询案例构成，能将用户引向其所需要的咨询解答或相近问题的解答。复杂的专家咨询系统还能在针对用户的咨询提问进行分析判断和逻辑推理后给出解答，咨询专家根据自身经验负责知识的扩充维护，知识库可以调用数据库，也可以将部分内容转化后存入数据库。咨询专家和咨询员建立密切联系，共同商讨特殊疑难问题。这一模式方便实用，效率高，是网络咨询服务的主要形式之一，也是未来主要发展方向之一[①]。但这是一种被动地接受用户咨询的方式，用户遇到常见问题中没有的问题，就会显得无所适从。

（2）电子邮件咨询服务。电子邮件咨询服务是网络参考咨询服务中最早、最简单、也是最流行的服务模式。这种参考咨询一般在图书情报机构网站主页或某个网页上设立“参考咨询”或“询问图书馆员”链接，通过该链接可以将咨询问题以电子邮件方式发送给咨询台，由咨询台根据问题的性质和特点分发给相应的咨询馆员，咨询馆员以电子邮件方式将答案发送给用户；也可以采用按咨询内容分门别类排列咨询邮件地址，用户只需按主题给相应的地址发送问题，免去周转麻烦；图书馆还可以利用邮件群系统，将所有咨询馆员（包括远程咨询专家）加入到邮件群，咨询馆员可将用户问题贴到邮件群上，利用全体咨询馆员的智慧来回答用户问题。在网络环境中，邮件咨询模式已成为大多数图书馆网页上常见的服务内容。近年来，我国以大学图书馆为主体的众多图书馆，都开展了各种方式的E-mail参考咨询服务。

(二)同步咨询服务

电子邮件服务的诸多不足之处，如时滞、缺乏互动等，使得实时在线咨询应运而生，用户可以通过点击网页上的按钮即时与咨询馆员进行在线信息交流。作为网络参考咨询服务的形式之一，实时解答服务以其即时性、交互性、能动性、人工智能性等特点深受广大用户欢迎，并日渐成为网络参考咨询服务的主要形式。目前主要通过聊天室、电子公告、网络白板、网络会议、网络呼叫中心等网络交互软件，实现用户和咨询馆员之间文字形式的咨询和传递咨询服务结果，或将咨询问题转给另一个咨询馆员或学科专家，实现咨询馆员与用户、咨询馆员与咨询馆

① 阎秀芳.网络环境下图书馆参考咨询的模式与特点[J].图书馆,2007(2):71-74.

员之间的互动交流，即时显示图像和文字，从而达到和用户到馆与咨询馆员当面交流的同样效果。

在线聊天是实时参考咨询服务最基础的形式，也是目前应用最广泛的在线咨询模式，指使用现成网络软件，以网上聊天的方式接待用户咨询。就国内情况来看，在线聊天也是目前国内使用较普遍的同步咨询模式。如北京邮电大学不仅采用聊天室形式，同时还将聊天内容自动存储到数据库中，系统管理员或参考员经过筛选后，将有价值的问题及其解答加入其FAQ数据库中，不断增加FAQ数量，供用户在咨询馆员非在线时查找相关问题的解答。这种模式问题反馈及时，用户与咨询馆员可以面对面交流，便于沟通。

(三)合作咨询服务

面对信息需求和信息资源异彩纷呈、学科交叉、地域差异、语言类别、文化历史背景不同等复杂情况，单个图书馆或咨询机构在提供参考咨询服务时难免会感到势单力薄、困难重重，参考咨询服务的质量和深度难以得到保证，更谈不上满足用户全天候参考咨询服务的要求。另外，参考咨询服务属于知识密集、技术含量较高的综合信息服务，是深层次的图书馆服务工作，需要高水平的人员队伍、高质量的信息资源以及流畅的传递和利用信息的通道。而这些均超出了一馆、一室能力所能够承受的范围。因此，要借助网络平台，在地位平等、利益均衡的前提下，以行业网、区域网甚至全国图书情报网的形式，组建网络联合参考咨询服务系统。联合数字参考服务，即利用计算机协同技术，由多个成员机构联合起来形成一个分布式的虚拟数字参考服务网络，面向更大范围的网络用户提供数字参考服务[①]。

合作咨询服务基本模式分为集中式和分布式两种。集中模式的核心是系统集中统一处理和解答用户问题。其过程是用户向本地系统提问，由问答系统通过搜索引擎自动对咨询知识库进行提问、检索，并将检索结果通过问答系统返回给用户。分布模式是在分布式的网络咨询环境中，利用计算机协同支持工作技术来进行，其主要特征是成员相对独立，方式与内容灵活多样。合作咨询服务突破了传统的馆际界限，真正

① 阎秀芳.网络环境下图书馆参考咨询的模式与特点[J].图书馆,2007(2):71-74.

实现了资源共享，提高了参考咨询服务质量，是图书馆资源共享与网络参考咨询服务工作在网络环境下的必然结合、延伸与发展，不仅实现了图书馆信息资源的集成与共享，而且实现了专家共享与服务的集成，旨在向用户提供基于知识的专业化合作咨询服务。但各成员馆之间在资源、人力方面存在不同程度的差异，给各成员馆的管理带来一定的难度。

综上所述，每一种参考咨询服务都有其独到和不足之处：异步方式使咨询馆员有充足的时间仔细处理提问、验证结果，提高解答内容的准确性和完整性。但这种方式存在时滞，不能适应急需解答的咨询要求；实时方式对咨询馆员的素质、技能及时间的安排，对服务的管理以及对支撑服务的环境要求较高，一般适用于解决简单问题的咨询，并且由于受时间的限制，难以保证答案的准确性和全面性；联合信息咨询解决了各馆在人力、物力资源上的缺陷，但是存在各自为政的现象，缺乏统一规范和协调机制，影响了合作的进行。因此，目前在一个具体图书馆的网络参考咨询服务中，通常将上述咨询模式糅合在一起，即既有FAQ服务模式、电子邮件咨询模式，又有Chat等实时交互模式和联合网络参考咨询服务模式，这些服务模式相互联系、互为补充，它们共同构成网络参考咨询服务的整体。

三、网络参考咨询服务的实施过程

无论何种类型的网络参考咨询服务，虽然在具体运作方式上存在一定的差异，但其工作流程基本由以下五个密切相关的环节组成。

(一)问题接收

网络参考咨询服务系统以各种电子邮件（E-mail、WebForm、Real-time等）、微博等方式接收用户提问。

(二)提问解析和分派

网络参考咨询服务系统对接收到的用户提问进行一定的分析、筛选和评估，并首先查询先前的问题和答案保存文档，看是否有比较合适的现成答案。如果无合适的现成答案，网络参考咨询服务系统会将此提问按照一定的规则发送至专家库，以寻求最适合的可能回答问题的专家。在专家库中，提问按照其自身性质和一定的规则，如用户需要、接收日期等，进行排队等候回答。

(三)专家做出答案

专家根据自身的知识和可以获取的资源，按照一定的要求和准则做出答案。

(四)答案发送

专家的答案可以“张贴”到DRS服务的“回答”页面，让用户随后进行查询、浏览，答案也可以直接发送至用户信箱。

(五)跟踪

网络参考咨询服务系统通过所记录的提问信息来监控每一个问题的处理进展，如果有需要，就随时将当前提问处理的状况通报给用户。而当一个问题回答完毕后，问题和答案需进行存档，以便以后查询利用。在此基础上逐步形成一个独立的、可面向所有网络用户进行检索的知识库，并且大多数网络参考咨询服务系统的FAQ也产生于这个保存文档。

第三节　对网络环境下参考咨询服务的几点思考

参考咨询服务工作是图书馆服务中一种智力性比较突出的脑力劳动，随着网络环境的发展、图书馆数字资源的增加以及用户需求的提高，使得参考咨询服务的服务内容、手段、方式等方面呈现出新的发展态势。但是，越来越多商业性咨询机构的兴起，给图书馆的参考咨询服务带来了很大的挑战，如Google Answers专门利用网上公开的资源解答用户的疑难问题。据2002年刚推出时估计，Google Answers在一天半收到的咨询比美国所有图书馆一年的参考咨询量的合计还要多①。而图书馆的参考咨询服务在数量和质量上似乎不尽如人意。清华大学图书馆曾经通过系统的页面访问计数功能对其虚拟参考咨询系统THLVRS的用户使用情况进行统计，在2004年1月1日至2004年12月31日这366天中，用户访问THLVRS系统共10.6万次，通过Web表单，提交咨询问题共887个，由此可以算出THLVRS系统的日平均访问量为249次/天，日平均提交问题

① 刘晨.Google解读及图书馆的应对思考[J].中国图书馆学报,2007(4):88-90,99.

约2个/天，与Google的2亿次/天访问量相比，简直是天壤之别①。国内一流高等学府尚且如此，其他高校图书馆的参考咨询服务可想而知。用户在面对自身不能解决的问题时，要么选择商业网站，要么选择图书馆。如果图书馆的参考咨询服务不能采取有效措施提高服务质量，那么图书馆将会渐渐地失去用户。

一、走合作化发展之路

图书馆由于馆藏资源和咨询馆员知识结构的局限，使得合作化参考咨询服务成为图书馆参考咨询服务发展的必然选择。网络环境下，要加强各地区、各系统间图书馆的合作，逐渐与国际接轨并积极参与全球化的网络参考咨询服务合作网，使网络参考咨询服务形成多元化、整体化的格局和模式，从而使图书馆作为一个整体，面向全社会的信息用户不断开展多层次、多角度的网络参考咨询服务。图书馆参考咨询服务的合作化主要有区域性和系统性两种形式，区域性又分为地区性的和全国性的。地区性的如广东省中山图书馆、汕头图书馆等合作建立的“数字图书馆参考咨询服务中心”；全国性的如中国科学院文献情报系统及科研院所图书馆联合相关文献信息机构推出的国家科学数字图书馆科学参考咨询台，中国国家图书馆主办的“全国图书馆信息咨询协作网”等。上海交通大学图书馆承办，北京大学、清华大学等高校图书馆参建的CVRS项目（CALIS分布式联合虚拟参考咨询系统项目）是中国高等教育分布式联合虚拟参考咨询平台。

二、走社会化发展之道

以传统参考咨询服务为基础，扩大信息服务范围，开拓咨询服务领域，是网络参考咨询服务求得生存和发展的重要途径之一。目前，高校图书馆网络参考咨询服务主要围绕科研工作者和学校师生等用户群体，为企业及广大民众服务的极少，这有悖于图书馆作为社会知识传播中心的定位。随着用户需求的增多以及专业知识的匮乏，咨询单位应尽可能

① 花芳，刘蜀仁．清华大学图书馆虚拟参考咨询案例分析与服务对策——表单咨询问题统计分析[J]．图书情报工作，2005(8)：127-130.

地为用户提供服务和帮助，如美国的一些图书馆开展的职业寻找、家庭顾问、健康咨询等，取得了较好的效果。我国的咨询馆员可以借鉴国外的成功之处，充分发挥自己的资源及人力优势，拓宽参考咨询服务领域，迈出图书馆门槛，为社会提供多层次、全方位的咨询服务，包括领导决策、企业管理、工程建设、生产科研、社会生活等方方面面，提高参考咨询服务的增值性。例如，上海交通大学图书馆在为教学科研服务的前提下，先后完成了“上海市核电设备制造基地建设可行性研究”“上海市污染工厂搬迁选址评价指标研究”“上海市能源与环境综合研究”“上海市出租汽车需求预测研究”“徐州市组建皮革行业集团可行性论证研究”“枣庄市国土规划研制”等重大课题的研究，还参加了“机器人情报分析与研究”“三种先进反应堆技术在我国核能发展中的地位”等“863”课题的合作研究①。这种咨询指导对提高图书馆知名度、提升图书馆服务层次具有不可估量的作用。

三、重视知识库建设

知识库是按一定要求存储在计算机中的相互关联的某种事实、知识的集合，是经过分类和组织的、序化的知识集合，是构造专家系统的核心和基础②。知识库是参考咨询服务的资源基础，其建立可以通过集中建库和累计建库两种方式来解决。网络参考咨询服务知识库应包括以下内容：一是常见问题解答库（FAQ）。它以信息用户访问图书馆时遇到的常见问题为主。二是信息资源库。美国著名参考馆员I.G.马奇总结出参考咨询的“三M”法则，即“资料”（Material）、“智力”（Mind）和“方法”（Method），认为资料是开展参考咨询服务的物质保证，信息源对参考咨询工作的重要性不言而喻。因此，应建立完备的信息资源库，以便高效、快捷、便利、准确地满足信息用户要求。信息资源库目前包括图书馆的馆藏资源库、各种信息检索系统以及网络资源等，信息资源库可以按学科分类来组织和管理信息资源。信息资源库的显性知识是参考咨询服务的基础。随着对知识组织、知识挖掘、知识发现、智能技术等方面研究的不断深入，传统的信息资源库将向包含隐性知识在内的知识库

① 詹德优.关于新时期参考咨询服务的思考[J].图书馆杂志，2003(10)：2-7.

② 胡昌平.面向用户的信息资源整合与服务[M].武汉：武汉大学出版社，2007：333.

方向发展。三是专家库。专家库的建立应由“术业有专攻”的图书馆网络咨询馆员和各专业研究团体的学科专家共同组成，专家库的建立是完成深层次咨询服务的重要保证。

四、加强用户培训，提高馆员素质

参考咨询服务强调用户的参与性和主动性，用户在咨询过程中，必须充分发挥主动性、积极性。因此，图书馆一方面要加强自身建设，另一方面也要加强对用户的培训，使用户掌握网上信息资源利用的技巧。主要包括：向广大用户介绍本馆订购的数字资源、自建资源的利用、网上免费资源的获取；各种检索词的使用、检索式的组配；举办讲座帮助用户掌握各种数据库的检索方法；通过网络导航和学科导航使用户知道何种信息该到何处查找；加强与用户之间的沟通交流，从中了解用户在检索、阅读文献时遇到的困难，及时给予指导；提供一些用户之间交流的平台，以了解用户对网络参考咨询服务的使用情况。这些都可以使网络参考咨询服务得到更大程度的利用。

网络环境下的参考咨询馆员应充当“信息提供者”“信息导航者”“信息宣传者”等角色，扎实的专业基础、高尚的职业道德、优良的服务意识、精湛的信息技术、较高的外语水平、良好的沟通能力是对一个参考咨询员最起码的要求。现阶段既懂现代信息技术又精通图书情报业务，既懂管理又通晓外语的人员，特别是能承担深层次网络参考咨询服务的人才十分缺乏。图书馆必须对咨询馆员进行培训，使其掌握咨询技巧，提高自身素质。同时，咨询馆员也应不断加强新技术、新知识的学习，丰富自身知识素养、完善知识结构，每一个咨询馆员应成为“精一门、专两门、会三门、懂多门”的通才、全才。图书馆可以采取如下措施来提高咨询馆员的业务素质：（1）进行上岗前的选拔和资格考核制度，建立咨询馆员准入机制，制定咨询馆员行为规范，从制度、管理、行为等方面保障网络参考咨询业的服务水平；（2）培养既精通传统参考咨询服务又熟练掌握网络参考咨询服务的优秀咨询馆员，使其成为参考咨询服务的骨干力量；（3）引入知识管理制度，鼓励咨询馆员积极学习，与时俱进，加强自身修养；（4）建立网上咨询馆员互动平台，咨询馆员可以通过在线互动来交流心得，探讨问题，共商对策，共享经验，共同提高。

五、重视软件和技术

重视新软件、新技术的开发、研究和应用，如网页推送技术、语音技术、共同浏览技术以及异构数据库的互访和集成技术等。新技术使参考咨询馆员和用户的交流不再局限于单一的文本形式，而是可以采用声音、图像、视频、多媒体等多种形式，实现了网页推送功能，允许参考咨询馆员和用户在异地共同浏览网页，从而引导用户寻找最合适的网络资源或共同完成检索。随着宽频通信技术的发展，通过音频、视频传送，参考咨询馆员可以真正“面对面”看到用户，进行实时解答，音频、视频传送必将成为参考咨询服务的主导方式。这些新技术的应用能够不断完善我国网络参考咨询服务系统功能，提高参考咨询服务水平。

六、个性化是咨询服务的发展方向

网络参考咨询服务是基于因特网帮助用户获取信息的实时交互式应答服务机制，不仅注重对网络信息资源及数字化信息源的组织与利用，更强调为用户开展智能性的个性化服务，它的核心就是具有特定知识和技能的咨询专家对用户的个性化服务。网络环境下用户需求特点是迫切需要经过分析、筛选、处理后适用的信息，是量身定制的信息。个性化信息咨询服务，要求围绕用户个性化信息活动和环境，充分集成和动态组合各种资源、工具和服务，动态设计、组织和协调有关服务模式与系统形态。目前，在个性化信息咨询服务中应用最多的是信息推送技术，信息推送技术是一种保障用户个性化信息需求的形式，通过对信息资源的分类、开发、共享利用，为各种类型用户建立个性化档案，按用户所需，以固定的信息频道自动地、动态地传送新的信息。个性化参考咨询服务意味着更深层次、更理想的用户服务水平，是图书馆“以用户为中心”的服务宗旨在网络时代的重要体现，代表着未来图书馆更为人性化的发展方向，更接近图书馆工作的终极目标。我们必须确立满足用户个性化价值追求的理念，并与时俱进不断探索实现参考咨询服务跨越式发展的新路径，逐步并最终建立以用户为中心的参考咨询服务模式和管理运行机制。

七、学习同行成功经验，提高咨询服务质量

随着其他商业性参考咨询机构的兴起，如百度的“知道”、新浪的“爱问”以及Google Answers等，图书馆的参考咨询服务面临着其他商业性机构的竞争和挑战。因此，图书馆应虚心学习其他同行的成功经验，并加以借鉴，提高自己的服务水平。下面以Google Answers为例，加以阐述①。

(一)人员要求高标准

人才储备是Google Answers提供优质服务的根本。Google Answers的咨询人员有统一的要求，即线上、线下高超的检索能力，所属领域高超的解答能力以及高超的交流沟通技巧。成为Google Answers的咨询人员必须经过个人简历筛选、测试、培训、模拟回答、试用、用户监督打分等阶段，从而保证了Google Answers咨询人员回答问题的质量。而国内图书馆界对咨询人员的要求并没有统一的明文规定，基本上是各馆自行其是。就目前我国图书馆界来说，应对咨询馆员的上岗要求作出明文规定，进行专门的资格考试，提高准入门槛，这是保证咨询馆员素质的一项硬性规定。

(二)快速的反应机制

Google Answers是基于网络平台来传递信息，它规定咨询人员必须在锁定问题的四个小时内（或者八小时），提供用户满意的答案，通过E-mail等方式传递信息、联系用户，实现快速、高效的信息传递，及时满足用户需求。Google Answers提供全天24小时服务，提问者可以在任何时间、任何地点登录Google Answers。而图书馆的参考咨询服务无论在响应速度还是在服务时间上都无法与之媲美。如有些图书馆参考咨询服务在时间上要求馆员在两个工作日内给予解答，参考咨询服务开放时间为星期一到星期五上午8:00至11:30，下午14:30至18:00，这样的时间安排很难满足用户需求，与Google Answers的高速、高效以及全天候服务形成鲜明对比。

① Google Answers[EB/OL].[2011-07-24].http://answers.google.com/answers/faq.html.

（三）加强监督

对于已被接受的答案，Google Answers的咨询人员还必须接受Google的抽查。如果Google编辑发现了答案中的问题，答案将被剔除，问题将被放回到系统中。对于图书馆而言，也应借鉴这种做法，不定期的抽查咨询问题，如果发现咨询馆员存在回答问题不准、不完整或用户不满意的情况，累计三次以上者，应免去其咨询馆员资格。

（四）交互性问题

图书馆提供的网络参考咨询服务，例如网络表单，交互性往往比较差，即使有的系统有“解释”功能，也使用很少。Google Answers不仅提供了提问者与咨询人员（研究人员）及时便利的交互，而且提问者与更多的用户（通过用户的评论）建立了交互关系，使得其对问题的理解更清晰，对问题的答复更完整。图书馆的网络参考咨询系统也应增强这种交互功能，以提供更有效的参考咨询服务。图书馆的参考咨询平台应是一个能让咨询专家与用户同步交流、能即时显示图像和文字信息的系统，以达到类似用户与咨询馆员当面交流的效果。

（五）服务内容多样化

传统意义上的图书馆参考咨询服务较多的是解决用户的文献查找问题，目前，虽然这项服务有了一些内容上的拓展，如开展科技查新、实时咨询、电子邮件服务、网络数据库使用培训等，但是所有这些仍都与图书馆服务教学、科研息息相关。而对比Google Answers提供的服务，可以发现它不仅包括学术领域，也涉及生活、娱乐、运动等方面的问题，如曾经就有用户询问应该如何追求自己心中的另一半，可见Google Answers提供问题解答的多样性，已经涉及用户的学习、工作和生活。图书馆的参考咨询也可以提供类似的服务，以帮助解决人们生活中遇到的各种问题。

（六）建立反馈机制

Google鼓励用户提供对答复质量的反馈，给答案评分。如果研究人员的评分低于某一个水平，或者有几次答案被退回，他（她）将不能在Google Answers中继续回答问题。图书馆也可建立参考咨询服务反馈机制，并设立专门的数据库和管理人员，对用户的反馈意见进行收集和分析整理，以进一步提高参考咨询服务质量。在条件允许的情况下，还可以针对每个咨询馆员建立一个服务跟踪机制，以及时向咨询馆员提供反馈信息，提醒其工作中的不足，保证整个服务的高质量。

第八章　文献传递服务

资源共建共享已成为图书馆界解决书刊价格上涨、经费支持不足等问题的有效措施，作为文献资源共享重要途径之一的文献传递服务，其初衷就是为弥补因书刊价格上涨而导致的停购对馆藏连续性的影响，并期望以馆际合作的方式实现资源共享。对图书馆而言，这是解决馆藏不足和资金匮乏的一种有效手段，同时也是图书馆业务向深层次和个性化服务的拓展。近年来，由于信息技术的高速发展，计算机网络畅通无阻，为文献传递服务的顺利开展提供了先决保障条件，文献传递服务得到了快速、持续、稳定的发展。

第一节　文献传递服务综述

一、文献传递服务概念

文献传递服务主要包括两种方式：馆际互借（文献返还式）和文献传递（文献非返还式）。馆际互借（Interlibrary Loan，ILL）是“图书馆之间根据协定相互利用对方馆藏以满足本馆读者需求的文献外借方式。”有关文献传递服务的解释众多，比较全面的界定是《图书馆学与资讯科学大辞典》，其定义为：“文献传递服务是应使用者对特定的已确知的出版或未出版文献的需求，由图书馆或商业服务单位等资料供应者将需要的文献在适当的时间内，以有效的方式与合理的费用，直接或间接传递给使用者的一种服务”[①]。简单来说，文献传递服务（Document Delivery Service，DDS）就是把用户需要的文献从文献源中抽取出来，通过一定的途径传递给用户的一种服务。

① 胡述兆.图书馆学与资讯科学大辞典[M].台北:汉美图书有限公司,1995:109-110.

二、馆际互借服务发展简介

馆际互借是图书馆的一项常规服务，一般来说，可以将图书馆馆际互借服务的历史划分为三个阶段。

(一)早期的馆际互借:偶然的馆际互借

最初的文献传递服务是由图书情报机构以馆际互借的形式出现的。馆际互借起源于西方，据史料记载，早在公元前200年，亚历山大图书馆就曾向别伽摩图书馆出借第一批图书。这样算来，图书馆馆际互借服务至少有2000多年的历史了。17世纪也有过在巴黎的皇家图书馆与罗马的几家公共图书馆之间建立跨国图书互借的尝试。

我国开展馆际互借的思想可追溯到明朝末期。明崇祯进士曹溶在其《流通古书约》中曾明确提出流通图书的两种办法，其中一种是“有无相易，精工缮写”，意即互通有无，抄写后再进行流通。继曹溶之后，清朝的丁雄飞与同代著名藏书家千顷堂主人黄虞稷二人曾互订协约：每月十三日，丁至黄（家），二十六日，黄之丁（家）。尽一日之阴，探千古之秘。或彼藏我缺，或彼缺我藏，互相质证，当有发明。并互订借书条约：借书不得逾半年，还书不得托人转致。丁、黄尽管没有提出“互借”这一概念，其互借范围也仅限于两人之间，但我们仍然可以将之看做是馆际互借的萌芽。《古欢社约》也可以说是我国早期馆际互借规则的雏形。国内图书馆界从20世纪20年代开始就对馆际互借有所认识，当时上海、北京的少数图书馆就曾建立起馆际互借业务。关于馆际互借的规定，最早可见于1924年6月的“上海图书馆章程”，而最早开展的馆际互借活动则始于1927年北平图书馆（现国家图书馆），1929年中华图书馆协会第一次会议通过了推广馆际互借的决议。

但早期的馆际互借并不是一项常规服务，而仅仅是图书馆借书服务的一种延伸。当时的图书馆既不会把馆际互借服务作为一项本馆必需的义务来执行，也不会把他馆馆际互借服务作为一种获取文献的常规途径来使用。传统的馆际互借是通过印刷型联合目录方式获知其他馆的书目信息，然后以邮寄、邮政快递等传递手段在图书馆之间开展的文献相互利用业务。由于受到技术对服务机制的限制，文献的可获知性和可获取性仍然不能满足需求，馆际互借服务的开展受到了很大的限制。文献资源的揭示水平和文献传递的费用与时滞导致馆际互借渠道阻塞，馆际互借服务鲜有开展。

（二）传统的馆际互借：常规的馆际互借

1893年，普鲁士发表了馆际互借规则（LVO），从立法的角度规定了馆际互借作为图书馆的一项常规服务必须提供，并且规定了图书馆开展馆际互借服务的准则。而真正在一个国家范围内正式实施互借规则的是1917年美国国会图书馆协会公布的《馆际互借法》[①]。英国、法国、瑞典等国都先后制定了本国的馆际互借服务规则或条例。这些规则和条例标志着图书馆馆际互借服务从原先偶然的、个别的行为转变为图书馆常规的、义务性的一项服务。

进入20世纪70年代，一些计算机数据库的建立，为人们提供了远程信息检索的途径。用户可以通过远程数据库确认文献线索，支付一定的费用后获取原文线索或替代品。但当时有一些数据库，界面不够友好，检索较为繁杂，在联机传输设备和技术上都受到一定限制，传输效率比较低，需要依托图书情报部门才能进行此项服务。文献传递与馆际互借之间呈现出共融状态。

我国传统的馆际互借可从新中国成立算起，到1994年我国进入互联网时代。早在20世纪50年代，我国图书馆就开展了馆际互借活动。据记载，1954年，仅公共图书馆系统就有1500多次馆际互借，共借出图书13万册，比1953年增加一倍以上；1956年，《高等学校图书馆馆际互借办法（草案）》颁布，这是新中国第一个馆际互借条例；1957年国务院批准了《全国图书协调方案》，开始大规模的馆际协作、协调活动[②]。但是“文化大革命”十年我国图书馆事业受到重挫，馆际互借服务被迫终止。“文化大革命”结束后，馆际互借服务逐渐恢复并持续运行。

（三）网络环境下的馆际互借：电子文献传递

到了20世纪90年代，文献传递服务进入成熟兴盛期。计算机技术、网络技术及数据库技术的成熟与发展给文献传递服务的发展带来了契机，一些界面友好、检索提问方式简单、功能齐全的综合型和专业型数

① 包学鸣.资源共享：美国的馆际互借[J].图书情报工作，1999(3)：59-61，14.

② 周磊.网络环境下馆际互借与文献传递服务研究[D].北京：中国科学院大学，2003.

据库纷纷涌现，特别是Z39.50协议的推出，解决了文献通讯和传递网络化的障碍，实现了分布式数据库系统的透明互访，为用户检索提供了极大便利。这一时期文献传递的特点是一些新兴的联机信息服务商和出版商也加入了文献传递的大军，他们以快速的市场反应能力推出了一系列便捷的、面向最终用户的非中介性服务，从而占领了文献传递服务的大片市场。

20世纪90年代中期，我国网络环境逐渐形成，为开展网络环境下的馆际互借提供了必要的技术保障。但由于我国图书馆的自动化、网络化发展不平衡，自20世纪90年代中期以来，在外部网络环境逐渐形成的情况下，我国图书馆的馆际互借存在着多种形式并存的局面：既有数字化全文文献传递服务，又有联机馆际互借和传统形式的馆际互借。尽管如此，我国图书馆的数字化全文传递和联机馆际互借服务仍取得了一定成效：首先，获知他馆书目信息的手段发生了变化。既可以用联机的方式批量检索网络内成员馆的书目信息，也可以通过网络检索上网图书馆OPAC的方式具体检索某一图书馆的书目信息。其次，文献传递的手段发生了变化，借出馆可以将文献数字化并通过网络将数字化了的信息快速传递给用户或借入馆。另外，网络介入到了图书馆馆际互借流程的每个部分，即从书目信息的获取到原文请求的发送，从馆际信息交互到电子文献传递给最终用户。电子文献传递因直接改善了馆际互借服务的文献“可获取性”而成为网络环境下馆际互借服务的主要特征。

第二节　文献传递服务的实践

一、组织模式

由于文献传递服务开展机构的性质、采用的技术手段、服务运作模式以及工作流程等都存在多样性，所以文献传递服务根据不同的划分标准可以分为多种模式。

(一)按照费用收取情况，可分为商业模式和公益模式

公益模式建立在图书馆之间相互订立的资源共享协议的基础上，彼

此互惠利用对方的文献信息资源，满足用户对本馆未有资源的需求。我国高校图书馆之间开展的文献传递服务都基于此模式。该模式注重社会效益，收费较低，采取部分免费或全部免费的办法，一般由文献传递中心给予补贴。有的仅收取一定合理的成本使用费，如复印费、传递费、手续费等，如淮北师范大学图书馆和国内其他图书馆以及文献传递机构之间的合作就属于收取部分费用的公益模式；有的完全免费，如武汉大学和美国匹兹堡大学图书馆之间就是完全免费共享彼此的资源。

商业性文献传递服务最早出现于20世纪70年代，实质是版权作品市场销售的一种形式，其特点是商业性运作，收费较高。美国TDI图书馆服务公司和Infotrieve公司是典型的采用商业模式的文献传递公司。TDI服务与收费价格比较高，文献检索服务每篇11美元，特快服务（1—24小时）每篇文献收费达24.5美元；Infotrieve公司基本价格为每篇文献12美元左右，另加版权费[①]。虽然它们收费都较高，但由于具有优良的质量保证、快速的反馈速度以及丰富的文献资源等，颇受顾客欢迎，它们优良的服务及运作方式值得国内高校图书馆借鉴。

目前，我国大部分图书馆馆际互借与文献传递服务属于公益性服务，接受国家直接或间接补贴，服务于特定的用户群。虽然现在的馆际互借服务大部分是有偿服务，但其制定的收费价格一般只够维持图书馆开展馆际互借服务的日常运作开支，尚不足以弥补文献资源采购、书目信息网络建设、设备和人员配置等基础性投资，因此还不能对公众完全开放。此外，也有一些商业性的文献供应机构如Google采用商业化运作，对所有用户提供服务。

（二）按照传递文献是否索回，可分为返还模式和非返还模式

返还模式是指图书馆传递给申请方的文献资料是本馆的原本文献，用户需要在限定时间内归还。这种模式在图书馆的文献传递实践中主要指图书、论文等纸质文献的传递，相当于传统的馆际互借服务。返还型的馆际互借方式是图书馆馆际互借服务的最原始形式，也是“馆际互借”这个词的来源。非返还模式是指图书馆只将文献的复制品传递给申请方，即印本文献的复印件和数字化作品输出打印件的

① 曹燕敏.文献信息传递模式比较与启示[J].情报资料工作，2005(4)：89-91.

人工传递，印本文献扫描文件和数字化作品的网络化传递。在网络环境下，电子文献传递服务将成为馆际互借与文献传递服务的主要方式。随着社会和技术环境的变迁，返还模式将随着图书馆馆际互借服务的发展而逐渐消失。

（三）根据图书馆是否介入流程，可以划分为中介模式和非中介模式①

中介模式是指图书馆参与其中，用户、图书馆和文献供应机构三者共同组成文献供应链的主体，图书馆担当用户与文献供应机构之间的中介、桥梁，即将用户的文献请求提交给文献供应机构，然后再将文献供应机构发来的文献转交给用户。非中介模式是指用户无须通过图书馆的文献传递人员，就直接向图书馆选择的合作文献供应机构发出文献请求，文献供应机构也直接将文献传递给用户，图书馆只需参与服务的后台管理工作，如账号分配、用户验证、经费管理、服务监控、解决问题等。就目前来看，我国的文献传递服务大多数属于中介传递模式，即图书馆介入其中。由于图书馆员介入整个流程，不可避免地会引起回复时间较长、服务效率不高等问题。而非中介模式由于消除了用户与文献供应机构之间的转发环节，无疑会缩短周转时间、提高时效和效率。从长远来看，非中介模式是大势所趋。

（四）根据文献传递机构的组织管理模式，可以划分为集中管理模式、分散管理模式和集中与分散结合的管理模式

集中管理模式指由一个国家级的图书馆或文献供应中心集中提供文献保障服务，图书馆或用户直接向中心提出文献申请，中心通过自身馆藏或从他处获得后提供给申请方。分散管理模式指以区域性的图书馆或文献提供中心作为资源收藏和服务单位，彼此间组成文献传递服务网络，网络内任何一家成员单位均可向网络内部的其他成员单位索取所需文献，同时也有义务为其他成员单位提供文献传递服务。分布式文献传递服务流程包含馆对馆方式及馆对用户方式两种。

分散与集中结合组织管理模式目前有两种形式：一种是文献传递服务网络以多个地方编目联合体网络为基础，联合目录的合作区域同文献传递的合作区域相一致，各文献传递服务区域内设立文献传递中心，负

① 范丽莉，詹德优．文献传递服务模式的分析[J]．图书馆杂志，2005(10)：24-29.

责该区域内的文献传递工作。用户需要文献，先向传递中心申请，由该中心依据联合目录信息，将用户的文献申请转到附近图书馆。如果本区域不能满足用户需要，传递中心就将用户的文献申请转到国家图书馆或其他文献传递中心或者图书馆解决；一种是国家、系统或者区域内的许多图书馆共同组成并支撑一个大型的馆际联合机构，在中心管理机构提供的平台上开展文献传递服务，受管理中心的管理和协调，不过各个机构都有相对的自主权[①]。文献资源共享和文献传递在不同的国家和地区采取了不同的模式，即使在单个图书馆也并没有绝对的一种模式单独存在，通常是多种模式共存并用。

二、服务流程

(一)传统文献传递服务流程

传统文献传递服务的工作流程主要包括两大功能模块：文献请求馆工作流程和文献借出馆工作流程。

（1）文献请求馆工作流程。文献请求馆服务流程如下：接受用户馆际互借与文献传递请求，填写申请表单；检索本馆馆藏目录，确认本馆没有收藏；确认馆藏地点，比较相互之间的费用、周转时间、提供方式等，选择最佳馆；向最佳馆发出请求，说明费用、时间、方式等，申明遵守版权法规定；查收文献并做记录；告知提供馆传递文献已收到；通知申请者领取文献；与用户进行费用结算。

（2）文献借出馆工作流程。文献借出馆服务流程如下：检索馆藏目录，确认详细地点；进行复制、扫描等；包装并发出文献，通知请求馆文献已发送出去；如果没法提供，则应告知请求馆，并说明原因。

将上述两大模块结合起来，形成了传统文献传递服务流程图：

① 范丽莉，詹德优.文献传递服务模式的分析[J].图书馆杂志，2005(10)：24-29.

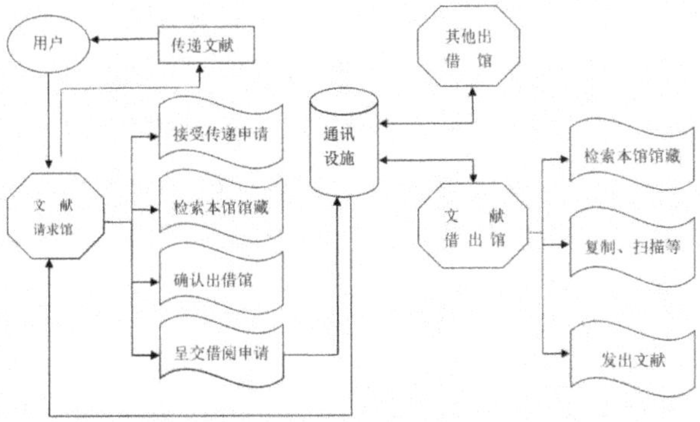

图 8-1 传统文献传递服务流程图

(二)网络环境下图书馆文献传递服务流程

传统文献传递服务需要图书馆员作为中间环节，转发用户申请和传递文献，所以不可避免地会造成时滞性和效率的降低。技术发展提供了图书馆员只参与后台管理的可能，在信息技术和网络技术的支持下，许多文献供应机构不仅直接为终端用户提供文献传递服务，而且一些数据库商专门为图书馆的后台管理开发了相应软件，给图书馆只参与文献传递服务的后台管理提供了技术保障。为了更好地满足用户对文献的需求，利用先进的信息技术、网络技术以及通信技术，运用网络进行文献传递服务，用户直接通过互联网而无须经过图书馆的中转作用，就可登录系统，进行文献的申请、文献的传递、费用的支付、接收文献、接收费用通知单等操作，实现文献网上传递，用户轻松、自由地获得自己所需的文献资料。

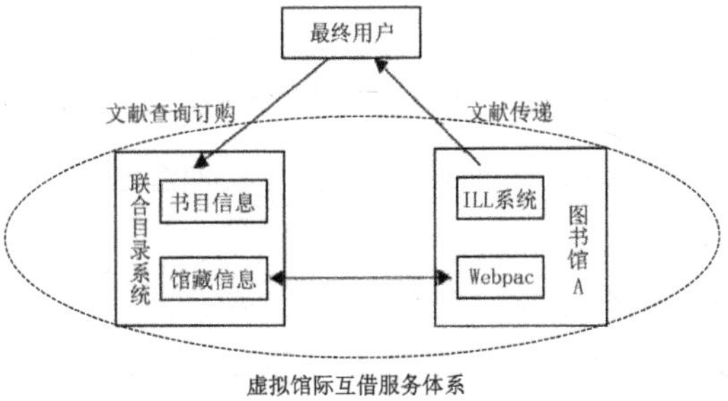

图 8-2　网络环境下图书馆文献传递服务流程[①]

① 周磊.网络环境下馆际互借与文献传递服务研究[D].北京:中国科学院大学,2003.

如图8-2所示，网络环境下图书馆的文献传递服务流程大大简便，用户先在联合目录查询系统，查询书目信息和馆藏信息，并根据需要直接填写订单，向文献收藏馆提交文献请求，收藏馆接到请求后通过ILL系统进行处理，然后将文献传递给用户。联合目录查询系统和文献传递服务系统共同构成了一个虚拟文献传递服务体系，为用户提供了全程化、一站式的文献传递服务。

第三节　文献传递服务存在的问题及优化措施

一、存在的主要问题

（一）思想认识不深

随着馆际协作的加强、传递手段的改进以及书刊价格的持续上涨，作为弥补馆藏不足的文献传递服务越来越受到图书馆界的重视。但不同单位对文献传递服务的地位与作用存在认识上的差异：有的图书馆将文献传递服务工作作为藏书建设的重要组成部分，把它当成是弥补馆藏资源不足和实现资源共享的重要途径，是调整图书馆采访策略、提高图书馆经费使用效率和办馆效益的有效措施；但有的图书馆的办馆意识还停留在“大而全”“小而全”的思路上，在藏书建设上固守“拥有”的观念，没能在“拥有”和“获取”之间寻求图书馆办馆效益的最大化，在文献传递服务的设备和人员上舍不得投入。并且因为没有引起足够重视，其宣传措施也不到位，从而导致用户对文献传递服务的意识比较淡薄。同时，用户习惯于利用本馆的馆藏文献，对利用文献传递获取文献的方式却了解甚少，有的用户虽然通过某种途径知道有这项服务，但却不知道怎样使用。

（二）收费标准不一

文献传递应是有偿服务还是免费服务，是作为图书馆创收的重要途径还是弥补图书馆经费不足的渠道之一，是按篇计算还是按页计算，不同的单位对这一问题的认识存在偏差，收费标准和收费项目定价机制的细化程度存在较大差异，从而存在服务收费价格不一致的问题。虽然目前各个图书馆基本采取成本回收机制，即文献传递费用=复制费+委托服务费+传递费。但是，收费标准大多自行其是，各馆在提供诸如邮寄、传真、电子邮件等文献传递服务时，根据各自的条件制定自己的收费标准，收费行为存在一定的无序现象。如有的单位只收取成本费，有的单位除成本费外还要收取检索服务费等，这不利于发挥文献传递工作应有的作用。

（三）原文补贴标准不一

随着书刊订购经费的下降、用户需求的增加以及文献传递时效的提高，文献传递服务已成为图书馆弥补馆藏资源不足和满足用户需求的有效手段。但与此同时，不少用户却支付了比使用本馆收藏文献更高的费用，一定程度上限制了用户使用的积极性。目前，部分图书馆为了减轻本单位用户的经济负担，设立了文献传递补贴专款，深受用户欢迎。通过网上调查，发现国内不少高校图书馆都有原文补贴政策，只是在补贴对象、补贴比例、补贴原文的数量、补贴的文献类型、起步费用等方面存在一定的差异。单从补贴对象来看，针对服务对象采取的文献传递专项经费补贴情况主要有以下几种：第一种补贴对象为本校教师有限制，学生没有补贴；第二种补贴对象为全校教师有补贴，但学生有一定限制；第三种为本校师生都有全额补贴。就补贴对象来说，各高校图书馆主要针对本校用户，补贴额度基本按照“学生（本科-硕士-博士）—普通教师—副教授—教授（非博导）—博导”递增。

（四）版权意识淡薄

文献传递服务过程中所涉及的传统文献信息的数字化、网络数据传输、数据库的开发与利用等都是知识产权保护的客体，对它们进行使用和传递时，稍不留意就可能侵权。目前，我国图书馆文献传递服务版权意识不强，有的图书馆在文献传递服务主页或申请表单上提醒了用户要“合理使用”，如北京大学图书馆要求用户在使用馆际互借处提供的文献时，必须遵循中华人民共和国有关的版权法，仅为个人学习、研究、教学或欣赏之用，不得直接用于以营利为目的的活动中，并在文献复制申请单上要求用户在版权遵守声明栏签名①；而有的图书馆则忽视了对用户

① 北京大学图书馆版权声明[EB/OL].[2016-02-12].http://www.lib.pku.edu.cn/portal/fw/gjhj/banquan.

合理使用的提醒。我国国内绝大多数的图书馆几乎不对用户的使用目的进行查询，无法保障用户是合理使用所申请文献，从而存在潜在的版权侵犯隐患。

(五)联合目录系统亟待完善

文献传递服务是以信息技术为支撑、以文献信息资源为依托、以了解馆藏为前提的一种图书馆服务方式。它要求图书馆建立品种齐全、分布合理的文献信息资源体系，同时还要求加强文献信息资源的共知建设。但目前国内图书馆缺乏权威、统一、稳定、标准、大规模的联合目录系统，缺乏对众多联机书目数据库的整合，缺乏对特种文献的揭示。国内联合目录普遍存在着馆藏信息更新不够及时、揭示不准确或不全面的现象，联机数据库的数据不能及时反映馆藏变化，实际馆藏情况与数据库中的数据不符，造成无效申请。在实践中经常会遇到由于联合目录系统的不准确而误导了用户和文献传递工作人员，进而延误了用户对文献的获取。

(六)缺少专业人员

文献传递馆员是高校图书馆从事馆际互借和文献传递服务工作的人员，负责馆际文献传递服务请求，负责核查、接收本馆的被请求文献情况，具有一定的中介作用，其服务质量直接影响文献请求的满足率。文献传递工作是一项非常琐碎的工作，工作涉及环节众多：它需要熟悉馆藏，掌握各种数据库的检索技巧，访问Internet上国内外的各类信息资源；学会使用传真机、扫描仪、E-mail和Ariel等文献传递专用软件；需要较高的外语水平和较好的沟通技巧，具有各方面进行协调组织的能力；也需要具备较高的职业道德修养，不厌其烦地回答用户提出的各种疑问，并竭尽全力帮助用户获得所需文献。因此，配备专门从事文献传递服务工作的专业人员是影响文献传递服务效率的关键所在。

(七)服务发展不平衡

(1) 地区之间不平衡。地区之间的不平衡主要体现在东西部地区之间的差异。东部地区无论是高校图书馆、科研院所图书馆还是公共图书馆，文献传递服务的开展都要优于西部地区。如上海、浙江等地的文献传递服务开展比较普及，而陕西地区的高校、公共图书馆几乎都属于输入型的，未能与其他文献信息机构建立合作联系；辽宁省图书馆的文献传递服务，相对于广东省立中山图书馆而言，服务规模较小，远未形成气候。

（2）系统之间不平衡。高校图书馆系统文献传递服务的开展明显要好于公共图书馆系统，这与目前公共图书馆和高校图书馆服务现状是一致的。高校图书馆因为有CALIS、CASHL等高校文献资源保障体系遍及全国各地，服务开展得比较好；而公共图书馆系统除国家图书馆、上海图书馆和广东省立中山图书馆等外，其他公共图书馆的文献传递服务并不尽如人意，服务规模很小。如福建省图书馆2002年受理文献传递申请50件，2003年受理220件；辽宁省图书馆2003年受理仅有80件，充分说明公共图书馆文献传递服务都未能进入正常服务轨道①。公共图书馆系统在传递软件、自动化管理、资源等方面处于劣势。

二、改进和优化措施

文献传递服务是一个多方参与、协调协作的服务，所以必须从认识、资源、利益、版权、流程、技术、素质等多方面进行改进和优化，提高文献传递服务质量和用户满意度②。

(一)提高思想认识,平衡文献的拥有与获取

“拥有”和“获取”的关系，即在图书馆藏书发展中如何处理“拥有”本馆馆藏和“获取”馆外信息之间的关系问题，是近年来国内外图书馆界十分关注的研究热点。目前是一个多种获取手段并存的时代，既可以利用馆际互借和文献传递服务，也可以利用全文数据库、电子出版物、商业文献传递机构等。在一个购书经费下降、文献费用上涨的年代，用户需要仔细分析每种方式的经济成本以及潜在的版权问题，从而合理选择相应的服务方式。总体来说，我们要分析文献传递数据，根据本馆服务对象所需的文献信息和提出的获取要求，确定哪些文献可以通过馆际互借或复制方式获取，哪些文献必须订购，哪些文献可以通过商业文献信息机构直接获取，从而有效利用各种方式，以最小的投入获得最大的产出。

图书馆在经费投入有限的情况下，应打破传统观念，提高思想认

① 范丽莉.我国图书馆文献传递服务研究[D].武汉:武汉大学,2004.

② 范丽莉.我国图书馆文献传递服务研究[D].武汉:武汉大学,2004.

识，树立“大图书馆观”“大信息观”“大读者观”。舍弃过去量性评估的指标观念，依靠信息技术和网络通信系统，调整文献采购策略，把文献传递服务作为馆藏建设的重要途径，使有限的经费能发挥出最大的经济效益。首先，在图书经费使用上，要打破有形“资产”观念，积极购置所需数据库，并积极为用户支付一定的传递费用；其次，改变传统的图情工作评估指标，如“生均借书量”“年购量”“馆藏量”；再次，要加大宣传力度，使用户能很快习惯并采用文献传递这种方式来获取所需资料；最后，还要冲破本位主义和条块分割管理体制的束缚，充分认识文献传递的重要意义，积极开展协调与合作，建立全国性、区域性、系统性的文献传递服务网络，使越来越多的图书馆、文献收藏单位、信息中心等参与文献传递服务，为“获取”提供充足的资源保障。

(二)改善服务设施,加快自动化建设步伐

(1) 硬件设施。开展文献传递服务必须依托技术手段，所以必备的硬件设施包括计算机、扫描仪、打印机、传真机等。图书馆在购置这些设施的时候要注意机器支持的分辨率，因为文献传递服务传输的不仅仅是文本文献，还有许多的图片文献，所以设备配置要考虑扫描、发送文献的质量。随着网络时代的到来和图书馆自动化建设步伐的加快，各馆的硬件设施已十分完备。真正阻碍文献传递服务发展，给其造成障碍的是软件的建设。

(2) 软件设施，即文献传递管理系统。文献传递服务的有效开展必须依赖一套高效的网络化文献传递管理系统，在系统内实现申请的提交和处理、文献的传递和接收、费用的结算和日志管理以及和其他文献传递系统的互连，无障碍进行信息交流。

传递软件。为了解决文献传递速度问题，很多图书馆采用系统软件，通过网络传输手段来实现文献的快速传递。主要软件有Ariel和Prospero。

国际标准。一个完整的文献传递管理系统应基本包括检索模块和文献传递模块。文献传递管理系统的开发应基于文献信息检索标准Z39.50和馆际互借协议ISO10160/ISO10161。

(三)加大资源整合力度,实现资源共建、共知和共享

文献传递服务的开展，最重要的是资源保障。我国虽然出现了系统

性和区域性的文献传递服务体系，但多是馆与馆个体之间、系统或者地区协调的，没有形成一个责任互相配合、甘愿分享自己资源的大环境，没有一个权威性的文献发展协调机构，文献资源建设在整体上存在一些共建和共知问题，布局上显得有些零乱，从而影响了资源共享。为了提高文献传递效率，帮助用户尽快获取文献，同时避免不必要的资源浪费，我们需要对现有资源进行整合开发。整合的层级具体为：加强本馆资源整合力度；建立联合性文献资源保障体系；建立完善的书目检索系统。

（四）协调利益关系，规范收费标准和原文补贴政策

（1）协调各方利益关系。文献传递服务涉及用户、图书馆和第二方文献传递机构三者之间的利益问题，所以需要采取措施平衡相互之间的关系。

用户与图书馆之间的利益关系。图书馆的文献传递服务与商业性文献传递服务公司有着本质的区别，所以一般不能以赢利为目的，应将协调订购节省的经费适当补偿本单位用户的文献传递服务费用，这样既能调节、控制用户的过度需求，也能让用户享有与本馆订购文献相应的权益。从实际情况来看，国内获取的文献传递服务费基本上在用户的承受范围之内，但获取外文资料的费用较高，往往超出用户的经济承受能力，在一定程度上剥夺了那些无力支付文献费用的用户的权利。因此，文献传递服务的费用既要考虑用户的经济承受能力，又要兼顾图书馆的收支平衡，这样才能调动各图书馆及信息工作者的工作积极性，处理好用户和图书馆之间的利益关系。

图书馆与图书馆之间的利益关系。文献传递服务的开展无论对于申请馆还是出借馆，都必须支出人工费、设备耗损费、通讯费和复制成本费等。不同图书馆的资源拥有量、联系渠道、设备设施、服务能力、人员素质和服务对象是不相同的，就会造成它们在文献传递服务中的地位与作用存在差异。有的馆是全球文献信息资源中心，有的是国家文献信息中心，也有的是地区文献信息中心；有的馆是输出型的，有的馆是输入输出平衡型的，也有的馆是输入型的，这种差异造成了不同图书馆的

劳动量差异和利益差异[1]。随着馆际文献传输量的不断增加，文献富有馆与贫乏馆之间严重的不平衡利益补偿问题越来越突出。

用户与用户之间的利益关系。从实际考察情况来看，我国各文献传递服务单位大都采取内外有别的收费政策，即对本单位的服务对象或本协作网内的服务对象，采取收费上的优惠政策如仅收取成本费，而对本单位或本协作网以外的用户采取高于成本费，并加收检索服务费及其他附加费的方式。另外，即使对本单位用户，多数图书馆也会根据其身份、级别或档次给予不同的经济补贴，如有些大学的补贴对象仅限于本校教师、博士生、研究生，而对本科生和校外用户则没有，这就造成不同单位用户或同一单位不同身份用户在信息消费上的不平等现象。

（2）制定统一、灵活的收费标准。随着文献传递服务工作的深入开展，其收费标准、原文补贴政策等一系列与经济机制相关的问题，已在服务机构与机构之间以及用户和服务机构之间产生了一定的负面影响，急需制定相应政策，规范、完善其中的相关问题。制定一个合理的收费标准是图书馆馆际互借与文献传递服务得以长期持续开展的重要条件。在制定收费标准的时候必须综合考虑到国家、图书馆、用户等多方利益的平衡；必须考虑到图书馆文献传递服务的公益性目的；必须考虑到成员馆的利益，兼顾效率与公平；同时还必须保障此项服务的长期有效运行。

建立起符合国情的文献传递服务价格体系，减少不合理的收费现象，维护用户平等获取文献、信息、知识的权利，是完善文献传递服务价格体系的基础。为了保证文献传递服务的可靠、稳定和可持续开展，同时充分体现文献情报机构公益服务的性质，在文献传递服务中实行免费策略和市场定价方法都不切实可行，最好的办法是实行成本回收机制，即图书馆不计开展馆际互借服务的长期固定成本（文献资源采购费、设备等），而是以各馆开展文献传递服务所需消耗的平时运营成本为基础，在此基础上制定一个合理价格。这样制定的收费标准符合经济规律，容易被用户、各图书馆和国家（出资者）认可，既可以保障此项服务的长期稳定运行，同时也能通过加成部分（即通常所说的服务费）提

① 陈益君.文献传递服务中多方利益的平衡[J].图书情报工作，2002(11):100-102,106.

高工作人员的积极性，有关收入也有利于支持该项服务的长期运行。

（3）制定科学、有效的原文补贴政策。给不给用户一定的补贴是平衡用户与图书馆之间利益关系的关键。给用户提供服务补贴可以减轻用户负担，保护用户的信息权益，缩小本馆文献和馆外文献给用户利用造成的经济利益差异，从而使用户愿意接受文献传递服务这一新型的信息服务方式。文献传递服务补贴政策的制定要从经费来源、用户实际、补贴力度几个方面均衡考量。

(五)加强版权保护意识,确保用户合理使用

尽管图书馆的文献传递服务已开展了数十年且该项服务大多免费，但是自美国版权法修正以来，有关该项服务的版权争论日渐白热化。近年来，随着网络传递方式的出现，有关版权问题的争议更加激烈。其争论的焦点，是图书馆的文献提供和馆际互借服务是否应当适用版权法的有关规定而享有免责权利。为了避免引起不必要的侵权问题，文献传递人员首先需要确保服务属于“合理使用”和“图书馆免责”范畴。

（1）合理使用。合理使用是指在某些情况下，法律允许他人使用版权人的作品而不必征得其同意，也不必向其支付报酬。合理使用作为一种对著作权权利限制的法律制度，得到各国著作权法的普遍认可，在美国版权法中，合理使用常常被学者们称之为“司法安全阀”，通常适用于因学术研究而使用作品的情形。由于合理使用的判断建立在个案基础上，因而很难就其认定标准预先作出规定。国际版权条约中一般只是泛泛地规定了判断合理使用的原则，即：限于一定特例，不与作品的正常利用冲突；不得不合理地损害权利持有人的合法权益。而具体的规定则交给各国法律自行解决。各国版权法对“合理使用”的规定不尽相同，多数国家在版权法中以列举方式规定了合理使用的范围和条件。我国也采取了这种方式，我国新《著作权法》中第二章第四节为“权利的限制”，其中第二十二条以列举方式规定了十二类属于合理使用的情形。

（2）图书馆免责。美国版权法第108节就图书馆复制行为专门作出规定，图书馆在符合前述合理使用情形及以下法定条件时可不经版权人许可并且无须支付版税而复制和发行版权作品：复制或者发行行为不具有任何直接或间接商业利益目的；该图书馆或者档案馆之藏品属于对公众开放，或者不仅该图书馆或者档案馆的研究人员或者其附属机构的研究

人员可以查阅其藏品，其他某一专业领域从事研究的人士亦可为之；在复制或者发行的作品上含有版权声明，该声明应贴附于根据本节规定制作的复制品或者录音制品之上；或者标注“根据版权法规定制作的复制品或者录音制品如未印有版权声明，该作品可能仍处于版权保护之下字样的说明。”由此规定可以看出，图书馆从事的文献传递服务必须依次符合以下条件方可免除由此可能引发的侵权责任：图书馆一次只能为一位用户提供一件版权作品的复制件；该复制和发行行为必须无任何直接或间接商业利用之目的；图书馆必须对公众或者研究领域的研究人员开放；图书馆向用户提供的副本必须包含一项版权声明①。对图书馆文献传递服务来说，这些条件对图书馆的警示作用十分明确。

（3）严格遵守、合理使用免责规定。尽管大多数图书馆在提供文献传递服务时并不以营利为目的，其所收取的费用多为弥补服务成本，但若要避免发生版权纠纷，还须严格遵守合理使用和法律规定的免责条款。具体而言，应遵循如下规定：在未获得许可和支付版税的情形下，图书馆为每位用户的每次请求只能提供一份复制件；图书馆为同一用户复制同一作品的多份副本时，无论该行为系同时进行或者在一段时间内完成，均应获得版权人的许可或者支付版税；在未获得许可或者支付版税的情况下，图书馆复制某期期刊的文章数量不应超过该期期刊刊载的文章数量的一半；图书馆如果知道该用户系以牟利为目的而使用该复制件，且该复制行为并未获得许可或者支付版税，则图书馆可对该复制请求予以拒绝；图书馆如提供的是电子副本，则应在传递服务完成后删除该电子副本，不得另行留存备用；图书馆应在其提供的复制件上明显标注版权警示；图书馆应在文献传递服务的复制申请单上要求用户在版权遵守声明栏签名。

（4）以合理使用制度为基础，力争更多权利。目前，在许多电子期刊订购或者使用协议中，出版商以出版环境不同于传统出版环境为借口，在协议条款中具体地、详细地说明如何利用电子期刊，什么是授权利用，什么是禁止使用，其中存在一些强加的限制合理使用的条款，禁止将文献传递给其他单位或用户。所以馆员要根据现行《著作权法》中

① 翟建雄.图书馆馆际互借和文献提供中的版权问题——美国的立法和司法判例介绍[J].法律文献信息与研究,2006(3):1-11.

有关合理使用、教育用途与图书馆豁免权等条文，留意是否违背前述条文规定，从而就限制合理使用的条款予以协商谈判，争取最大限度的文献传递权利。

（5）引入“法定许可”，满足用户需求。“法定许可”是指在法定条件下使用他人受版权保护的作品，可以不经著作权人许可，但应向其支付报酬的法律制度[①]。这是目前国外许多图书馆采取的一种文献传递服务版权遵守策略，大英图书馆等都对文献传递服务收取一定的版税。在数字网络环境下，各国的版权法和国际版权条约都倾向于对图书馆的合理使用做出严格限制，因此图书馆应采用“合理使用”和“法定许可”相结合的双重作品利用模式。

（六）优化服务流程，倡导非中介式文献传递服务

目前，我国文献传递服务工作绝大多数是一种中介性服务，即用户向图书馆进行文献申请，图书馆将本馆未能满足的文献申请转发给第三方文献信息机构。这种服务模式有其自身的优点，但也有不足之处，即不仅需要馆员介入，浪费人力，如武汉大学图书馆2002年文献传递服务的成本核算分析结果显示：各种费用中，人工费用占到较大的比重，本馆用户提交申请花费的人工成本占本馆请求总支出的80.31%，馆外用户提交申请花费的人工成本占馆外请求总支出的75.12%[②]。而且就绝大多数图书馆来看，答复时间基本上在一至三个工作日内，时效性较低，直接影响了用户满意度。

信息技术的发展给图书馆的文献传递服务开拓了广阔的天地，也给图书馆参与后台管理、维护及数据统计、分析提供了技术上的支持和保障。在信息技术和网络技术支持下，越来越多的文献走向电子化、网络化，许多数据库集成商和出版社依托网络可以为终端用户提供直接的文献传递服务。作为一种文献传递服务模式，非中介式文献传递服务给用户带来了极大的便利和自主性，起到了节约成本、节省时间、弥补馆藏等作用，它为用户提供了一种新的选择方式。我国的CASHL和NSTL两大系统在服务上直接面向最终用户，都属于非中介文献传递服务模式。那么，属于这两大系统内的高校图书馆，可以通过其管理平台，开展非中

① 蒋永福.信息网络传播权保护与图书馆合理使用[J].图书情报工作,2006(7):14-17.

② 涂文波,陆敏.文献传递成本核算方法及案例研究[J].大学图书馆学报,2004(2):29-33.

介式文献传递服务。毫无疑问，面向最终用户的非中介式文献传递服务将是文献传递服务的发展方向。对于图书馆而言，做好非中介式文献传递服务要从提高用户素质、选择文献供应商及加强管理和监控等方面综合考虑。

(七)合理配备馆员,提高人员素质

就目前情况来看，相当一部分图书馆，尤其是中小型馆没有配备专职文献传递负责馆员，多是由参考咨询部（信息咨询部）人员兼任，这对文献传递服务的开展是很不利的。因为文献传递服务涉及的不单是一家图书馆，而是强调整个图书馆界的协调与协作，不但需要了解、掌握本馆馆藏，掌握其他书目检索系统以及各种设备、设施的使用方法，而且随着网络的发展，网上文献传递服务将逐渐成为文献传递服务的主要形式，这对图书馆工作人员提出了更高的要求。在现有条件下，各图书馆应该配备专职人员从事文献传递服务工作，人员配备情况可从图书馆的大小以及用户需求情况等方面综合考虑。

第九章　个性化服务

21世纪是彰显个性、倡导创新的时代。如何满足用户个性化的信息需求，为用户提供准确、方便的信息服务，不仅是图书馆，也是整个信息服务业所必须思考的问题。在网络时代，图书馆面对的将是日趋层次化、多元化和个性化的用户，为用户提供个性化服务将成为图书馆服务发展的必然趋势。

第一节　个性化服务概述

所谓个性化服务，是指根据用户的信息需求，在对用户个性特征、知识结构、专业背景、兴趣爱好、心理倾向、行为方式等进行分析研究的基础上，通过用户定制、系统推荐和推送等功能，主动向用户提供更有针对性的服务，以满足其个性化需求。主要包括服务时空的个性化（在用户希望的时间和地点得到服务）、服务方式的个性化（根据用户个人偏好提供服务）和服务内容的个性化（按需提供，不千篇一律）。

一、个性化服务的特点

(一)针对性

个性化服务的最基本特点是服务的针对性，即根据不同用户提供各具特色的服务。如高校图书馆用户主要有教师、职工、学生等，对于教师来说，他们需要的是有关教学参考资料以及与本人科研领域息息相关的信息，侧重点比较专、深。根据这一特点，图书馆应积极主动为他们推荐这方面的资料，满足教师教学与科研需要。

(二)层次性

不同层次的用户，信息需求的侧重点是不同的，要求图书馆提供的信息服务也是有区别的。就学生而言，对于刚入校的新生，其需求层次比较广、浅；到了大四临近毕业的学生，为了完成毕业论文，需求层次相对专、深。那么，图书馆应根据不同的需求特点，为学生提供不同层次的信息服务。

(三)主动性

个性化服务是一种能够满足用户个体信息需求的服务。信息服务者不需要用户的及时请求，而是以用户为中心，主动分析用户需求，如用户个性、使用习惯等，并主动地将用户需要的信息推送给用户。这种服务能帮助信息服务机构发现用户的个性，针对不同的用户采取不同的服务策略，设计用户所期望的个性化信息服务模式，帮助用户定制个人馆藏，提高检索效率，从而使用户的个性化需求得到最大限度地满足。

(四)交互性

个性化服务要求与用户进行充分互动，在交互过程中了解用户的真实意图，实现用户和服务提供者之间的双向沟通。如面对数量庞大、类型复杂、格式多样的信息资源，许多用户往往缺乏计算机知识和信息检索能力。通过与服务提供者的交流、互动，用户可以改进自己的不足，提高获取信息的能力。

二、个性化服务的主要方式

个性化服务是培养个性、表现个性、满足用户个性需求的服务。目前，关于个性化服务的实现方式主要有以下几种。

(一)个性化定制

纷繁复杂的网络环境使得用户需要量身定制的个性化服务。个性化定制服务是目前个性化服务中的主流方式，主要采取两种服务模式：一是个人定制，即用户按照自己的目的和需求，在某一特定的系统功能和服务中，自己设定信息的来源方式、表现形式，选取特定的系统服务功能等；二是系统预测，即通过对用户提交的信息和系统记录的用户访问习惯、栏目偏好、特点等信息进行分析，或寻找相近需求用户群，自动组合出用户需要的最新资料并发送给用户，以提高用户对图书馆的满意度。同时，通过与用户直接或间接的沟通，改善图书馆与用户的关系，增加用户对图书馆的忠诚度。要让用户满意，关键在于根据用户定制信息对用户进行跟踪分析，将信息与用户兴趣匹配，找到用户真正需要的信息。一般说来，个性化定制主要包括界面定制、内容定制和信息检索定制。

(二)个性化推荐

个性化推荐服务是指根据用户的兴趣和特点，推荐用户感兴趣的信息，是一种主动型、深层次的个性化服务方式。其原理是根据用户模型寻找与用户兴趣匹配的信息，或者寻找具有相近需求的用户群而后相互推荐浏览过的信息[①]。通过网络信息的挖掘，了解用户的需求和兴趣，为用户提供个性化的实时信息推荐服务，是因特网服务的一个发展方向。面向单个用户的实时个性化推荐服务有四种方法，即在Cache内的协作推荐、利用聚类方法实现实时个性化推荐、利用分类方法实现实时个性化推荐和利用协作推荐的方法实现实时个性化推荐[②]。

(三)个性化提取

(1) 垂直门户。垂直门户是和综合性门户及水平门户相对应的概念，垂直门户是通过汇聚网上某一特定专题信息资源并对其进行挖掘及深加工，以满足用户专深的专业信息需求[③]。垂直门户的特点体现在对网上的信息资源按专题进行收集、甄别、过滤、评价与整合，提供目录式索引和源站点地址，并有专业搜索引擎。垂直门户不同于综合性门户的大而全，而在于特定领域信息内容的精而深。这种服务更能满足专业用户的特定信息需求，它所提供的是个性化的高质量信息服务。

(2) 数据挖掘。数据挖掘是从众多的数据库中获取人们感兴趣的知识。这些知识通常是隐含的、潜在的、尚未被发现的。个性化服务的数据挖掘是从数字图书馆大型数据库、数据仓库和浩如烟海的网络信息空间中发现、提取隐藏于其中的知识信息，是以资源建设为基础的高级阶段的信息服务[④]。目的是帮助用户寻找数据间潜在的关联，发现被忽略的

---

① 曹树金，罗春荣，马利霞．论图书馆个性化服务的几个基本问题[J].大学图书馆学报，2005(6):33-39.

② 赵水森．基于因特网的个性化信息服务研究[J].中国图书馆学报，2003(4):20-24.

③ 刁万球．图书馆个性化服务模式研究[J].图书馆论坛，2006(6):198-201.

④ 刁万球．图书馆个性化服务模式研究[J].图书馆论坛，2006(6):198-201.

要素，为预测趋势和决策行为提供更多的知识信息支撑。

(四)信息推送

信息推送服务是运用推送技术按照用户的需求，自动搜集用户最感兴趣的信息，定期将有关信息传送给用户的一种个性化信息服务方式。其最大特点就是打破了传统的信息获取方式，具有一定的智能性，能实现用户一次输入请求，服务器根据已建立的用户和信息的对应关系，定期、不间断地向用户推送最新动态信息，其实质是一种“信息找人”的服务模式。它可以帮助用户减少寻找信息的时间，将个性化信息直接推送给用户，提高用户浏览、检索和获取信息的效率。

信息推送服务一般来说可分为两类：一是借助电子邮箱并依赖于人工参与的信息推送服务；二是由智能软件完成的全自动化信息推送服务，推送方式主要有四种：基于频道的推送、基于邮件的推送、基于网页的推送和专用式推送①。目前，应用较广泛的是频道推送和邮件推送，前者是将某些网页定义为浏览器中的频道，用户可以像选择电视频道那样去收看感兴趣的、通过网络播送的信息。

(五)智能代理

智能代理技术又可称为人工智能代理、智能体，这是一种利用智能代理技术为用户提供智能化、主动性的信息代理服务。智能技术能独立地帮助用户搜集信息，是能自我学习和组织信息的代理软件技术；智能代理具有一定的推理能力，能比较准确地判断用户意图，有针对性地提供信息、解决问题；智能代理能通过各种通信协议和多个智能体进行信息交流，并能通过协作和磋商来共同完成复杂的任务②。智能代理由界面代理、通信协作代理、浏览代理、通知代理、监督代理、数据库管理代理、信息探测代理等功能模块构成，主要功能有：管理信息库功能；智能搜索功能；动态个性化生成功能；信息导航功能。通过这四大功能实现个性化服务。

(六)呼叫中心

呼叫中心是一种专门提供一对一的用户个性化服务系统，是基于CIT（计算机电话集成）技术，充分利用通讯网络、计算机网络的多功能集成

① 唐安顺.浅谈图书馆的个性化信息服务[J].图书馆,2009(4):126-127.

② 孙彩杰.高校图书馆个性化服务系统MyLibrary的研究与实现[D].上海:华东师范大学,2006.

的综合信息服务模式。在大型集团和企业有着广泛应用，它是现代企业开展客户服务、市场营销、技术支持和其他特定商业活动而接收和发出呼叫的一个渠道。如果利用在电子商务中非常流行的网络客户呼叫中心软件Web Line Collaboration Server，把它安装在图书馆服务器或第三方服务器上，作为链接点嵌入图书馆主页，用户和馆员就能通过浏览器进入呼叫中心。馆员可以直接回答用户的咨询问题，用户可以通过各种通讯手段进入图书馆服务系统获取信息。呼叫中心引入客户关系管理（CRM），通过建立用户数据库，对信息统计分析并进行数据挖掘，定期自动向用户发布新信息，为用户提供全天候个性化服务[①]。

（七）互动式服务

互动式服务是一种动态服务模式，它通过与用户双向沟通和交流，来调整资源整合内容及服务形式，提高服务质量。互动式服务主要有实时互动、延时互动和合作互动，包括提供网上定题服务、网络参考咨询、网上信息传递、网上文献购置申请、网上馆际互借等多种服务形式，其中网络参考咨询中的在线咨询是即时的个性化服务，其余均为延时互动。这种服务方式一般会要求在两个工作日内完成，它是由图书馆工作人员根据用户的需求所提供的文献索取、查询、咨询等服务。这种个性化服务是网络信息服务的延展，其服务程度的好坏与图书馆工作人员的素质、责任心、馆藏、设施及资源共享等方面有很大关系，如果上述条件均比较好，用户就会得到比较满意的个性化服务。

（八）自主建立知识库服务

这种个性化的服务模式一般通过知识库系统软件来完成。用户提交问题表单后，它会自动提醒信息提供者，并帮助用户追踪知识提供的状态。这个把问者提出的问题和答者对问题的解答记录在检索数据库里的数据库被称为知识库，问答知识库是经过加工标引后的结构化的问答集合，是经过精心筛选和组织的有价值的信息产品。这种知识库包括知识内容、数据元素、元数据、过程维护和报告功能。

知识库的建立有两种方式：一种是允许用户自主搜集和组织网络数字化资源，并且根据系统提供的文件夹，将自己所需要的信息资源组织

① 孙彩杰.高校图书馆个性化服务系统MyLibrary的研究与实现[D].上海:华东师范大学,2006.

到不同的文件夹中，可以随意进行修改、删除、重命名等编辑操作；另一种是用户自定信息需求范围，系统通过用户认证后就会及时检索网上信息资源及数据库，并将检索结果及时通知用户，定期更新，而用户可以将结果及时组织到自己的文件夹中。

第二节　个性化服务的实现要点

个性化服务的实现要点主要包括获取用户信息、构建个性化模型、实现技术等方面。

一、获取用户信息

(一)信息内容

用户信息是开展个性化服务的重要依据，主要包括用户基本信息、需求信息、行为信息、成果信息和反馈信息等。用户基本信息主要是对相对固定的用户群体进行特征划分，并对各类用户的主要特征进行登记，利用相关的反馈信息进行修改后形成；用户需求信息包括用户需求的目的、兴趣、范围、习惯等；用户行为的研究主要是通过一定的方法收集整理用户的需求，从而了解用户的信息需要，进而提供主动的信息服务过程。因此，研究用户行为是以对用户信息的收集及分析为基础的；成果信息主要是对用户利用信息服务后所取得的活动和成果进行跟踪、鉴定、分析、推广应用后所得到的。通过用户成果，可以直接或间接地衡量信息服务所产生的社会效益和经济效益；用户反馈信息包括对用户信息服务所作出的评价信息、用户提出的有用建议、指出的主要问题等，其中用户满意度是衡量信息服务质量的一项重要指标，直接反映了用户对当前信息服务水平的认同程度。

(二)获取方式

用户信息的获取主要有显式获取和隐式获取两种方式。显式获取是通过人机交互，由用户直接提供其个人情况、学术专攻、兴趣偏好等信息。目前，发展比较成熟的个性化定制服务形式的MyLibrary、MyGateway、信息推送服务、Altering System服务等，主要就是采用这种方法获取用户信息。隐式获取包括三种方式：一是通过浏览器上的bookmark了解其需求，如在商业上已取得一定成功的SiteSeer系统，就是通过监控用户的bookmark及书签目录，隐含地获知用户对网页的喜爱程度和兴趣偏好；二是跟踪和收集用户访问行为，如对用户访问时间、次数、页面、逗留时间等进行统计分析和学习；三是对Web日志进行深层次挖掘。Web日志文件中包含IP、时间戳、返回码、传送的字节数、URL、HTTP、引用页URL等信息，利用人工智能和不断取得突破的各种数据挖掘技术，可以获得更多更有价值的用户信息[①]。

二、基于Agent的个性化服务模型

个性化服务的一项基本要求，就是将用户感兴趣的信息主动推荐给用户。要实现这项要求，服务系统必须具备两方面的能力：一是构建信息Agent模型，即将个性化信息从全局信息空间中分离出来；二是构建用户Agent模型，即跟踪用户行为，学习、记忆用户兴趣，通过描述用户兴趣特征来建立个性化用户模型。此外，还需要有功能强大的网络信息搜索能力和友好的用户界面，它们既是构建信息Agent和用户Agent的基础，也是实现个性化信息服务的保障。完整的个性化服务模型如下图所示：

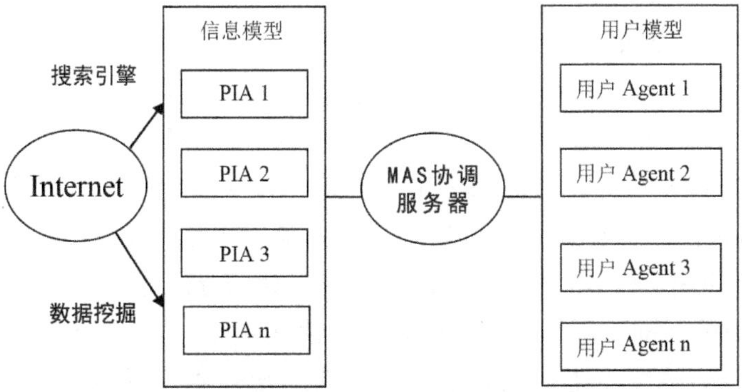

图9-1 基于Agent的个性化服务模型示意图

① 俞晓霞.论数字图书馆个性化信息服务的实现[J].图书情报工作,2005(5):30-32,71.

(一)构建信息Agent模型

构建信息Agent模型，可以采用传统的搜索引擎技术，也可以借鉴数据挖掘中的相关技术，通过互联网信息搜索，为构建信息Agent提供广泛素材。信息Agent具有多种特性，从不同的特性角度出发，能采用不同方法构建。主要有信息Agent的自主学习方法、信息过滤的方法以及基于多Multi-Agent System的合作方法[①]。

(二)构建用户Agent模型

所谓构建用户模型，是指从有关用户兴趣和行为的信息中归纳出可计算的用户模型的过程[②]。实际上是对某一用户行为、兴趣倾向的描述，以确立用户所需信息资源及服务的类型[③]。建立用户模型是实现个性化服务的一个重要方面。用户模型既是实现个性化服务的起点，因为个性化信息模型的构建以此为依据；用户模型又是实现个性化服务的目标，因为个性化信息模型中的信息最终将被推送给具有相应需求和兴趣的用户。

构建用户模型过程的主要工作包括：首先，定义数据结构以满足系统需要；其次，要识别当前用户，即获取用户的个性化信息反馈；再次，加载当前用户的用户模型，如果不存在这样的模型，就按照缺省方式新建一个用户模型；最后，在用户与系统交互的基础上更新模型，新模型能够反映用户的最新特征和兴趣。在模型建立过程中要重视用户行为监控和相关算法的应用。

(三)模型匹配

一旦个性化信息模型和用户模型成熟，我们就可以通过两者之间的协作实现个性化服务。每当用户打算寻求网络信息服务时，他只需输入用户ID号和密码，就可启动一个用户Agent，用户Agent主动寻访个性化信息Agent，直至找到与其所描述用户兴趣相符的信息Agent，并将该模型中的信息推荐给用户。这样，即使用户无法寻求一个确切描述个人兴趣爱好的关键词，却仍能获取最新的个性化服务。此外，信息Agent能在脱离用户的情况下工作，它总是按照其内部规则搜寻相关的网上信息，并将其纳入模型之中，在下次用户需求服务时推荐给用户。个性化服务

① 张玉峰，晏创业．基于Agent的个性化信息服务模型研究[J]．情报学报，2001(5)：555-559.

② 丁传奉．数字图书馆中的个性化服务[J]．图书馆杂志，2006(4)：17-20，42.

③ 赵水森．基于因特网的个性化信息服务研究[J]．中国图书馆学报，2003 (4)：20-24.

实际上就是个性化信息模型与用户模型智能匹配的过程。

三、实现的关键技术

（一）信息过滤技术

信息过滤是根据用户的信息需求对动态信息流进行过滤，把满足用户需求的信息传送给用户，提高用户获取信息的效率。信息过滤是构建个性化信息模型的有效方法，它根据一定的标准将不相关的信息单元过滤掉，仅保存个性化信息。该方法根据自己的关键词域，提取几个权重比较大的关键词作为过滤标准，每个过滤标准描述一个方面的信息需求。在用户的检索过程中，信息过滤可以通过关键词的选择和利用过滤模型两种途径实现。

（二）智能Agent技术

Agent是在人工智能领域发展起来的，它是具有感知能力、问题求解能力和与外界进行通信能力的一个实体[①]。作为具有自主性的一个抽象实体，它能作用于自身和环境，并能对环境作出反应。智能Agent更具代理性和主动性，它能代表用户工作，遵循承诺采取行动，引导、代替用户访问资源，成为用户通达资源的中介。此外，智能Agent涵盖了用户需求的定义、分析和存储以及信息的输入、需求匹配和结果发送各个方面。智能Agent在个性化主动信息服务方面主要解决获得用户的信息需求、自动检索信息和检索结果信息的推送三个问题。通过Agent技术，在获得用户的信息需求后，系统就会不断地为满足用户的特定需求而工作，一旦找到合适的中间或最后结果，系统会主动通知用户，从而最大限度地扩展应用服务系统和最终用户间的信息交流。

（三）信息推送技术

信息推送技术，就是根据用户需求，有目的性地按时将用户感兴趣的信息主动发送到用户的计算机中，即实现“信息找用户”的主动服务[②]。信息推送技术使服务器能够自动告诉用户系统中哪些信息是最新更新的，并自动搜集用户可能感兴趣的信息。

---

① 田景，沈军．基于建构主义的网络知识建构模型研究[J]．计算机工程与应用，2004(30)：151-153，171.

② 赵践锋．提高图书馆个性化服务水平的思考[J]．中国校外教育，2009(12)：218.

（1）信息推送技术。又称Web广播技术，实质上是一种软件，这种软件可以根据用户定义的准则，自动搜集用户最可能产生兴趣的信息，然后在适当的时候，将其传递至用户指定的“地点”。因而从技术上看，“推”模式网络信息服务就是具有一定智能性的、可以自动提供信息服务的一组计算机软件，该软件不仅能够了解、发现用户的兴趣（可能关心的某些主题的信息），还能够主动从网上搜寻信息，并经过筛选、分类、排序，然后按照每个用户的特定要求，主动推送给用户①。

（2）信息拉取技术。常用的、典型的信息拉取技术，如数据库查询，是由用户主动查询数据库，从数据库中拉取所需信息。其主要优点是针对性好，用户可针对自己的需求有目的地去查询、搜索所需信息。Internet上的信息拉取技术可以说是数据库查询技术的扩展和延伸。信息推送与信息拉取两种模式各具特点，在实际中常常是将两者结合起来，常用的结合方式有“先推后拉”式、“先拉后推”式、“推中有拉”式及“拉中有推”式四种。因此，信息推送与信息拉取技术相结合是当前Internet、数据库系统及其他信息系统为用户提供主动信息服务的一个发展方向。

（四）数据挖掘技术

所谓数据挖掘，就是通过对数据库中的数据进行分析处理，从中获得其中隐含的、有用的信息。个性化信息服务中数据挖掘技术的作用主要有两个方面：一是帮助用户决策，数据挖掘是从数字图书馆大型数据库、数据仓库和浩瀚的网络信息空间中发现并提取隐藏在其中的信息，有助于帮助信息用户（决策者）寻找数据间潜在的关联，发现被忽略的要素；二是帮助系统获得用户兴趣，主要包括Web内容挖掘、Web结构挖掘、Web行为挖掘②。

第三节　MyLibrary

MyLibrary是目前较为成熟的图书馆个性化服务系统，是以用户为中

① 焦玉英，索传军.基于“推”模式的网络信息服务及其相关技术研究[J].情报学报，2001(2)：193-199.

② 丁传奉.数字图书馆中的个性化服务[J].图书馆杂志，2006(4)：17-20，42.

心、用户可操作的、个性化收集组织数字资源的一个门户，即用户从图书馆网站所提供的全部数字资源里，选择自己需要的信息组织在MyLibrary中，之后访问MyLibrary，获取与此相关的最新内容。此系统允许用户可以选择定制自己所需的信息资源并自己组织资源。

一、功能简介

MyLibrary集成了世界上最先进的以用户为中心的智能代理技术、个性化定制技术、信息推送技术等相关支持个性化信息服务的技术，全面满足了用户对深层次、多元化复杂知识信息的需求，并真正实现了面向用户的集成服务要求。

(一)书签功能

该功能类似浏览器提供的bookmark，与bookmark不同的是，MyLibrary书签的内容可以让用户在任何机器上访问，用户可以方便地搜集、组织和维护图书馆提供的各种资源以及网上的各个链接，将个人最喜欢的网站标记在自己的书签中，可任意登录上网。

(二)数字资源的分类定制功能

可定制的资源包括图书馆本地所有网络数据库、电子期刊、新书书目等。用户可以把常用的数据库放在定制页面上，以便检索。定制页面内容的更新将与数字资源的更新同步。

(三)最新信息推送功能

在用户访问MyLibrary页面时，会弹出一个窗口，通告图书馆最新动态和最近投入使用的资源信息，用户可以直接把感兴趣的资源添加到MyLibrary中。

(四)与搜索引擎的链接功能

有的MyLibrary能提供著名搜索引擎列表，用户只要选择其中的一种关键词，浏览器便自动调转至该搜索引擎的搜寻结果页面。

(五)智能代理和帮助检索功能

智能代理通过信息空间中的活动，主动搜索可能引起用户兴趣的信息并提供给用户，帮助用户调整检索策略，从而得到满意的检索结果。

(六)良好的学科导航功能

建立与搜索引擎的衔接，用户只要选择其中一种并输入关键词，浏览器便自动跳至该搜索引擎的搜寻结果页面。

(七)有一定的数据挖掘功能

较完善的MyLibrary系统应能对用户以往的信息行为进行分析与挖掘，能满足用户对潜在信息的需求。

二、国内外MyLibrary的典型代表

20世纪90年代末，美、英等国外高校图书馆开发了一批有影响的MyLibrary个性化服务系统。美国的康奈尔大学、北卡罗来纳州立大学、南加利福尼亚州立大学、加利福尼亚州立工艺大学、犹他州立大学、纽约大学等十多所高校图书馆开通了此项服务，从资源组织的有效性、服务功能的全面性以及用户界面的友好性等方面进行了综合评价，比较有代表性的是美国康奈尔大学图书馆的MyLibrary @ cornell和北卡罗来纳州立大学图书馆的MyLibrary @ NCState，其他许多MyLibrary系统都是以这两个系统为原型建立的。国内许多图书馆网站上也都设立了MyLibrary系统，有的图书馆采用自己研发的系统软件，有的则在引进国外先进软件的基础上根据自身需要进行改良。

(一)MyLibrary @ cornell[①]

早在1998年，美国康奈尔大学图书馆就在调查分析的基础上，开发了网络个性化服务平台MyLibrary，并于1999年投入使用。刚开始运行时，系统分为两部分：MyLinks（我的链接）和MyUpdates（我的更新）。2002年，新增MyContents（我的内容）、MyCatalog（我的目录）和My Document Delivery（我的文献传递）三部分。

(二)MyLibrary @ NCState[②]

北卡罗来纳州立大学的MyLibrary @ NCState是一个用户导向的、可定制的个性化信息服务系统。研发工作始于1998年夏天，系统基于UNIX平台，以Perl语言写成，其编码已被密歇根大学、瑞典Lund大学等7家图

① Mylibrary @ cornell[EB/OL].[2008-08-15].http://www.library.cornell.edu/services/mylibrary.html.

② MyLibrary @ NCState[EB/OL].[2008-08-18].http://www.lib.ncsu.edu/mylibrary/about.html.

书馆采用；加州数字图书馆基于其编码，开发了可定制的Portal原型。该系统总体定制机制包括：系统提供默认资源与服务页面；用户可自定义和组合定制内容；用户可查看和修改定制信息。北卡罗来纳州立大学的MyLibrary @ NCState的主要服务功能有：所有资源列表；用户注册、登录和个人资料的修改；界面风格的设置；内容定制等。

(三)ILASⅡ系统中的"MyLibrary"

ILASⅡ系统中的"MyLibrary"是国内最具代表性的MyLibrary系统，是深圳市科图自动化新技术应用公司开发的ILASⅡ网络版中捆绑的个性化服务子系统。ILASⅡ网络版子系统"我的图书馆"，允许用户一次登录而享受所有的服务，其主要功能有：(1) 感兴趣的新书，系统根据用户填写的兴趣特征，将与之符合的新书推送给用户。(2) 书目查询，可查询图书馆的馆藏书目信息及预约想要借阅的书籍。(3) 期刊篇目，查询图书馆的馆藏期刊目次信息。(4) 新书通报，了解新到图书情况。(5) 信息查询，查询图书馆自建或引进的各数据库。(6) 更新个人资料。(7) 修改密码。

(四)中国科学院国家科学数字图书馆中的"我的数字图书馆"[①]

中国科学院国家科学数字图书馆建立的"我的数字图书馆"，是基于北卡罗来纳州立大学的MyLibrary @ NCState系统开发的，遵从GNU协议许可。该系统是一个用户驱动的个性化集成定制门户，它向用户提供对虚拟资源集合的个性化定制功能，目的是根据用户的学科、偏好等特征，通过用户定制、系统推荐和推送功能，为用户提供个性化的集成信息服务。该系统的特色和服务功能主要有系统学科分类、电子资源服务、快速检索服务、学科消息、参考咨询服务以及用户管理及服务。

三、国内MyLibrary系统存在的主要问题

(一)重视不够,宣传不到位

国内图书馆在个性化服务方面未引起足够重视，投入的人力、物力不足，MyLibrary系统的研发技术和应用基础较薄弱，起步较晚，现状不容乐观。国内MyLibrary服务功能等方面宣传不够，用户缺乏使用MyLi-

① My Library @ CSDL[EB/OL].[2009-01-28].http://159.226.100.135/mylibrary/.

brary的意识，急需培养用户；而作为信息服务的提供者，图书馆员应充分利用专业优势和资源优势，为用户提供真正个性化的信息和服务。

(二)馆藏资源的个性化检索功能不够完善

当前的MyLibrary系统一般都是只提供数据库资源链接的定制和基于网络搜索引擎的元搜索引擎模块等一些简单的个性化资源服务。随着图书馆各学科专业资源的不断丰富和用户个性化需求的增强，用户查找所需资源的难度越来越大。因此，要建立完善的个性化MyLibrary服务，必须建立馆藏各类资源的个性化检索机制。

(三)资源整合度不高

国内大部分图书馆数字资源缺少合理、有效的组织，导致MyLibrary系统可定制的资源偏少，服务功能受限。资源的分割为服务的协调性和一致性增加了难度，如新书通告服务需要从联机编目数据库中获得信息，而信息发布服务则是从网页维护部门获得。如何为用户提供统一的服务，以及各个模块如何协调管理都是现有MyLibrary系统需要深入研发的问题。同时，MyLibrary系统中模块的数量越多，其维护和扩展性的难度也越高。

(四)应用规模小,水平低

目前，国内的MyLibrary系统基本实现了图书馆信息资源的定制，但却没有实现完整意义上的服务定制。系统设计的供用户选择的服务项目太少，如ILASⅡ系统中的“MyLibrary”，虽然也提供基本的服务功能，但深层次的信息服务还没有广泛开展，不能满足用户全方位的个性化需求，系统服务功能需要进一步地挖掘与开发。一个完整的个性化服务系统不仅需要定制个性化资源，更需要针对用户需求提供个性化的服务。

四、国内MyLibrary集成服务模式的优化措施

通过对国内外以MyLibrary为代表的个人数字图书馆的服务分析，可以采取以下措施对我国MyLibrary的信息集成服务机制进行优化。

(一)加大宣传力度

图书馆要想更好地开展个性化信息服务必须加大宣传力度。一方面要宣传图书馆现有的资源，另一方面要宣传个性化信息服务为用户带来

的便利，这样才能吸引更多潜在用户并诱发用户的潜在信息需求。图书馆应该根据用户个性化的信息需求为其量身定做服务内容，为用户提供易于接受的个性化信息服务模式。

（二）加强信息资源建设

信息资源是个性化服务的基础，图书馆必须加强信息资源建设。信息资源建设内容包括购买和引进资源、自建资源、整合网络资源以及与其他图书馆合作共享资源。

（三）提高系统的交互性与兼容性

MyLibrary除了为用户提供个性化的信息资源收集和管理外，还应该重视发挥图书馆员的专业指导作用，加强用户与图书馆员之间的交流与互动；同时，MyLibrary系统应能在多种平台上运行，兼容不同的软硬件环境，支持不同的语言界面，做到与图书馆自动化系统的集成，使今后开发出的图书馆自动化系统尽可能地包含个性化定制服务功能，做到用户可以定制自己需要的信息资源。

（四）提供集体用户的定制功能

与个人信息服务类似，MyLibrary还可以为团体用户提供个性化服务，特别是为有关学术部门或专业领域提供定制服务。研究领域相同或者学科相同的一组用户，具有相同或相似的信息需求，学科馆员可以与这些用户协商，了解用户定制的信息资源，提供团体定制服务，并根据用户的要求定义每个用户的使用权限，如大学教师可以建立一个关于课程指导的MyLibrary，由教师将与此课程相关的各类资源组织在MyLibrary中，给学生以只读的权限，可以随时访问相关资源。

（五）重视用户反馈

随着社会的发展和时代的进步，用户的信息需求也随之发生变化，信息服务的反馈问题至关重要。用户反馈包括用户信息、访问频次、反馈信息等内容。通过对用户反馈信息的统计和分析，评价服务效果，总结和分析服务中存在的问题，可以进一步提高服务质量。有效的用户反馈机制不仅可以提高用户满意度，还可以根据用户反馈的信息有效地进行图书馆信息资源的整合、人员的合理配备，更好地为用户提供个性化信息服务。

总体说来，MyLibrary 的目标就是根据用户的特点与需求为不同用户提供具有针对性的信息内容与服务，并允许用户定制自己的界面风格和功能模块。正如张晓林教授所指出的，真正用户的MyLibrary是在用户端，而不是在服务器端。情报学早就告诉我们，用户的信息圈始终是从个人开始，到书房，到同事和朋友的小圈子，然后才到最近的图书馆。因此，个人数字图书馆的集成服务模式应把所有的信息资源与服务动态地集成到一起，并将其与环境结合起来。

五、图书馆个性化服务应关注的问题

(一)隐私与安全问题

开展个性化服务，必须建立用户的个人兴趣文档，这样就不可避免地涉及用户的隐私问题。据报道，82%的被调查者认为网站的个人信息保护政策至关重要，倘若网站没有明确说明收集用户信息的目的和用途，84%的用户拒绝提供个人信息[①]。这就不仅要求图书馆必须提供强有力的信息网络安全技术保障，而且需要国家尽快出台严格的监管制度和法律政策措施，保障用户的合法权益。个性化信息服务成功的关键就在于它能否获取用户的信任，用户能否消除顾虑自觉地接受个性化信息服务采取个性化行为。就图书馆来说，应该使用户相信其个人信息不会被滥用，而是用于有效满足用户的需求；为了更好地开展个性化信息服务，图书馆要鼓励用户提供个人的真实信息，确保个性化信息服务的针对性和可靠性；图书馆还要尊重用户的选择，如果要自动跟踪用户的信息以建立动态模型，一定要征得用户同意。另外，图书馆应利用相关技术加以保护，以进一步建立良好的互动关系，满足用户信息需求。

(二)技术与服务问题

互联网可以提供精确度极高的个性化服务，为图书馆和用户带来方便和效益。从目前来看，支持图书馆个性化服务所需的支撑技术已经基本成熟，如数据挖掘技术、网页动态生成技术、数据推送技术、安全身份认证技术、智能代理技术等给个性化服务的实现提供了有力的技术保障。在加强技术攻关的同时，更应重视服务。因为技术攻关只是给个性化服务的实施提供了技术支持，而要真正造福于用户，提供令用户满意

① 卢小华.网络环境下高校图书馆个性化信息服务研究[J].情报理论与实践,2004(2):187-189.

的服务，则需要从用户角度出发，树立以用户为中心的服务理念。图书馆在推行个性化服务的过程中，不能过分依赖于技术的力量，要注意“信息找人”与“人找信息”的有机结合。图书馆的个性化服务必须坚持技术与服务的统一，通过建立一站式检索服务平台把数据库、虚拟馆藏、网站、实体馆藏和电子邮件服务有机地整合成一个综合集成信息服务系统，为用户提供高质量、高效率、反馈迅速、针对性强的个性化服务。

(三)提高与普及问题

图书馆个性化服务开展的决定条件之一就是电脑普及率的高低。据《中国互联网络发展状况统计报告》显示，截至2015年12月，中国网民规模达6.88亿，互联网普及率达到50.3%，半数中国人已接入互联网①。网络的普及为图书馆开展个性化服务提供了前提保障。个性化服务是一项很耗时耗力的工作，图书馆在实施个性化信息服务的初期只能局限在本馆内部用户范围内进行。如果条件允许，再拓展到其他用户，逐渐普及个性化服务。

① 中国互联网络发展状况统计报告[EB/OL].[2016-02-22].http://www.chinaxwcb.com/2016-02/18/content_334174.htm.

第十章　基于用户的图书馆服务质量评价

图书馆的服务是通过向用户提供文献信息资源来满足用户信息需求的过程，其服务对象是用户，其服务质量同用户感受息息相关。因此，图书馆服务必须密切关注用户，尤其要关注用户的内心感受。作为图书馆服务的接收者——用户，他们所感受到的服务质量对于树立图书馆形象至关重要。美国用户服务专家菲茨西蒙斯认为："只有用户才能评价其服务质量，而所有其他的评价从根本上说都是不相关的。"[①]"以用户为中心"和"最大限度地满足用户信息需求"的服务理念成为了图书馆界的共识，在此基础上，形成了"以用户为中心"的图书馆服务质量评价模式。

第一节　图书馆服务质量评价概述

服务是图书馆办馆的基本宗旨；服务是贯穿图书馆发展的主线，是图书馆的核心价值观；服务是图书馆存在的理由，是我们开展工作的根本出发点和终极意义，是图书馆追求的"唯一目标"。定期对图书馆的服务做出全面、系统、客观的评价，及时了解和把握用户需求，调整工作发展战略目标，是做好图书馆服务工作的前提，是确立服务重点、合理调配人力资源，进一步提升服务水平、树立服务形象的重要基础。

一、相关概念

(一)服务

关于服务，学术界迄今为止还没有统一的权威定义。1960年，美国

① 孙静，粟慧.用户感知的服务质量评价模式——以用户为中心的图书馆服务质量评价[J].图书情报工作，2005(11)：105-109.

市场营销学会首次对服务进行定义，认为服务是用以直接销售或者是同产品连在一起进行出售的活动、利益或满足感；学者鲁思梅尔把服务定义为“一种行为，一次表现，一项努力”。虽然这些定义稍有区别，但就其本质而论，都揭示了服务是以满足用户的需求为目的，是以人的活动为基础的为消费者提供满足的一种过程。这就告诉我们，研究服务和服务质量都必须从用户出发。这里我们把图书馆服务定义为图书馆运用各种文献信息资源满足用户需求的行为和过程。

(二)服务质量

国外对于服务质量的研究始于20世纪70年代，由于服务质量难以量化，学者们对服务质量内涵的界定也各持己见。认同度比较高的观点是顾客是服务质量的唯一评价者，要从顾客期望与主观感受的角度出发，对服务质量进行内涵的界定。美国用户服务专家菲茨西蒙斯认为，服务质量是顾客对服务过程和服务结果的总的评价；1990年，国际标准化组织ISO将质量定义为“一种产品或服务满足明确和隐含需要的能力的特性的总和”。该定义表明，质量就是由能满足人们需要的不同特性组成。那么，图书馆的服务质量就是图书馆用户对图书馆服务过程和服务结果的总体评价。由于用户与图书馆员接触频繁，往往使服务质量体现在用户获得服务时同图书馆员进行接触的瞬间，即服务质量是通过“服务的接触”来体现的。

(三)图书馆服务质量评价

图书馆服务质量评价是指对图书馆的服务过程及其效果的评价[①]，依据用户对图书馆服务的期望与感知，通过问卷调查等方式评估用户所期望的图书馆服务与其实际感受到的图书馆服务之间的差距，了解用户对图书馆服务的满意程度，这种评价方式可以更好地了解图书馆用户的需求，帮助图书馆工作人员改进和提高文献信息服务质量。其目的在于了解图书馆工作和服务的基本情况，评价成绩，找出问题，指导图书馆提高工作效能，优化服务质量，以最小的成本消耗获取最大的服务效果，并为图书馆管理和决策提供可靠的依据。

① 初景利.图书馆服务质量评价新理论[J].图书情报工作,1999(11):3-5.

(四)基于用户的图书馆服务质量评价

基于用户的图书馆服务质量评价，是指用户以自身感受为基点对服务质量进行评价，是用户把对图书馆服务的期望与实际感受到的服务进行不断对比后，对图书馆服务形成的态度[①]。这里的用户不仅包括现实用户，也包括虚拟用户，还包括图书馆工作人员。用户是图书馆服务的最终使用者，图书馆资源和服务是否优质，用户最有发言权，评价也最切实际、最客观公正，因此只有用户才能评判图书馆的服务质量。

二、服务质量评价的原则

图书馆用户服务质量可以从不同途径进行考查和评估。评估的着眼点在于通过评估，达到预期目的和效果，改进和提高服务质量和服务水平。从这一目的出发，根据我国高校图书馆的实际情况，结合当前用户服务的具体特点，图书馆服务质量评价应主要遵循科学性原则和全面性原则。(1) 图书馆服务质量评价工作是一项科学性很强的工作，必须按照科学的标准，依据科学的程序进行。科学性原则具体包括主客体相结合、以客体评价为主的原则，定性与定量相结合的原则，服务因子全面性和专业性相结合的原则以及评价模型科学性和协调性相结合的原则等方面。(2) 全面性原则，进行图书馆服务质量评价时，要按照系统观点全面评价图书馆用户服务工作，具体包括评价时间要全面、评价空间要全面、参与人员要全面三个方面。

三、服务质量评价的意义

通过图书馆服务质量评价，可以确认图书馆服务能否满足用户的信息需求，满足程度如何，图书馆今后应朝哪些方面改进和持续努力；可以分析图书馆服务的效果和作用，发现服务过程中存在的问题，并针对这些问题提出改进建议，提高服务质量和水平，实现办馆效益的最大化和最优化。总之，图书馆服务质量评价是提高图书馆整体工作质量的有效途径。

① 钟德强.基于用户的图书馆服务质量评价方法的创始及其启示[J].图书情报工作,2007(3):60-62.

(一)提高图书馆的核心竞争力

网络时代的到来，使用户在利用图书馆的方式、利用资源内容的层次、要求图书馆提供服务的手段等方面发生了很大的变化。图书馆不可避免地在资源质量、硬件设施、软件建设和馆员素质等方面参与市场竞争，并面临着优胜劣汰的严峻生存挑战。因此，引进一套科学、完善的质量保证体系，采用“文件化”“程序化”“过程方法”等质量管理方法和模式来控制图书馆工作是提高图书馆服务质量和保证图书馆质量管理水平的有效途径，有利于提高图书馆的核心竞争力。

(二)提高馆员的质量意识

图书馆工作本身是一个融文献信息资源的搜集、加工、传递、反馈等程序为一体的综合循环过程，每一过程出现了问题都将对下一流程产生消极影响。在服务质量评价过程中，图书馆员通过仔细了解、学习服务质量标准项目、内容，并积极付诸实施，可以提高图书馆员质量管理的参与意识，使图书馆员逐步学会纵向和横向思考问题，用标准来检查图书馆的质量管理工作，主动发现并及时解决问题，形成“以质量求生存”的质量管理氛围，为质量管理体系的建立和完善以及有效运行奠定坚实的基础。

(三)有利于对图书馆进行广泛宣传

图书馆服务质量评价是一个全体图书馆员参与并尽可能吸引更多用户参与的活动过程，因此图书馆服务质量评价工作可以看作是对图书馆服务工作考核和宣传的过程。在服务质量评价过程中，图书馆员向外界广泛介绍、讲解图书馆服务的实例和所产生的效益、效果，肯定和宣传图书馆服务工作的特殊作用，使图书馆服务质量评价体系产生了多重作用。

(四)有利于图书馆的可持续发展

“没有最好，只有更好”是当前服务界的时尚话语，“最好”只是一时的标语，“更好”才是永恒的追求。图书馆服务质量的评价、改进和提高是一个持续的过程，不断攀登，永无止境，图书馆要确保服务今天比昨天更好，明天比今天更好。这种理念和做法有利于提高图书馆服务质量、全面促进图书馆的可持续发展。

第二节　图书馆服务质量评价指标体系的建立

图书馆服务质量的评价一直是图书馆界备受关注的一个问题。但是，因为图书馆服务具有无形性、易逝性、非储存性、主观性等特点，服务不能被储存、转售或退回，它只存在于被提供的那个瞬间。因此，对图书馆服务质量的测评难有统一的实施标准。图书馆作为一个服务性行业，对服务态度、服务质量的定性、量化，到目前为止也没有一个通行的测评标准。《普通高等学校图书馆评估指标》中对服务质量只是提出了一个“使用效果好”的总体目标，“缺乏测评细则，定位（也）比较笼统模糊”。从评价主体上看，尽管图书馆评估是文化主管部门委托图书馆学会组织专家评价图书馆，但是这种评价方法可以说是行业内部自我评估，其标准的制定、执行和检查是站在同一角度的，图书馆评价体系这种自我完善，图书馆先天不足所造成的缺陷是不易被发现的①。

一、构建图书馆服务质量评价体系的标准

对图书馆的服务质量进行评价，首先必须明确其评价标准。图书馆是为用户而存在的，图书馆服务质量如何，最终应由用户来决定②。图书馆所做的一切工作，都理应也必须是“始于用户的需求，终于用户的满意”，这种评价将是“基于用户的图书馆服务质量评价”，是“用户以自身感受为基点对服务质量进行的评价”。无论采用何种体系和方法，都应该把用户评价放在首位，服务质量的优劣应该是以用户是否满意为评判依据。因此，图书馆服务质量评价应始终围绕用户来开展，其根本的评价标准是用户对图书馆服务的满意度。刘桂林说：“判断一个图书馆办得好不好，主要不是看领导怎么看，行家怎么看，外国人怎么看，最重要的是读者是不是满意。”③蒋永福指出“用户的数量及其需要的满足程

① 许开凤，韦江.图书馆评价理念困窘和社会评价[J].图书馆建设，2004(5)：27-29.

② 初景利.应用SERVQUAL评价图书馆服务质量[J].大学图书馆学报，1998(5)：43-44.

③ 新世纪中国大学图书馆发展之我见(之一)——清华大学图书馆馆长刘桂林访谈录[J].大学图书馆学报，2001(1)：3-4.

度，是衡量图书馆管理效果的基本标准。”[①]

图书馆用户满意主要包括以下方面：(1) 图书馆信息产品满意是基础。用户对图书馆的需求首先是对信息资源的需求，图书馆文献资源的建设应“以用户需求为本”，深入了解不同用户对文献资源的需求特点，进行合理的配置。(2) 图书馆信息服务满意是核心。服务的优劣是吸引用户和影响图书馆效益的关键，服务满意评价主要包括以下要素：图书馆全面整合信息的能力，针对不同用户的需求能提供的准确、及时服务；图书馆服务态度的满意，应贴近用户，具有亲和性；图书馆沟通力的满意，即图书馆能否主动征求用户建议和意见，并做出及时反馈。服务失误及时补救的满意，在发生服务失误时，及时分析缘由，采取措施，不断调整、改进服务水平和质量，达到用户满意。(3) 用户感知满意是关键。用户满意是建立在其对图书馆需求和期望基础上的感知，要使用户获得感知满意，要重视其需求和期望两个主观因素。因此，图书馆在分析和提高自身的信息产品和服务的同时，还要深入研究和分析用户的主观需求和期望，从根本上缩短用户对图书馆的感知和图书馆实际服务水平的差距，达到用户满意。

二、图书馆服务质量评价的主要模型——从SERVQUAL到LibQUAL+™

图书馆作为社会的服务性行业之一，与其他服务行业评价在理论、模型模式方面具有通用性。因此，在借鉴其他服务行业评价模式与方法的基础上，图书馆也开创了一系列行之有效的评价模式与方法。本书所涉及的图书馆服务质量评价方法是以用户为评价主体的评价法，其内容主要涉及与图书馆服务质量相关的问题。

(1) SERVQUAL

1988年，美国营销学家Parasuraman、Zeithaml和Berry依据“全面质量管理（TQM）”理论提出一种称之为“服务质量评价”（SERVQUAL）的方法，并于1990年出版其代表作《开展优质服务：平衡用户的知觉与期望》（Delivering Quality Service：Balancing Customer Perceptions and Expectations）一书，其核心理念是：服务质量的评价要依据用户的知觉和

① 蒋永福，陈丽君．人文图书馆学五定律[J]．图书情报工作，2002(11)：27-32.

用户对服务的期望，以此来衡量服务提供者的服务质量①。在该研究中，三人将服务质量定义为消费者知觉的绩效与期望的差距：Service Quality=(Performance) - (Expectations)，即SQ=P-E，并以十项因素来衡量服务质量。后来，该十项因素被整合成五项因素。之后，Parasuraman、Zeithaml和Berry等人基于“服务质量差距模型”，通过定量和定性研究，又将这五项因素发展成由22个项目组成的测量服务质量的量表，即SERVQUAL量表，如表10-1所示。

表10-1　SERVQUAL量表的测量维度及项目

维度	组成项目
可靠性	1. 对顾客所作的承诺，都能及时完成
	2. 在顾客遇到困难时，能表现出关心并提供帮助
	3. 公司是能让人信任的
	4. 能准时提供所承诺的服务
	5. 正确记录相关的服务
反应性	6. 在何时提供服务并不会告知顾客
	7. 顾客无法迅速地从员工那里得到服务
	8. 员工并不总是愿意帮助顾客
	9. 员工因为太忙以至无法立即提供服务以满足顾客需求
保证性	10. 员工是值得信赖的
	11. 在从事交易时，顾客会感到安心
	12. 员工是有礼貌的
	13. 员工可从公司得到适当的支持，以提供更好的服务
关怀性	14. 公司不会针对不同的顾客提供个别服务
	15. 员工不会给予顾客个别的关怀
	16. 不能期望员工会了解顾客的需求
	17. 公司没有把顾客的利益列为优先考虑
	18. 公司提供的服务时间并不能符合所有顾客的需求
有形性	19. 有现代化的服务设备
	20. 服务设施具有吸引力
	21. 员工有整洁的服装和外表
	22. 公司的设备与他们所提供的服务相配合

① 金更达. 图书馆服务质量评价实现探讨[J]. 大学图书馆学报, 2002(3): 49-54.

该工具由22个项目构成，每项都从特定角度，同时测度着顾客对服务的最低期望水平、想望水平和感知到的水平。三种水平均按1到9级标准测度，1表示最低级，9表示最高级，用户对每个方面根据自身的理解和感受给出一个最接近的分数。三者的比较可以得出反映服务质量的两项差距值：感知到的水平与最低期望水平的差距；感知到的水平与想望水平的差距。通过这三个值，不仅用户对图书馆服务质量的满意程度有了一个较为客观的量化标准，而且可以帮助图书馆管理者了解图书馆服务过程中用户期望与用户感受之间的“差距”，为改进图书馆的服务质量提供导向作用。SERVQUAL可普遍应用于所有服务行业服务质量的测量。

SERVQUAL量表的提出为研究服务质量提供了一种具有启发性意义的重要工具，为服务质量理论确立了框架，为后人研究服务质量奠定了重要基础。此量表得到了许多专家的认可，被认为是适用于评价各类服务质量的典型方法。SERVQUAL的提出，很快受到英美图书馆界的关注，并将其应用到图书馆服务质量的评价中。加拿大学者Francoise Hebert率先将SERVQUAL用于评价公共图书馆的馆际互借业务[①]；Danuta A Nitecki在马里兰等大学图书馆尝试运用SERVQUAL，他认为SERVQUAL关注的是用户的期望和感知，图书馆可以根据SERVQUAL的评价结果，形成用户驱动的服务质量改进[②]。这些早期研究表明，源于商业领域的SERVQUAL基本上适用于图书馆服务，是对图书馆服务质量传统评估方法的很好补充。SERVQUAL可以真切地反映用户对图书馆的看法，发现图书馆服务工作的种种不足并进行改进，从而提高用户满意率和服务水平，真正实现“用户第一，服务至上”的理念。

与此同时，这些早期研究也发现，如果要把SERVQUAL应用于图书馆领域，需要进行一些大范围的调整和改进。如Andaleeb和Simmonds在对大学图书馆的用户满意度研究中发现，原始22条陈述项和五大质量方面只能解释64%的服务质量，原有的SERVQUAL质量方面不能涵盖图书馆服务质量的全貌。随着图书馆界对SERVQUAL有效性及适用性研究的深入，从20世纪90年代末开始，学者们逐渐开始对SERVQUAL进行了修正，目的是要形成能够被不同图书馆采用的实用型图书馆服务质量评估

① 施国洪，王治敏.图书馆服务质量评价研究回顾与展望[J].中国图书馆学报，2009(5)：91-98.

② 徐华.感知服务质量与顾客满意关系研究——以图书馆为例[D].镇江：江苏大学，2010.

体系。其中，最具影响力的就是美国研究图书馆协会（ARL）根据SERVQUAL发展出来的LibQUAL+™体系。

（二）LibQUAL+™体系

由于SERVQUAL是针对服务业提出的，没有完全反映图书馆的性质和特点，因此图书馆界修改SERVQUAL的呼声较高。1999年9月，ARL开始进行“使用SERVQUAL方法测度服务效果的实用性研究”，这是LibQUAL +™的前身。后来，ARL和T & M大学合作，以SERVQUAL为基础，继承了SERVQUAL的评价方法和工作原理，通过多次用户调查对SERVQUAL的各项指标进行修订，提出了针对图书馆服务评价的LibQUAL+™评价模型。该模型结合了SERVQUAL的两个方面和ARL在用户调研中新发现的质量方面而形成图书馆质量评估体系。主要包括制定基于Web界面的图书馆质量评价方法，制定评价图书馆的机制和协议，确定图书馆提供服务的最佳方法，建立ARL的图书馆服务质量评价程序这四个方面的内容①。该模型以SERVQUAL为基础，重新定义调查问题、层面以及数据收集过程，力求设计一种新的用户衡量图书馆服务质量和服务效果的评价方法和体系。

LibQUAL+™的用户调查采用Web方式，由被调查者在网上填写并提交调查表。其调查方式、评价方法与SERVQUAL相同，采用层次分析法，侧重从图书馆用户满意度方面对图书馆服务质量进行测评。即划分若干层面，每个层面再划分若干问题，通过对每个问题的回答来测度用户对图书馆服务的满意程度。对每个问题，均在用户可接受的最低服务、实际感知的服务水平和理想的服务水平三个方面予以评价，且每个角度采用9级量表进行打分。2000年LibQUAL+™评价指标体系形成，并于当年利用它进行了一次调查。在随后的几年中，ARL每年都采用LibQUAL+™进行一次统计和评估，并对LibQUAL+™进行一些修订。经过反复修正与实践，LibQUAL+™的测评指标逐渐稳定下来，并成为图书馆服务质量评价方面影响最大的一种测评工具。

① 魏稳涛，高明. 论图书馆服务质量评价方法——LibQUAL+[J]. 科技情报开发与经济，2006(21):36-37.

三、图书馆服务质量评价指标的主要内容

确定合理、全面的评价内容和指标是用户满意度分析的基础，也是测评用户满意度的关键。在用户服务过程中，除图书馆工作人员和用户这一对主客体以外，还必须有一定的基础设施、文献信息资源和一定的服务方式，而且最后能否满足用户的需求都必然有一个结果，所以图书馆员、用户、基础设施、文献资源、服务方式、服务结果共同构成用户服务工作的六个要素。其中，基础设施、文献资源是图书馆投入能力的具体表征，是做好用户服务工作的基础；馆员是连接文献信息资源和用户之间的纽带，真正起到“为人找书，为书找人”的桥梁作用；服务方式、服务结果是从图书馆产出能力的角度，衡量服务所产生的社会效益和效果，是图书馆服务质量评价的重要因素。用户作为要素之一，主要是通过其他五要素来感受服务，其满意程度实际也就是对五要素的感知程度，是用户对五个要素的预先期望与其实际感受的对比。所以，这五要素也就应该成为反映用户满意程度的五个主要指标。其中，馆员、服务效果对应 LibQUAL+™的服务影响或服务效果，服务方式、文献资源对应 LibQUAL+™的信息或资源的获取，基础设施对应 LibQUAL+™的设施或环境条件。

(一)基础设施建设

图书馆要开展服务，必须具备一定的服务空间和基本设施。主要包括馆舍建筑、布局和各种基本服务设施。图书馆必要的基础设施是图书馆为用户提供高质量服务的基础，因此图书馆应逐步配备快速、便捷、系统、高效的服务设施。

(二)文献信息资源建设

文献信息资源是图书馆为用户提供服务、满足用户需求的物质基础，主要包括印刷型文献信息资源、电子型文献信息资源、网络型文献信息资源。文献信息资源是图书馆服务的保障，图书馆在选择文献信息资源时应做到数量多、质量好、有特色。

(三)图书馆员

图书馆员是影响服务质量高低的重要因素，应作为图书馆服务质量

评价体系的有机组成部分。一般来说，要求图书馆员应该有较高的专业知识水平和过硬的业务素质与技能，平时工作认真、负责，服务态度热情、积极、主动。

（四）服务方式

一般来说，图书馆服务的内容和形式越多，说明图书馆投入得越多，服务开展得越好。服务方式主要包括：图书馆日常的借阅服务，这是图书馆各项服务的基础；用户教育，它是用户有效获得各种服务的保证；各种深层次的信息服务，如参考咨询、文献传递、个性化服务等。

（五）服务效果

图书馆服务效果是影响图书馆服务评价指标体系的重要组成部分，主要有以下几项指标体系：

（1）吸引用户率。吸引用户率是在一定时期图书馆实际服务的人数与应该服务人数的比率。吸引用户率是图书馆长期为用户提供优质服务的结果，好的图书馆就应该有较高的吸引用户率。图书馆办馆的宗旨就是吸引越来越多的用户来馆，提高文献资源的利用率，实现办馆效益的最大化。

（2）用户满意度。用户满意度是用户对图书馆提供的各种服务在总体上的满意程度，是对图书馆服务工作的全面评价。用户满意度是客观评价图书馆当前服务质量的一种指标体系，是对图书馆当前服务状况来自用户方面的一种评价，将这种评价经过一定的方法处理后，把单个用户的客观评价进行汇总，其汇总的结果就形成了用户满意度。用户的这种评价，其实质就是用户对图书馆服务质量的期望值和实际经历之间的总体差距。在对用户满意度内涵分析的基础上可以发现，图书馆用户满意度主要由资源满意度、服务满意度和环境满意度三个部分构成。

（3）文献利用率。文献利用率是图书馆服务质量评价指标体系的一项重要内容。一般而言，每种文献流通次数越多，其利用就越高，价值就越大。文献利用率是在一定时间内用户实际使用的文献数与馆藏文献总数的比率。

（4）主观努力度。图书馆的主观努力度表现出图书馆对用户的关心、关切和关照程度，只有真正关心、关爱和关照用户，才能为用户提供高质量的服务。由于各种因素，各图书馆所处的环境和具备的条件是不相同的。一般情况下，条件越好的图书馆，取得的成果就越大。但在相同条件下，有的图书馆工作做得好，有的图书馆做得不好，甚至条件不好的图书馆比条件好的图书馆工作做得还好，这就与图书馆发挥主观能动性有很大的关系。因此，评价图书馆主观努力程度是有必要的。

五大评价指标与用户发生关系的作用大小是不同的，其重要性也有一定差异。服务效果是用户信息需求最终是否得到满足、目的是否达到的直接表现，因此是用户满意程度的重要因素；基础设施、文献信息资源是为用户提供优质、高效信息服务的保障，在整个评价体系中占有重要地位；图书馆员是整个服务行为的主体，图书馆的各项服务是通过图书馆员的劳动来实现的，对其他要素起着主导作用。特别是图书馆工作逐步由传统文献服务向知识服务发展深化的新形势下，图书馆员的知识水平以及知识组织、知识分析、知识开发能力和社会交往能力、应变能力等都对服务质量起着决定性作用。对于用户满意度来说，图书馆员也应该是重要的评价指标；相对来说，服务方式影响力稍小一点，但在整个服务过程中也不容忽略。此外，不同的时间、不同的用户对这五大评价指标的感受往往不一致。有时候用户可能对图书馆员的服务态度和方式很满意，但其文献信息需求却没有得到满足；有时候用户对得到的结果是满意的，但对获得方式或图书馆员的服务却不满意。甚至在同一时间内对同一要素的不同方面来说，用户的感受也是复杂的。因此，为了准确表达用户的满意程度，有必要对这五大评价指标分别从不同的角度进行评价。

总之，图书馆服务质量评价是对图书馆基础设施、资源、服务方式和服务效果各方面的综合评价，但图书馆服务质量评价指标体系不是简单的数据罗列和堆砌，它们是一个缺一不可的有机整体。因此，要科学地确定各评价参数在图书馆服务质量评价系统中的相对重要性或权重，并采用有效的运算方法来求算排序值，使他们形成完整的服务质量评价指标模型和体系，充分发挥图书馆服务质量评价系统的作用。

四、利用问卷调查法实施图书馆服务质量评价

明确了图书馆服务质量评价的标准、模型和主要内容后，就进入具

体的操作实施阶段。一般来说，图书馆服务质量评价主要采用问卷调查法进行，问卷调查法的基本过程可以分为问卷设计、问卷发放与回收、数据的处理以及结论发布四个主要步骤。

(一)确定用户满意度级别

用户满意度级别是用户在购买或消费了相应的产品或服务后产生的满足状态等级或程度。参照企业顾客满意度测评中常用的五级李克特量表，用户满意程度可划分为很满意、较满意、一般满意、较不满意、不满意五个等级，亦可以将等级换算成相对应的分数，即5、4、3、2、1。但在实际工作中，问卷中的问题不宜采用五级评分，如有些疑难问题不便处理，只能是多重选择；有些问题只能作出“是”或“否”的判断。因此，这些指标也按五级量化，五分制记分，但采用不同的方式进行赋值，具体内容见表10–2。

表10–2　用户满意度测评指标量化分类表

选择类型	分制	可供选项	对应分值
五选一	5	很满意，较满意，一般满意，较不满意，不满意	5，4，3，2，1
两选一	5	是，否	5，0
多选	5	选5项以上，选4项，选3项，选2项，选1项，不选	5，4，3，2，1，0

(二)参考LibQUAL+™模型设计调查问卷表

调查问卷表的问题设置对图书馆服务质量评价尤为重要，问卷设计的好与坏，很大程度上决定了调查的成败。在调查之前，要对问卷进行精心设计，斟字酌句，反复推敲，以求达到最佳的调查结果。问卷的设计要本着客观性和科学性的原则，使得测评结果准确、有效。一般可设计三种类型的问题：选择题、判断题和问答题。选择题又分为单选和多选两种，由被调查者根据自己的意愿选择最恰当的答案；判断题由用户给出是与否的回答；问答题由被调查者提出自己的意见。选择题和判断题的分值见表10–2。

在进行问卷设计时，应注意问卷的提问及措辞。提问应当简洁、明了，容易理解，尽量避免使用行话术语；卷面应当疏密有致，使被调查者能够清晰地阅读问卷；避免提一般性的问题。提问的目的是为获取某种特定的信息，问题过于一般化，容易使答卷者的回答资料失去意义；

避免使用含糊不清、模棱两可的句子，防止产生理解上的歧义；避免使用引导性问题。引导性问题暗示了调查者的观点，对应答者提示了答案方向，使得答案失去客观性。

（三）问卷的发放与回收

问卷设计完毕后，它的发放和回收也是项很重要的工作，图书馆必须尽最大可能提高问卷的回收率及有效答卷的比例。高校图书馆问卷的发放和回收一般采取两种方式：馆外和馆内。馆外调查是由馆员或志愿者到各个院系发放调查表，介绍此次调查的目的、意义、填表要求以及注意事项，然后将问卷留下，隔天再去收回；馆内调查由馆员或志愿者到各阅览室、自修室发放调查问卷，向被调查者解释调查活动的目的、意义、填表要求以及注意事项，然后集体收回。无论采取哪种方式，最好都能记下发出问卷的数目和回收问卷的数目，以了解问卷的回收率，确保回收率至少要达到50%。在网络环境下，图书馆也可以采用以网上调查为主、手工调查为辅的方式进行原始数据的收集，以提高效率。

（四）数据的整理、统计和分析

数据的整理、统计和分析是评价活动的关键环节，这一过程不仅要对各种信息和数据的可靠性、真实性做出辨别，有效地排除某些实际存在或人为的干扰因素，以确保做出客观公正的评价结论，而且要对收集到的信息数据做大量的统计和分析工作。由于评价过程中原始数据回收、数据有效性筛选、数据录入工作量大，一般都要利用计算机对数据进行处理以形成统计量表和图形，一般可以直接利用Excel中的柱形图或饼图，以方便理解。

在数据统计过程中，一般采用层次分析法来确定权重。层次分析法根据人们辩证思维的过程，先将一个复杂的研究对象划分为递阶层次结构，再对单层次的元素构造判断矩阵以得出层次单排序，并进行一致性检验，最后为了计算总排序，采用叠加的方法，推算出总排序值。因此，各层级指标权重的确定与分配是非常关键的一步，决定测评结果是否客观、真实地反映了用户对图书馆工作的认知和满意程度。

（五）发布结论

对调查得出的结论，有内部发布和公开发布两种发布方式。内部发布，包括以书面报告、简讯或通告的方式发布调查结论；公开发布，包括召开图书馆工作人员会议、图书馆委员会会议或有关机构代表、赞助者、用户代表参加的会议，以公布调查结论。这种方式不仅能使图书馆管理的参与者有机会了解图书馆的服务状况，也能使图书馆工作人员通过各种反馈信息认识到他们的工作表现以及用户的看法。

第十一章　以用户为中心的新型服务体系的建立——图书馆重组

网络环境的形成，使图书馆的文献信息活动和文献信息服务的基本方式和格局正在经历着巨大变化，图书馆的文献信息服务呈现出前所未有的广泛性和深层性，给图书馆系统的组织与管理活动增添了新的压力。网络环境下，各种信息服务业务机构，为了适应信息服务要求，必须在原有的基础上进行资源、业务、流程、机构的重新组织，以适应新的信息环境和服务模式。

第一节　图书馆重组概述

一、图书馆重组的原因

计算机技术和网络信息技术的进步为信息服务开拓新的发展方向创造了条件，然而新技术、新环境、新需求也对信息服务机构提出了新的挑战。图书馆要想在瞬息万变的网络时代拥有自己的立身之地，必须将工作重心向服务一线转移，以用户为中心，重新建立一个反应快速并与之相适应的运行机制。

(一)现代图书馆运行机制的桎梏

一定的组织模式与体制结构是为一定的图书馆系统运行方式服务的。由于社会信息组织与服务体系的变化、网络化管理模式的发展以及信息技术变革的全面影响，现行图书馆的组织结构、管理体制与运行机制蕴藏着一些新的问题和矛盾。现代图书馆是以文献信息为中心、按照职能来设置组织机构的。一方面，文献信息进入图书馆以后，人为地被分隔在不同部门，整个流程不能持续运行，不能及时地被用户利用；另一方面，按职能设置机构，各业务部门工作性质不同，部门间不具备可比性，无法制定一套公平的考核评估体系，而部门间工作透明度不够，很容易造成部门之间、图书馆员之间的相互不理解，无法充分发挥图书馆整体效能。

(二)信息资源多样化发展的需要

现代信息资源体系存在着多种资源类型并存的局面，主要表现为载体上的多样化和来源上的多样性。信息资源的多样化使图书馆业务工作出现了分别以纸质文献和数字化资源为主线的两条工作流程，也就是所谓的“物质流”和“信息流”。传统图书馆的机构是为物质流化文献收集、整理、保存与利用的流水作业而设置的。而在网络环境下，对物质流的管理只不过是完成了图书馆功能的一部分。电子化、数字化文献的存在决定了图书馆的另一部分功能——对信息流的开发和传播。只有将信息流和物质流共同赋予图书馆，图书馆才能完善自身，成为真正意义上的完整图书馆。可以说，图书馆在自动化环境下的业务流程重组模式事实上就是以信息流和物质流的相互作用与相互依存为基础的。图书馆业务流程必须变革，实现从物质流到信息流与物质流相结合的业务流程模式发展。

(三)信息技术革新的要求

现代信息技术的发展和应用，改变着人们记录信息的方式和传递信息的手段，是推动图书馆业务流程重组与优化组织结构的根本动因之一，也是实现图书馆业务流程重组的关键因素。随着信息技术的发展和应用，图书馆的业务工作流程并没有进行相应改革，有些图书馆甚至是运用现代化技术去适应落后的流程，非但没有提高工作效率，反而把简单的问题复杂化，没有充分发挥信息技术的效用。在信息资源海量化、信息渠道多元化、信息载体多样化、信息传播扁平化的互联网时代，信息管理技术及其应用系统经历了文件系统—传统数据库管理系统—数据库管理应用系统三个发展阶段，目前已经进入数据结构多元化、存储异构化的时代。交互、精准、即时、针对用户个性化需求的信息服务已成为用户迫切需要了解和掌握的基本工具。

(四)用户需求的变化

用户需求的变化是图书馆实行业务流程重组的根本动力。用户需求的变化突出表现在如下方面：对服务时间和空间的变化要求；对服务的方便性及效率的变化要求；对服务内容的变化要求；对服务结果和效果的变化要求。用户关心的不是获取信息的过程，而是获得信息的结果。他们往往希望图书情报机构能够围绕他们关心的内容提供一系列信息资料，并将其需要的所有资源组织起来形成一个逻辑整体，为用户提供“一站式”服务。用户持续变化的需求是图书馆发展和变革的根本动力，用户不断变化的信息需求促使图书馆不断利用新技术、采用新手段去寻找新的信息源和服务方式，并优先满足用户需求。

通过以上几点分析可知，图书馆出现了功能失调，现有的组织机构、业务流程、管理方式等已落后于时代的要求，图书馆的变革、重组势在必行。

二、图书馆重组的意义

图书馆进行重组，有利于增强图书馆的应变能力和竞争实力，实现自我超越与可持续发展；有利于图书馆向以用户服务为中心的管理模式转化；有利于发挥协作精神，提高图书馆员的整体素质。

(一)实现图书馆高效低耗的运作模式

高效低耗，无论是现在还是将来都是一切系统运行的法则，更是竞争制胜的法宝。图书馆进行重组，不仅意味着会重塑一个先进的服务平台，而且还包含着资源共享、减少重复作业的重要设计原则。通过系统的集成化管理，一方面，将原来许多分离的工作实现了在功能上的合并与重组，裁撤了一些冗余和重复的部门；另一方面，顺应时代发展的要求增加一些新的服务部门，实现了物质流与信息流的完美结合。

(二)有利于发挥团队精神

传统的分工模式使大多数图书馆员局限于自己固定的工作范围，工作任务的分割使图书馆员们在工作中缺乏协作和创新精神，不利于充分发挥图书馆员工作的主动性和创造性，造成工作效率与服务质量偏低。而进行业务流程重组，可以提高图书馆员之间的相互了解与合作，形成团队意识，将原来系统中各个分散的环节整合形成一条顺畅的业务流，从而提高整体工作绩效，提升服务效率。

(三)实现图书馆服务的快速反应

一个图书馆在服务方面的反应能力如何，是衡量图书馆能否建立敏捷性组织的重要指标，也是图书馆进行重组的根本任务之一。传统的金字塔式的组织结构使信息反馈迟钝，上情下不通、下情上不达。重组理论要求精简机构、权力下放，增大图书馆一线工作人员的权限职责，使图书馆员能够审时度势，根据用户需求做出快速反应，给予及时准确、仔细周到的服务，提高图书馆的应变能力。

第二节　BPR理论与图书馆重组

一、BPR理论

BPR理论，又称为业务流程重组，有的也称为企业过程再造、再生工程、再造工程以及企业流程改造等，指对企业的业务流程作根本性的思考和彻底重建，其目的是在成本、质量、服务和速度等方面取得显著改善，使企业能够最大限度地适应顾客、竞争、变化为特征的现代企业经营环境[①]。它强调打破职能部门的分界线，考虑过程的持续性和有效性，以过程而不是以职能部门为企业生产经营的管理对象。其核心思想和内容可归纳为注重流程、彻底变革、强调顾客导向。

二、BPR理论与图书馆

BPR理论运用于图书馆学，即LBPR（Library Business Process Reengineering），是从企业管理的角度来探讨图书馆业务重组的理论研究与改革实践。BPR理论虽然首先在企业界出现并兴起，但却很快进入了国际图书馆和信息管理领域。如《图书馆与信息科学文摘》在1994年就已将该术语用作主题词[②]。在国际图书馆文献（包括因特网）中已经可以看到不少业务流程重组在图书馆应用中的案例和论述。经过理论内涵的改造后，图书馆界也开始尝试把BPR理论用来指导图书馆改革，如美国夏威

① 沈向阳.企业成功实施ERP系统的关键因素[J].集成电路通讯,2005(3):45-48.

② 缪其浩."业务流程重组(BPR)"与图书馆改革[J].中国图书馆学报,1998(2):15-19.

夷州立公共图书馆、犹他州立公共图书馆、香港理工大学图书馆、清华大学图书馆、上海图书馆等，先后在其改革及数字化建设过程中不同程度地引入了BPR理念，虽仅限于局部尝试，但亦取得了良好效果。这些案例给图书馆如何利用这个概念提供了启示，表明图书馆与企业一样适用BPR理论，因为图书馆与企业都处在不断变化的社会环境中，他们都是这个社会组织的一分子；图书馆与企业都是以满足用户需求为目标；图书馆与企业一样都非常重视信息技术的应用；从某种意义上讲，图书馆和企业一样，都存在着效益问题，只是表现形式和侧重点不同而已；图书馆的基本业务传递信息资源同样是一种业务流程，因而图书馆运用业务流程重组理论是可行的。

由上述分析可以得知，业务流程重组适用于用户主导、竞争激烈、变化快速的现代社会，并且其作为一种新的管理思想和管理工具同样适用于图书馆界。图书馆应借鉴企业管理的成功经验，在技术上重视信息技术的应用，实现图书馆物质流与信息流的有机整合，建立合理馆藏；在服务上树立以用户为中心的观点，充分利用一切条件满足用户需求；在经济上考虑投入与产出的比值，实行开源节流；在管理上建立良好的运行机制，实现高效低耗。

三、从BPR理论看图书馆重组的实质

从业务流程重组（BPR）的定义中可以看出，“根本性的思考”“彻底重建”以及“显著的改善”等词是关键，我们可以根据这几个关键词来分析一下图书馆重组的实质：“根本的”，业务流程再造就是对图书馆所固有的基本思维定势提出挑战，产生创造性思维，从而促进图书馆理念的根本转变；“彻底的”，彻底打破旧有的模式，尽可能突破传统框架的束缚，打破常规、彻底创新，实现以用户为中心的机构设置，使整个图书馆产生脱胎换骨的巨大变化；“显著的”，图书馆重组必须打破原有的工作流程，根据信息传递的方式设计最短、最有效的线路，达到效果的显著改善。

业务流程重组区别于其他企业改革概念的最根本特征是“重新开始”。图书馆重组应该以确定图书馆的使命为前提，在科学理论指导下管

理新思维，使我们能站在图书馆生存发展的高度，重新审视其社会地位，重新定义其历史使命，重新排列其工作优先顺序，制定出科学性和创新性相结合、现实性与前瞻性相协调的发展战略。图书馆重组的实质是对图书馆原有业务过程和机构设置进行重新设计，使图书馆整体功能、工作重心及机构设置更加主动、有计划、有目的、有组织、有协作、有步骤地进行，实质上是从深层次开始进行的全新再设计。

第三节　图书馆重组的主要内容

根据BPR理论的精髓，图书馆重组的整个实施体系包括观念再造、资源重组、流程重建、机构重构等方面，其中以流程重建为主导，每一个重组体系内部都有各自独立的相应内容。

一、观念再造

在技术主导的信息社会里，许多图书馆人的思想观念远远落后于技术的进步和社会的发展。为适应时代需要，图书馆人思想观念的彻底变革显得尤为重要。观念再造要解决的是有关的观念问题，主要涉及重塑服务理念、转变管理机制、重建组织文化等方面，实现要点也应从这几个方面综合考量，帮助图书馆员从发展的角度来理解重组的意义以及重组所带来的实质性效果。

二、资源重组

图书馆资源包括设备资源、人力资源以及文献信息资源等内容，这里着重分析人力资源重组。人才是图书馆建设的根本，关系到图书馆服务质量的优劣与效果的好坏，建设高素质的人才队伍是图书馆重组的核心。在网络时代，图书馆需要的是一专多能的复合型人才，他们既要有扎实的图书情报知识和一门以上的专业知识，也要具备熟练的计算机应用技能与网络处理能力，还要有较高的外语功底和娴熟的业务技巧。高素质的人才队伍是图书馆重组得以顺利实施的保证，因此图书馆应对各部门、库室的人员基本情况进行综合分析，制定出切实可行的方案，对传统的人事分配制度进行改革，实行全员聘任、竞争上岗、择优录取、评聘分开等上岗措施，并对岗位编制、职责、权限等指标进行细化，制定出切实可行的考核标准和监督措施，使重组后的工作人员能更快、更好地适应瞬息万变的新环境。

三、流程重建

“在21世纪，持续的竞争优势将更多地来自新的流程技术而不是新的产品技术，……过去的首要任务（发明新产品）现在变成了次要任务，而过去的次要任务（发明和完善新流程）现在则变成了首要任务。”[①]图书馆在实施业务流程重组过程中，要通过充分运用现代信息技术、仔细考虑用户需求来改革图书馆原有流程和管理体制，实现业务流程的自动化和计算机化，提高工作效率，缩短信息流转周期。数字化业务流程重建的目的在于更好地开展社会化信息服务，满足用户个性化、多元化和全程化的信息服务需求。因此，在流程重建过程中，图书馆应着重考虑服务的个性化、知识整合、服务集成、核心业务拓展和网络虚拟服务开展等问题。

(一)流程重建的步骤

（1）分析现有流程。对现有业务流程的分析、诊断是依照业务流程重组理论的核心思想与原则确定当前业务流程中存在的关键问题，为新的业务流程的设计提供依据。传统的图书馆工作流程是直线型流水线式的，根据文献信息在图书馆中的流动方向而设计。这一业务流程的核心是一个物化的线型模式，主要为文献的采集、编目、分类、典藏、流通、阅览、检索咨询等直线式工作程序，各业务环节紧密相连。这种工作流程，在传统或自动化管理程度不高的情况下是可行而有效的。随着图书馆日常工作微机化、信息存取网络化、馆藏资源数字化程度的日益加深，其缺点亦日益显著，如主要满足于纸质文献采、编、藏、借、阅、检等传统文献组织过程，忽视电子馆藏和海量网络信息资源等数字信息的组织流程，忽视印刷型文献、电子馆藏资源和网络信息资源的合理配置与协调服务；中断信息服务流程；忽视了用户需求等。

---

① 陆宝益，郑建明.关于我国图书馆实施BPR的思考[J].大学图书馆学报，2002(2)：63-66，70.

（2）界定核心流程。进行业务流程重组，首先要确立核心业务流程。所谓“核心流程”，是指在众多流程中，集成组织的各种核心竞争力的流程。核心流程的确定是随着形势的变化而变化的。图书馆应从用户需求角度出发，根据用户需要随时增加、删减和组合新的业务流程。当前，图书馆服务已由文献信息加工与处理向知识信息服务转化，因此图书馆的核心流程就要围绕知识信息服务进行一系列相关工作。

（3）设计新的流程。实施BPR，最重要的就是重新设计图书馆的工作流程。业务流程设计得科学得当，就可以减少重复运作时间，减少工作中的矛盾，避免差错，提高效率。图书馆可以把信息服务作为流程重组的切入点，全方位进行馆内业务流程优化和馆际业务流程优化。一是鼓励图书馆所有工作人员积极参与新流程设计；二是新流程设计必须在详细的问题诊断基础上进行，要依据合理分工和交易成本最低化的原则对已经细分的工作单元进行改造和整合。并且，应该为新流程设定一个明确目标，并将如何实现战略目标的具体方法和步骤融入到新的流程中去，一方面可以给改革工作提出一个明确的奋斗方向，另一方面也可以为最后的评价提供参考标准。

（4）实施流程重建。完成流程设计后，接下来应该对现有的流程进行重建。第一，制定实施计划：目标陈述、约束条件陈述、衡量标准、阶段步骤、项目工作计划；第二，制定实施计划任务书：项目组一览表、基本资料需求表、教育训练分派任务表、实施工作流程时间表、人员分工调整说明；第三，定义接受标准；第四，实施。

（5）根据反馈进行调整、完善。在流程重建过程中，要根据用户和图书馆员的反馈意见不断调整、持续改善，使新的流程既能符合图书馆员需要，又能满足用户需求。

（二）几种流程重建模式分析

自从BPR理论传入我国图书馆界后，一些学者对此进行了有益的探索，并积极付诸实践。学者们对重组的方式进行了理论探讨和实践检验。

蒋志伟提出，可以根据图书馆的实际情况进行业务流程重组，并提出了三种模式以供参考：以馆藏数字化为核心的业务流程重组，以系统管理为中心的业务流程重组和以网络服务为中心的业务流程重组①；陆宝益、郑建明建议使用点阵式、网状式的工作流程，所谓点阵式，就是在按学科专业划分的业务部门内，将工作环节进行简化、糅合，将原来跨部门、由多人按顺序完成的工作，集中由极少数甚至是一个人来完成。一个图书馆员将身兼多职，从文献信息的采集、分编、加工处理，到对具体信息的评价、选择和提供、解答咨询等，一个馆员可能就是一条“流水线”。他们把这种“流水线”称为图书馆总的业务管理流程上的一个“多功能节点”，图书馆整体工作流程体系，就是由若干这样的节点构成的网络状系统②；沈丽萍提出，业务流程重组应冲破一馆之内业务流程重组的限制，建议进行跨地区跨行业的重组，即由政府主管文化的部门牵头，以各地区高校图书馆为中心，联合各级学校以及公共图书馆和科学院系统的图书情报单位，建立区域性图书馆计算机网络系统，然后再进行图书馆内部业务机构之间的重组和图书馆各业务部门内部业务流程的重组③；徐芳等人针对图书馆发展到复合图书馆的现状，结合现代信息技术，以信息流为主线设计了改组以后的业务流程，这种以信息流为中心的业务流程改组后集供应链管理和客户关系管理的优点于一体④。

上述四种模式各有千秋，也是广大图书馆工作者在图书馆界引入BPR理论后在实际工作中进行的有益尝试。第一、二种模式最大的优点是：首先，文献信息资源建设者和用户之间信息交流渠道简捷；其次，这种模式淡化了用户服务第一线、第二线的概念；再次，这种模式对图书馆员的素质要求更高；最后，这种模式改变了以往按载体划分资源的做法，而采取按学科和专业组织信息单元的方式，将同一学科的各种载体的文献信息资源集中管理，按学科实现信息资源的集成化。第三种模式的优点在于作者的大图书馆观。就图书馆界而言，业务流程的重组不是一两家图书馆的事，而是整个图书馆界在网络信息时代主动顺应信息技术革新、馆藏资源多样化、用户需求多元化等要求而进行的改革。这

① 蒋志伟.运用BPR理念 完成图书馆数字化改造——兼论网络环境下的图书馆发展[J].情报资料工作,2001(2):49-51.

② 陆宝益,郑建明.关于我国图书馆实施BPR的思考[J].大学图书馆学报,2002(2):63-66,70.

③ 沈丽萍.现代图书馆结构转型中管理模式的创新[J].图书馆学研究,2002(8):27-29.

④ 徐芳,柴雅凌,金小璞,等.数字化环境下图书馆业务流程重组[J].图书情报工作,2006(11):33-35,71.

种改革首先应冲破一馆之局限，集中各类型、各区域、各层次的图书馆，建立全国性统一的图书馆流程体系，避免因各个图书馆流程的不统一给用户带来使用上的不便。网络时代的资源共享、馆际互借、合作参考咨询、数据库建设等都不是以一馆之力就可以顺利完成的，应强调馆际协调与合作，只有重视图书馆之间的沟通与合作，才能提高整体服务水平，然后在此基础上进行单个机构的图书馆流程重建。第四种模式的优点在于：集供应链管理和客户关系管理的优点于一体；提供强有力的采购信息支持；智能化的期刊管理系统；保障图书馆资源建设的质量。总体上来讲，这些流程设计、优化、重组还是以方便图书馆资源管理为最终归宿，从用户使用的角度来讲，并没有什么实质性的效果。

目前，第二种和第三种模式相结合的重组模式是全国图书馆界宏观重组与单个图书馆内业务流程微观重组的理想结合。图书馆业务流程的重组不应该局限于某一个图书馆内部，应该突破“本馆”的传统思维，积极推进与其他图书馆之间的合作，实现馆际业务流程优化。如信息资源的协作采集、联合编目、参考咨询服务的合作等，都不是依靠一馆之力就可以完成的，而需要图书馆走协调化、合作化的道路。对全国图书馆界进行流程重建，是整个图书馆界的宏观性重组。在网络环境下，图书馆也应该进行跨行业与跨地区的重组。总体设想是：由政府主管文化的部门（主要是国务院下属的文化部以及文化部下属的省文化厅、局等）牵头，以各地区高校图书馆为中心，联合各级各类学校以及公共图书馆和科学院系统的图书情报单位，建立区域性图书馆计算机网络系统，然后交流经验、互通有无，再进行单个机构的流程重建。

单个机构的流程重建宜采用第二种模式进行，中小型高校图书馆也比较适合这种模式。这种模式实现了采、编、藏、阅的一体化管理，方便用户查询和使用，把以往中断的服务流程重新组织起来，用户查阅资料只需在一个库室就能得到满足，既可以节约用户时间，又提高了用户满意度。

总之，图书馆业务流程是保证图书馆工作高效、优质运行的基础，只有流程科学、合理，努力形成一个高效运作的业务链，才能使整个工作环环相扣，一环带动一环，一环紧扣一环，一环监督一环。具体来说，各馆情况不一，采取的服务模式也会不一样，至于采取什么样的模式要根据实际情况而定，不能一概而论。就具体信息服务机构而言，基于服务功能的业务流程优化应首先考虑如何以满足用户的信息需求为起点，流程的设计、实施都要以方便用户使用为前提，只有这样，才能为用户提供更优质的服务。总之，图书馆的业务流程重组要能够达到最大限度地减少人力资源浪费、降低图书馆运作成本、提高图书馆服务效率等目的。

四、机构重构

图书馆组织机构重组是图书馆业务流程重组的必然要求，也是图书馆业务流程重组的必然结果。因为要提高图书馆的服务质量与工作效率，要完成对图书馆业务流程的重组，就必须根据业务流程重组的需求，对图书馆的组织机构进行重组。组织机构重构是图书馆业务流程重组中探讨最多的一个问题，也是国际图书馆界探讨的热点问题。机构重组是一项艰巨而复杂的工作。如果说图书馆自动化是图书馆在技术上的一次变革，那么，图书馆在自动化环境下的机构重组，则是图书馆在运行方式和管理模式上的又一次变革，需要周密的计划和严格科学的程序。

(一)机构重构的原则

(1）以用户为中心的原则。图书馆的机构重组要遵循用户第一、便于用户使用的原则。以用户需求为出发点，以方便用户服务为落脚点，把用户的调查研究作为用户服务的基点，防止人、财、物资源建设的盲目性、随意性，重视网上信息资源的知识组织与学科导航工作。图书馆各项工作应围绕用户需求来开展。我们要改变当前按照文献信息的流程、依据功能来设置机构的做法，按照方便用户、利于提供服务的原则来设置组织机构。在组织机构体系中，要突出服务部门的中心地位，其他各机构都应从属于服务机构，为其服务。

(2）扁平化原则。扁平化组织结构是指尽可能地减少组织的决策层和操作层之间的中间管理层次，使领导与成员之间的沟通变得直接与通畅。通过减少中间管理层次，“金字塔”式的组织结构逐渐变得扁平化。图书馆的机构设置要充分体现现代信息技术优势，把相关工序加以整合，压缩管理层次，实现组织结构扁平化。“扁平式”管理的特点是职、责一体化，它变“金字塔”管理的“一人意志众人执行”为“集体的事情大家想点子”。由于管理重心下移，管理核心就来自于管理内部，而且既是“管理员”又是“战斗员”，做到了管理层与被管理层的无缝链接、浑然一体。

（3）高效化原则。高效化原则是在保证完成组织目标、达到高效率和高质量的前提下，设置最少的机构，用最少的人力去完成组织管理的工作任务。基本思路是：压缩编制，科学设岗，公正考核，择优聘任，竞争上岗，形成优胜劣汰的竞争机制。具体实现途径如下：合理定编。根据各个部门、库室的基本情况、工作性质、用户流量等具体情况来设置人员；科学设岗。设岗时要注重实际情况，明确岗位职责、范围、目标，做到因事设岗，以岗择人，人事相宜；竞争上岗。采取个人自愿申请，公开述职答辩，择优聘任的方式，促使能者上，庸者下。

（4）弹性化原则。弹性化原则是指在一个组织中，为了实现某一个目标而把不同部门具有不同知识和技能的人集中于一个特定的动态的团体之中，共同完成某个项目，使组织富有弹性①。信息技术的广泛应用促使了虚拟图书馆或数字图书馆这种新的图书馆形态的出现，使得传统图书馆组织结构的刚性减弱，弹性增加。弹性化的组织结构，可以使组织具有较强的应变能力，使图书馆职能更加多样化、服务质量日益高标准化，提高工作效率。国外的很多图书馆都设有团队，这种团队模式是弹性化原则的最好体现。

（二）“金字塔”组织模式分析

“金字塔式”组织结构始于20世纪初，由当时著名管理学家亨利·法约尔亲自设计，适应了传统图书馆时期的社会环境。“金字塔式”组织结构模式一般分为三层：馆长位于最顶层；中间一层是各个部门主任；下层是普通工作人员。这种“金字塔式”的组织结构实行分头负责、分层管理、逐层落实、逐级考核的管理模式，其好处是：确保事事有人管、事事有人做、责任到人、管理无盲区，岗位职责明确。一般适应于稳定的环境，在传统纸质文献时期，起到了提高图书馆管理质量和效率的作用。但是，“金字塔式”是一种封闭式的、机械式的组织结构，对网络环

① 刘广明.高校图书馆机构设置模式构想[J].图书情报工作,2006(6):112-114,86.

境下变化多端的用户要求，则缺乏应变能力，不利于提供高质量的信息服务，如跨部门服务；“金字塔式”管理的思想流向是自上而下的，逐层贯彻，逐层执行，下一级对上一级负责，上一级对下一极考核。时间长了，自上而下的管理流向会让图书馆馆长不由自主地产生“塔尖”意识；机构设置庞大、臃肿，过于固定、僵硬，缺乏灵活性和应变性，造成组织内信息交流、沟通不畅，用户反馈渠道不顺，难以及时、准确、全面地了解用户需求动态；人数众多，造成人力资源的极大浪费；重管理、轻服务，服务内容简单，人为地割裂各种载体文献信息之间知识内容与联系，难以提供专深、高质的专业化、集成化、个性化服务；图书馆用户服务工作缺乏深入的调查研究等。如何重组机构、优化整体职能，体现“以人为本”的服务理念，应成为高校图书馆深化改革的重点。

(三)几种有代表性的高校图书馆机构重构模式

葛敏通过对数字图书馆业务机构重组特征的分析，认为数字图书馆的业务程序可划分为三个模块，相应的业务机构也可粗分为资源建设部门、用户服务部门及技术支持部门三部门[①]；陈能华等提出采取专业部和职能部并列的形式设置出图书馆的通用模式，专业部和职能部并列，是图书馆业务重组机构设置通用模式的主要特征[②]；陆宝益、郑建明认为应充分运用BPR理论，尽可能地突破传统框架的束缚，打破常规，彻底创新，将层级化的组织结构扁平化，根据纵向集成、横向集成的原则，创建一种纵横交叉的网络型部门组织形式[③]；刘琮提出供参考的四种组织机构设置模式：矩阵型交叉管理模式、蛛网型项目管理模式、学科单元管理模式、虚拟管理模式[④]。

目前，在我国高校图书馆的组织机构设置中，没有一个高校图书馆单独采用以上某一特定模式，多数图书馆是在几种模式中择其优点进行设置。项目小组这种在理论上普遍采用、多种模式中都涉及的结构，在国外图书馆组织机构中是普遍存在的，有的甚至在固定的组织机构图中

① 葛敏.试论数字图书馆业务机构的重组[J].大学图书馆学报,2002(2):25-29.

② 陈能华,龚蛟腾,肖冬梅.图书馆业务流程重组与机构设置的一般模式[J].图书馆,2004(6):70-73,109.

③ 陆宝益,郑建明.关于我国图书馆实施BPR的思考[J].大学图书馆学报,2002(2):63-66,70.

④ 刘琮.高校图书馆组织机构设置探讨[J].武汉理工大学学报·信息与管理工程版,2005(3):254-257.

都能反映出来。如耶鲁大学图书馆有订购团队、会计团队、图书团队、期刊团队和准备支援团队等，而此类团队在我国的高校图书馆组织机构设置中却很少见。究其原因，可能是国内图书馆项目小组的设置较少，且多为临时任务，故未在机构设置中显示。以学科为中心的模式在国内图书馆界，尤其是高校图书馆界备受推崇，但主要是设置学科分馆和学科馆员，并不是完全按第三种模式那样融合了各种业务流程。

（四）基于团队、便利用户的机构设置模式

组织机构重组是图书馆业务流程重组中探讨最多的一个问题，也是国际图书馆界探讨的热点问题。比如美国大学图书馆的机构重组就主要采用了四种模式：技术部门内部合并；技术部门与读者服务部门合并；技术服务部门和馆藏发展部门合并；主题式部门分工，按文献学科设立机构，各学科独立，使机构组织扁平化。我国图书馆界对业务机构重组也已经提出了种种设想，这些设想都有着一定的合理性。现结合淮北师范大学图书馆实际并借鉴其他高校图书馆机构重组的成功经验，对淮北师范大学图书馆的机构设置进行简单探讨、设计和解释（具体结构见图11-1)，希望能起到抛砖引玉之效。

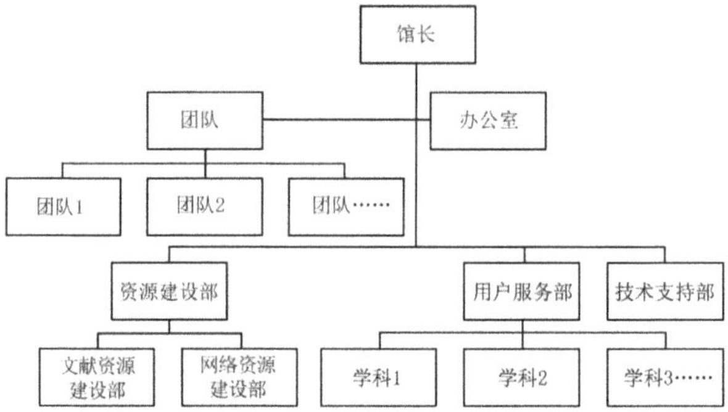

图11-1　基于团队、便利用户的机构设置模式

（1）便利用户。任何一种管理模式的产生、发展都要经过时间和实践的检验，不论采取何种模式都要以提高文献信息资源利用率和方便用户使用为原则。从以文献为中心的服务方式向以用户为中心的服务方式转变，是图书馆管理模式变革的主要标志。“以用户为中心”就是要从用户的阅读习惯和研究特性出发，最大限度地满足用户需要。以学科为中心的模式集专业知识收藏与服务为一体，带有浓厚的学术性，是最适合高校图书馆的机构模式。把馆藏建设特色与学校学科专业建设特色结合起来，按学校专业特色、学科结构重新组织校内文献信息资源体系，也就是说按大学科设置学科专业研究室，将学校的文献信息资源保障体系重组为若干个学科文献信息中心和综合性文献信息中心，并组成若干个学科或专业的实在部门，每一个部门均为全职能部门，负责该相关学科或专业的文献信息资源建设、信息服务、读者用户辅导乃至系统维护、技术性问题的解决等各项工作，为用户提供“一站式”服务。这样既符合读者文献信息需求专业化的特点，也符合图书馆员知识的结构特点；按照学科设置机构，使每一名图书馆员既是文献信息的组织者，又是文献信息的提供者，融本学科的采编、借阅、咨询等多种职能为一体，全面提升图书馆员素质；每一个图书馆员都能面对用户，及时了解用户需求，把握需求动态，并提出及时有效的应对措施。

（2）基于团队。斯蒂芬·罗宾斯认为“团队是指一种为了实现某一目标而由相互协作的个体所组成的正式群体”[①]。图书馆团队组织是指图书馆主要依照信息组织和信息服务的活动范围，有机地建立能够整体协作、共同完成信息服务这一核心目标的、职能交叉的各种任务团队，这种以团队为基础而设计的组织是一个复合的网络化组织。团队理论建立在新的假设基础之上：一个人不可能专长于各个方面的专业知识，一些有相关知识、技能互补的成员聚集在一起可以共同解决问题，而这种问题往往是一己之力解决不了的。设计团队组织，就是为了适应未来图书馆以提供知识服务为核心而非以馆藏管理为核心的组织目标，通过团队这种形式建立一种创新、交流、学习和应用知识、传播知识的环境与激励机制，让团队成员参与设计团队的全部工作并开展知识个体相互弥补的相关任务。

根据本馆的实际，以用户服务为组织活动的聚焦点，可以组建信息生产加工团队、信息服务团队、教学支持团队和学术团队等。其中，信息生产加工团队以及信息服务团队是图书馆最主要的部门，根据各自项目或任务的细分分别下设多个项目团队，由部门负责人和各个项目团队队长一起组成部门领导团队。如：数字化资源开发组、数据库引进组等

① 邓学军，湛正群.基于团队建设的营销组织管理创新[J].商业研究，2004(9)：126-127.

作为跨职能项目团队，一般由图书馆领导直接领导或由部门团队负责；教学支持团队主要是为学校教师教学服务的团队；高校图书馆是为教学、科研服务的学术性机构，在做好服务的同时，也应有自己的科研成果。尤其在评定职称时，论著成果是不可忽视的一道门槛。图书馆学术团队建设，可以形成合力，有利于突破或攻克难题，解决图书馆实际存在的问题。

（3）精简机构。信息技术的快速发展，使得信息载体趋于统一，导致信息加工处理技术的归并，而网络化协作又使得信息加工成果共享成为可能，许多信息加工成果实现了一次加工、多次利用，一家操作、多家共享。图书馆完全有可能开展虚拟化的信息产品生产，仅保留核心的服务功能和信息产品，把非核心的信息服务和信息产品转到其他图书馆或其他信息服务机构去完成。在此情形下，原来采编部的文献收集职能，因信息资源的扩大而加强，但其分编的职能，却因为联机编目的实现而减弱，典藏部门的职能逐步转变为对书目数据库的处理与维护，服务部门的教育职能和信息选择职能将有所扩展。

根据图书馆工作重心及现代图书馆的发展趋势，以用户服务为宗旨和原则，淮北师范大学图书馆组织机构可重组为三部一室：资源建设部、用户服务部、技术支持部和办公室。重组后的组织结构呈扁平化，加强了横向联系，减少了纵向层次，许多非经常性的工作还可以靠临时组建的团队小组来突击完成。这样的组织结构能更好地适应当前瞬息万变的环境，从而能够有效地提高图书馆在信息社会中的竞争力。

（4）矩阵式。图书馆组织结构设置应尽可能地突破传统框架束缚，打破常规，彻底创新，将层级化的组织结构扁平化，根据纵向集成、横向集成的原则，创建一种纵横交叉的网络型部门组织模式。这种纵横交错的组织结构，在纵向上按职能设置部门，在横向上以工作流程和任务不同设置团队，纵横交界处代表具体人员，既同原职能部门保持组织与业务上的联系，又加入项目小组工作，受职能与项目组双重领导，灵活应变，人员有相当的机动性[①]。扁平型的管理结构，管理的中间层次减少，管理环节简化，不同部门、不同岗位的协作性增强，反馈机制健

①丁梅娟，粟慧.图书馆信息服务与矩阵式组织结构：图书馆持续发展之基础[J].图书馆工作与研究，2001(4)：1-3.

全，信息流速加快，对用户的信息需求变化和竞争动向的反应能力提高，整个组织变得更具柔性与适应性。机构重组后，将使图书馆变静态结构为动态结构、变松散结构为紧密结构、变封闭结构为开放结构、变孤立结构为网状结构，各种资源得到优化配置，资源利用会更加科学有效，使图书馆在功能、形态、服务、效率等方面出现新的面貌。

组织在机构重组后必须能适应新的环境，并在这种新的环境中保证组织的稳定存在和顺利发展。因此，机构设置不能完全按理论上的模式进行，也不应照搬他馆的做法，而要尊重传统、面对现实，结合自身的特点、所处的不同发展阶段及原有基础进行。无论设置哪些部门，其宗旨应该是更好地为用户服务、更好的发展图书馆事业，使图书馆能在激烈的市场竞争中拥有自己的立足之地。

五、重组中应注意的问题

(一)成立统领全局的专门机构

国内外的实践表明，高层领导的理解、支持和亲自组织实施是推动图书馆业务流程重组成功的决定因素。因为业务流程重组是自上而下的彻底改组，是一种新的管理模式的建立，不可能由基层部门发起，而彻底变革的要求也必须体现最高领导人的意志。所以，图书馆应成立以领导人为核心的专门组织机构，负责研究规划全馆的重组问题。

(二)建立健全的规章制度

俗话说：没有规矩，不成方圆。一个图书馆如果没有一整套科学的、适用的、完整的规章制度，那么图书馆各方面工作也将会杂乱无章，图书馆重组工作尤其如此。规章制度是做好图书馆重组的标准和尺度，也是管理的手段之一。规章制度的制定，要以图书馆业务工作、服务工作、各项管理工作规范化、标准化为原则，使重组后图书馆各方工作都能迅速纳入科学、规范、标准的运行轨道。图书馆规章制度的制定，不能根据领导者个人主观意愿，而应由各个岗位上的图书馆工作人员，集思广益，共同制定。换言之，图书馆的规章制度是在集体工作实践中总结出来的，是民主制定和群众智慧的结晶，对实际工作指导意义更大，更有实用价值，执行起来也更容易接受。

(三)要进行广泛宣传，营造良好环境

图书馆的任何改革，不仅要得到上级主管部门领导的支持，更要得到图书馆内部工作人员的理解和支持。图书馆重组势必会触及一部分图书馆员的既得利益，影响他们现有的工作和生活状态。首先，重组的实施，使得绝大部分图书馆员多年熟悉的工作方式和工作环境将被迫放弃，需要从头开始去接触全新的工作方法和内容，要去学习新的知识和技能以适应新的工作需要；再者，原来不同部门的人将会被重新组合到一个新型部门中，各自不同的工作方法与作风，也有可能会发生摩擦或冲突，需要逐步磨合。所有这些，都需要图书馆在实施重组之前做好宣传工作，让图书馆员对重组的必要性有所了解，对自身可能遇到的问题有心理准备。同时，要促进图书馆员之间的交流和沟通，让其对在新的工作条件下创造和谐的工作气氛拥有信心，努力营造良好的环境氛围。

(四)要制定周密、详细的实施计划

周密、详细的实施计划是图书馆重组取得成功的关键。一套完整、科学、合理的计划，可以确保重组过程顺利进行。重组计划中除了要对时间与人员作出具体的安排外，更重要的是设计新的业务流程图和确定新的工作岗位，确立检测、评价体系与方法等。其中，新流程的设计是最重要的内容。在设计新流程时，首先要确定所要追求的战略目标，并将如何实现战略目标的具体方法和步骤融入到新的流程中去；其次，要对现有流程进行充分的分析研究，弄清楚哪些环节是必要而需要保留的，哪些环节是多余而需要删除的，哪些环节是可以合并或简化的，以便设计新流程时合理吸收；再次，根据流程需要设计部门、库室，进行机构的重新组织；最后，检测、评价体系的建立，要与新的业务流程相对应。

(五)要进行充分的试运行以检验其可行性

在新流程全面实施之前，图书馆可按照新模式及其要求组织一两个小型的学科专业性部门进行试运作，检查新流程对用户需求的响应速度与效果、对馆员的要求及馆员的适应情况，评估新流程在提高图书馆管理绩效上的效果到底如何。通过试运行，发现新流程中的问题并研究解决，对其进行不断地修改和调整，使其逐步趋向合理。试运行需注意的是要找准切入口，一般来说，应以用户信息需求量较大的学科或专业作为试点，因为这样容易取得改造效果，赢得上级、馆员与用户的支持，从而促进工程的进一步开展。

（六）改革人事制度，实行全员竞聘上岗

一个高效能的管理必须最大限度地调动和发挥人的积极性，充分挖掘每个人的潜力。因此，图书馆必须对传统的人事制度和岗位体制进行改革，打破原有的业务流程和机构设置，重建新的流程和组织架构，并根据需要实行全员聘任制。图书馆要对每一个部门、库室进行合理定编，全员实行竞争上岗，双向选择；用人机制上根据德、能、绩、效等方面综合考虑，形成“能者上，庸者下”的合理局面；细化岗位编制，制定考核指标和监督措施，形成有利于推动工作人员勇于接受、不断拓展的创新精神，变压力为动力，真正实现人力资源、业务流程、组织机构的彻底重组。

（七）加强对工作人员的教育与培训，提高他们的综合素质

重组的真正意义在于利用信息技术这个生产力的倍增器来提高组织的效能。人是生产力的决定因素，信息技术生产力的倍增关键取决于人观念的变化和技能的提高。重组后的管理框架给图书馆工作人员的职能赋予了新的内容，也对图书馆工作人员提出了更高的要求。如按照学科设置机构模式，馆员不仅要对本学科的知识内容非常精通，而且要熟悉采编、借阅、咨询、管理、设备维护等方面的知识、技能。因此，加强图书馆工作人员的教育与培训，提高图书馆员的综合素质才是图书馆重组的关键。

结 束 语

图书馆是为用户开设的，以用户为中心是现代图书馆的重要理念，为用户提供满意的服务是图书馆的办馆宗旨。因此，令用户满意，便成为信息服务者自始至终必须遵守的承诺。如何才能令用户满意呢？简而言之，就是必须紧跟时代发展的步伐，做出相应的调整和革新，满足用户日益增长的信息需要，也就是要求变革与创新。时代变了，图书馆服务的内容、方式、方法、层次等都要随之改变。但是，我国相当一部分图书馆的用户服务工作还停留在传统纸质文献时期，对于网络信息服务缺乏相应的应对措施。如在电子资源服务中，很多图书馆只是提供一些数据库的罗列和堆砌，相关信息服务只是简单地将各种数据库资源链接到网站上，为用户提供的界面是一个既复杂又不考虑用户信息需求差异的公共用户界面，用户使用不同的资源往往需要使用不同的检索软件、进出不同的数据库，甚至需要对其他一些参数进行必要的设置，这些情况都加重了用户使用的困难。同时，在我国，关于用户服务的研究仍是一个薄弱环节，如武汉大学邱均平教授对国内外研究热点关键词的统计表明：在美国，“用户”这一关键词出现的频次在前二十个出现频次较高的关键词中排第五位，而我国在前二十个关键词中却没有出现“用户”这一关键词，这说明我国的情报学领域对“用户”的研究重视还不够。

随着网络时代的快速发展，图书馆用户服务工作的集成化、个性化、智能化、专业化、社会化、合作化、特色化、深层化等趋势将越来越明显。如何应对时代发展的要求，调整、变革图书馆的用户服务工作，更好地服务于用户，是广大图书馆工作者在21世纪必须面对的课题。新世纪的图书馆员应努力进取、开拓创新，加强思想、文化及业务素质的学习和提高，使自己具备良好的信息资源组织能力、信息系统驾驭能力、知识分析能力、组织沟通能力、创造性思维的实践能力以及与用户进行交互的能力。

本书在成书过程中，得到了淮北师范大学图书馆领导的积极鼓励以及安徽师范大学出版社的大力支持，在此表示衷心的感谢。

参考文献

一、图书

[1]郭太敏.信息资源检索与利用[M].徐州:中国矿业大学出版社,2002.

[2]刘廷元.数字信息检索教程[M].上海:华东理工大学出版社,2006.

[3]范亚芳,李海英.现代图书馆服务环境再造研究[M].徐州:中国矿业大学出版社,2006.

[4]沈固朝.网络信息检索:工具·方法·实践[M].北京:高等教育出版社,2004.

[5]张树华,王京山,刘绿茵,等.数字时代的图书馆信息服务[M].北京:北京图书馆出版社,2005.

[6]胡昌平.面向用户的信息资源整合与服务[M].武汉:武汉大学出版社,2007.

[7]吴建中.21世纪图书馆新论[M].上海:上海科学技术文献出版社,1998.

[8]刘广明,朱萍,王亚军,等.信息时代大学图书馆读者服务工作理论与实践[M].北京:北京图书馆出版社,2004.

[9]沈传尧.数字资源检索与利用[M].南京:江苏人民出版社,2007.

[10]田捷.数字图书馆技术与应用[M].北京:科学出版社,2002.

[11]胡昌平,乔欢.信息服务与用户[M].武汉:武汉大学出版社,2001.

二、期刊论文

[1]蒋润秋,张开文.图书馆的人性化服务探讨[J].图书馆工作与研究,2004(1):10-12.

[2]韩淑举.社会环境与我国图书馆立法[J].中国图书馆学报,2003(1):23-26.

[3]褚江玲.论打造图书馆服务环境的战略意义[J].现代情报,2002(6):30-32.

[4]侯集体.现代信息技术对图书馆的挑战[J].中国科技信息,2005(11):73,58.

[5]刘双四.现代信息技术:图书馆发展进程中的“双刃剑”[J].河南图书馆学刊,2006(5):13-16.

[6]郑慧.重估信息技术对图书馆的影响[J].湘潭师范学院学报(社会科学版),2005(4):183-184.

[7]戴洪霞.当前高校图书馆读者空间的规划设计[J].图书馆学研究,2007(10):61-65.

[8]谭浩娟.高校馆室内环境与读者情绪[J].江西图书馆学刊,2000(3):20-21.

[9]徐萍,田启树.网络信息资源的特点及其对信息用户的影响[J].湖南农业大学学报(社会科学版),2007(4):108-110.

[10]柯平.当代图书馆服务的10个理念——新图书馆服务论之二[J].图书馆建设,2006(4):1-5.

[11]张燕.网络信息服务中用户的心理分析[J].图书情报工作,2004(3):36-38,47.

[12]徐庆宁,孙洁.高校图书馆信息用户教育现状及特征分析[J].图书馆杂志,2003(3):51-55.

[13]肖春艳,解怀宁.图书馆的新职责——全新信息环境下的用户教育[J].图书情报工作,2001(3):82-85.

[14]金岩,李莘.现代信息社会的图书馆用户教育[J].情报科学,2002(7):701-703.

[15]樊绍明,王英妍.论网络环境下图书馆用户教育[J].山东图书馆季刊,2004(4):106-108.

[16]肖珑.不枉五载推移力,今日中流自在行——记北京大学图书馆用户培训服务的发展历程[J].大学图书馆学报,2004(4):30-33.

[17]清华大学图书馆信息用户教育研究课题组.网络条件下的大学图

书馆信息用户教育[J].图书馆论坛,2003(6):228-231,209.

[18]易斌.高校图书馆对大学生进行信息素质教育的现状及分析[J].图书馆,2007(5):73-75.

[19]熊鹰.中外大学图书馆用户教育比较[J].图书馆论坛,2005(3):38-40.

[20]许萍,赵润娣.多元化合作——高校信息素质教育的必由之路[J].情报资料工作,2007(5):107-110.

[21]郭启松,张永军,宋蓓玲.高校图书馆加强大学生信息素质教育创新探讨[J].情报杂志,2008(1):130-132.

[22]曹丽娟.泛在信息环境下高校图书馆的用户教育[J].图书馆学刊,2014(2):54-57.

[23]魏春生,边香玉.网络搜索引擎——功能、使用技巧与检索策略[J].吉林省经济管理干部学院学报,2003(4):59-61.

[24]宛文红.数字图书馆多媒体信息检索技术[J].图书馆工作与研究,2004(1):58-60.

[25]张彦洁,张向华.网络信息资源的检索方法和技巧[J].现代情报,2003(6):22-24.

[26]贺晓利.信息资源网络检索的特点、问题及对策[J].现代情报,2007(5):72-73.

[27]吴平.影响网络信息检索效率的因素及检索策略与技巧的选择[J].河北科技图苑,2004(6):12-14.

[28]康思本.网络信息检索失误探讨及提高检索效率的措施[J].情报科学,2004(10):1277-1280.

[29]曹锦丹,王丽伟,齐艳丽.可视化技术在网络信息检索中的应用[J].情报杂志,2005(8):113-116.

[30]王宇佳.网络信息检索发展趋势摭谈[J].现代情报,2008(7):48-49.

[31]黄如花,张春蕾.网络信息检索的发展趋势[J].图书情报知识,2002(4):48-50,66.

[32]陈桃,明均仁.现代信息检索技术发展趋势初探[J].农业图书情报学刊,2007(6):96-99.

[33]江波.基于OPAC的信息资源整合[J].图书馆论坛,2005(2):139-141.

[34]沈芳.高校图书馆信息资源整合的结构、模式分析[J].现代情报,2007(10):114-116.

[35]陈永选,郑乐丹.图书馆数字信息资源整合模式探究[J].四川图书馆学报,2008(2):18-20.

[36]肖珑.元数据格式在数字图书馆中的应用[J].大学图书馆学报,1999(4):18-24.

[37]王桂玲.网络信息资源编目与DC元数据[J].现代情报,2005(4):55-56.

[38]黄晓斌,夏明春.论图书馆数字资源的整合[J].图书情报工作,2005(1):50-53,83.

[39]侯延香,周秀霞.我国高校图书馆数字化资源整合现状调查[J].图书馆杂志,2005(11):34-38,41.

[40]庞馨悦,李德昌.信息资源整合与集成服务的保障体系研究[J].情报科学,2014(6):47-50.

[41]黄慧薇.西方大学图书馆教学支持服务创新及其启示[J].情报杂志,2006(9):134-136.

[42]卞丽,高淑琴.关于网络资源学科导航系统建设原则和标准的探讨[J].图书馆学研究,2002(9):22-23,29.

[43]叶春峰,张西亚,张惠君,等.国内外网络资源学科导航与信息门户研究分析[J].情报杂志,2004(12):58-61.

[44]杨莉萍.高校图书馆重点学科导航库的建设[J].图书馆学研究,2006(2):42-44.

[45]康忠民,阮礼秀.高校学科导航库建设探讨[J].图书馆论坛,2005(4):217-218,171.

[46]陈希.浅谈重点学科导航库的可持续发展[J].图书馆论坛,2007(5):104-106.

[47]熊燕.学科导航中网络信息资源建设的实现[J].高校图书馆工作,2014(1):42-44,47.

[48]常唯.学科信息门户的资源选择与组织[J].图书馆,2005(1):60-

62,67.

[49]王美琴,包平.学科信息门户的资源更新与维护机制研究[J].四川图书馆学报,2007(2):27-30.

[50]蔡箐.学科信息门户及其优化途径[J].中国图书馆学报,2008(4):45-50.

[51]李育嫦.国内学科信息门户发展现状分析[J].情报科学,2008(6):882-887,903.

[52]王迎红.对学科馆员学科背景等问题之辨析[J].图书馆,2008(2):64-65.

[53]郭依群,邵敏.网络环境下大学图书馆学科馆员职责的扩展——清华大学图书馆案例研究[J].大学图书馆学报,2004(5):51-55.

[54]牛振恒.建设有中国特色的学科馆员制度[J].图书情报工作,2004(8):117-120.

[55]宋姬芳.学科馆员学科知识服务能力的建构与实证[J].大学图书馆学报,2015(3):68-76.

[56]赵乃瑄,张红芹.基于Web的教学参考资源服务系统的设计与实践[J].大学图书馆学报,2006(5):43-46.

[57]蒋凌慧.高校图书馆电子教学参考书资源库建设若干问题探讨[J].山东图书馆季刊,2007(3):51-53,58.

[58]徐宁.网络环境下教参资源服务系统建设问题探讨[J].图书馆建设,2007(6):106-108.

[59]陈曙光,李海霞.高校图书馆电子教参服务平台的设计[J].图书馆学刊,2015(9):77-79.

[60]孙旭.网络课件开发的流程及其管理[J].江苏广播电视大学学报,2006(3):39-42.

[61]戴国娟.浅谈网络教学与网络课件开发[J].科技信息(科学教研),2007(19):82,64.

[62]何燕,瞿其春.Google Answers不能取代图书馆的参考咨询服务[J].情报资料工作,2007(4):94-97.

[63]闫秀芳.网络环境下图书馆参考咨询的模式与特点[J].图书馆,2007(2):71-74.

[64]魏招秀,董微.网络环境下图书馆的参考咨询服务[J].情报资料工作,2007(6):104-106.

[65]李军凯.从CASHL和NSTL看我国文献传递服务的模式和发展趋势[J].大学图书馆学报,2004(6):33-37.

[66]范丽莉,詹德优.文献传递服务模式的分析[J].图书馆杂志,2005(10):24-29.

[67]庄育飞.Z39.50标准与图书馆数字资源整合[J].情报杂志,2004(9):113-115.

[68]吕晓妍,陆永兵."CALIS馆际互借与文献传递服务网"的实践与思考[J].江西图书馆学刊,2006(1):61-63.

[69]丁根度.论图书馆文献传递及其面临的挑战[J].大学图书馆学报,2001(3):70-73.

[70]陈益君,叶杭庆.图书馆文献传递的原文补贴政策探讨[J].大学图书馆学报,2004(3):10-12.

[71]陈益君.文献传递服务中多方利益的平衡[J].图书情报工作,2002(11):100-102,106.

[72]黄丹.文献传递服务中存在的问题及对策——以武汉大学图书馆为例[J].图书情报知识,2006(2):53-55.

[73]陈益君,叶新明.我国文献传递服务的定价机制探讨[J].图书情报知识,2002(6):65-67.

[74]谌爱容.对文献传递服务中收费标准的思考[J].图书馆学研究,2011(2):51-55.

[75]张玉峰,晏创业.基于Agent的个性化信息服务模型研究[J].情报学报,2001(5):555-559.

[76]王玉英,韩伟.基于网络的个性化信息服务研究[J].图书情报知识,2003(6):64-65.

[77]曹树金,罗春荣,马利霞.论图书馆个性化服务的几个基本问题[J].大学图书馆学报,2005(6):33-39.

[78]杨晓湘,孙坦.中美图书馆MyLibrary个性化服务系统的比较研究[J].情报纵横,2005(10):218-221.

[79]丁传奉.数字图书馆中的个性化服务[J].图书馆杂志,2006(4):

17-20,42.

[80]刘威.高校图书馆的个性化信息服务[J].情报科学,2008(2):210-213.

[81]杜春光.个性化信息服务的模式研究及策略分析[J].国家图书馆学刊,2005(2):63-66.

[82]金更达.图书馆服务质量评价实现探讨[J].大学图书馆学报,2002(3):49-54.

[83]许开凤,韦江.图书馆评价理念困窘和社会评价[J].图书馆建设,2004(5):27-29.

[84]杜也力.图书馆读者服务质量评价指标及方法研究[J].图书馆杂志,2002(12):23-26.

[85]张雅君.数字图书馆信息服务质量评价模式研究[J].现代情报,2007(5):118-120.

[86]常金玲.基于用户满意度的信息服务质量管理研究[J].情报理论与实践,2007(4):483-485.

[87]徐成兵.试论高校图书馆服务质量评价体系的建构[J].现代情报,2008(2):23-25.

[88]茹美霞.关于图书馆服务质量的探讨与思考[J].高校图书馆工作,2006(5):93-95.

[89]彭冬莲,彭备芳.读者满意度测评方法研究[J].图书馆学研究,2005(8):52-56,66.

[90]吴冬曼,赵熊,解春伟,等.网络环境下图书馆服务质量评价方法探析——清华大学图书馆读者满意度调查工作的实践与思考[J].大学图书馆学报,2006(1):49-52.

[91]李智敏,吴小花.图书馆读者服务成功补救的“五步骤”模型[J].图书馆杂志,2006(2):38-40.

[92]王频.图书馆服务质量评价特征及补救策略[J].图书情报工作,2005(10):104-106,44.

[93]张文惠.图书馆服务失误的归因模型及补救策略[J].现代情报,2007(3):148-151.

[94]吴冬曼,邵敏,张喜来.研究图书馆服务质量评价指标构建实证研

究[J].大学图书馆学报,2012(5):82-89.

[95]尚艳秋.图书馆服务质量评价与服务标准化研究[J].图书馆,2015(5):70-74.

[96]范悦谦,施国洪,夏前龙,等.新信息环境下我国高校图书馆服务质量评价体系的实证研究[J].情报杂志,2015(11):193-198.

[97]齐向华.图书馆服务质量评价及要素研究[J].情报理论与实践,2013(5):83-87.

[98]谌爱容.基于团队、便利用户的高校图书馆机构重组模式探讨[J].农业图书情报学刊,2015(2):128-131.

[99]肖冬梅.图书馆业务流程重组内因探析[J].图书馆杂志,2005(2):12-13,18.

[100]高明中.大学图书馆业务流程重组的理论研究与实践[J].图书馆建设,2006(1):62-64.

[101]杨立文,向涛.对图书馆业务流程重组的思考[J].图书情报工作,2000(1):63-66.

[102]徐芳,柴雅凌,金小璞,等.数字化环境下图书馆业务流程重组[J].图书情报工作,2006(11):33-35,71.

[103]李阳晖.试论我国图书馆业务流程重组的实施[J].图书馆论坛,2006(3):272-274.

[104]刘欢.我国图书馆业务流程管理机构的变迁[J].图书馆建设,2006(2):15-18.

[105]郭晶,陈进.大服务视角下的图书馆业务布局重组实践[J].图书馆理论与实践,2014(2):11-14.

三、学位论文

[1]罗忠凤.网络环境下我国图书馆事业可持续发展问题研究[D].保定:河北大学,2006.

[2]郝玲.图书馆建筑的环境与艺术设计研究[D].西安:西安建筑科技大学,2006.

[3]褚金涛.数字时代高校图书馆用户教育研究[D].天津:天津师范大

学,2004.

[4]凌云.网络环境下高等学校图书馆的用户教育研究[D].成都:四川大学,2003.

[5]孙琼.ISO9000标准质量管理体系在图书馆中的应用研究[D].广州:华南师范大学,2007.

[6]曾宇琼.公共图书馆服务质量与读者行为意愿研究——以浙江图书馆为例[D].杭州:浙江大学,2007.

[7]刘文清.论图书馆评价[D].湘潭:湘潭大学,2003.

[8]侯卫芹.基于内容的视频检索关键技术研究[D].秦皇岛:燕山大学,2006.

[9]张驰.Web信息获取技术研究与实现[D].西安:西北工业大学,2001.

[10]马森.基于内容的图像检索技术研究[D].成都:电子科技大学,2007.

[11]高松.网络信息检索效果评价及其优化研究[D].长春:吉林大学,2007.

[12]印伟.基于XML的多媒体信息检索的研究[D].武汉:华中师范大学,2008.

[13]秦素娥.基于用户的信息资源组织研究[D].湘潭:湘潭大学,2007.

[14]陆永兵.高校图书馆信息资源整合研究[D].长春:东北师范大学,2006.

[15]田向阳.图书馆数字资源整合研究[D].西安:陕西师范大学,2007.

[16]王美琴.我国学科信息门户可持续发展研究[D].南京:南京农业大学,2007.

[17]黄林英.学科信息门户的功能探析[D].杭州:浙江大学,2007.

[18]沈玲玲.面向本科教学的专业教学导航系统开发研究[D].南京:南京农业大学,2007.

[19]许丽丽.高校图书馆数字参考咨询服务研究[D].哈尔滨:黑龙江大学,2006.

[20]周磊.网络环境下馆际互借与文献传递服务研究[D].北京:中国科学院大学,2003.

[21]何莉娟.图书馆个性化信息服务方式研究——以泰达图书馆为例[D].天津:天津师范大学,2007.

[22]郭丛莲.网络环境下高校图书馆的个性化信息服务[D].郑州:郑州大学,2006.

[23]王树梅.信息检索相关技术研究[D].南京:南京理工大学,2007.